O SALTO QUÂNTICO DA PERCEPÇÃO

Penney Peirce

Prefácio de Martha Beek

O SALTO QUÂNTICO DA PERCEPÇÃO

O Poder Transformador da sua Atenção na Era da Intuição

Tradução
Flávio Quintiliano

Editora
Cultrix
SÃO PAULO

Título do original: *Leap of Perception.*

Copyright © 2013 Penney Peirce.

Publicado mediante acordo com Atria Books, uma divisão da Simon & Schuster, Inc.

Copyright da edição brasileira © 2024 Editora Pensamento-Cultrix Ltda.

1ª edição 2024.

Todos os direitos reservados. Nenhuma parte desta obra pode ser reproduzida ou usada de qualquer forma ou por qualquer meio, eletrônico ou mecânico, inclusive fotocópias, gravações ou sistema de armazenamento em banco de dados, sem permissão por escrito, exceto nos casos de trechos curtos citados em resenhas críticas ou artigos de revistas.

A Editora Cultrix não se responsabiliza por eventuais mudanças ocorridas nos endereços convencionais ou eletrônicos citados neste livro.

As informações contidas neste livro têm caráter educativo e não diagnóstico, prescrição ou tratamento de qualquer problema de saúde. Essa informação não deve substituir a consulta a um profissional de saúde competente. O conteúdo deste livro destina-se a ser utilizado como complemento a um programa de cuidados de saúde racional e responsável prescrito por um profissional de saúde. O autor e a editora não se responsabilizam de forma alguma pelo uso indevido do material.

Obs.: Este livro não pode ser exportado para Portugal, Angola, Moçambique, Macau, St. Tomé, Cabo Verde e Guiné Bissau.

Editor: Adilson Silva Ramachandra
Gerente editorial: Roseli de S. Ferraz
Preparação de originais: Alessandra Miranda de Sá
Gerente de produção editorial: Indiara Faria Kayo
Editoração eletrônica: Join Bureau
Revisão: Erika Alonso

Dados Internacionais de Catalogação na Publicação (CIP)
(Câmara Brasileira do Livro, SP, Brasil)

Peirce, Penney
      O salto quântico da percepção: o poder transformador da sua atenção na era da intuição / Penney Peirce; prefácio de Martha Beek; tradução Flávio Quintiliano. – 1. ed. – São Paulo: Editora Cultrix, 2024.

      Título original: Leap of perception
      ISBN 978-65-5736-288-4

      1. Atenção 2. Percepção I. Beek, Martha. II. Título.

23-183845   CDD-153.7

Índices para catálogo sistemático:
1. Percepção: Psicologia 153.7
Cibele Maria Dias – Bibliotecária – CRB-8/9427

Direitos de tradução para o Brasil adquiridos com exclusividade pela
EDITORA PENSAMENTO-CULTRIX LTDA., que se reserva a
propriedade literária desta tradução.
Rua Dr. Mário Vicente, 368 – 04270-000 – São Paulo, SP – Fone: (11) 2066-9000
http://www.editoracultrix.com.br
E-mail: atendimento@editoracultrix.com.br
Foi feito o depósito legal.

Este livro é dedicado aos desajustados, rebeldes e agitadores,
àqueles que sentem que nasceram na época errada ou na família errada,
aos que usam suas diferenças para praticar o bem,
aos poetas, artistas, sonhadores, médiuns e místicos,
aos inventores, inovadores e agentes de mudança,
aos líderes de integridade em todos os campos,
aos professores de todos os tipos;
especialmente aos mestres espirituais que sempre continuam surgindo
para reformular pacientemente as lições de sabedoria para cada nova era.
Agradeço a todos por desbravar hoje, corajosamente, o caminho para nós.

Sumário

Prefácio de Martha Beck 9
Aos leitores 13
Sobre este livro 23

PARTE 1:

Redescobrindo a percepção

1 Aceleração e transformação.. 33
2 O caminho para expandir a percepção 49
3 Como você sabe? 67

PARTE 2:

Percepção hábil para a transformação

4 Desaprenda os hábitos da percepção antiga............ 93
5 Reconheça a nova percepção..................................... 115
6. Navegue pelos meandros da transformação........... 135

PARTE 3:
Novas habilidades de atenção para a Era da Intuição

7 Pratique o conhecimento direto 157

8 Pratique a realidade esférico-holográfica 179

9 Pratique a atenção indivisa 201

10 Pratique a atenção em fluxo 227

11 Pratique a atenção de campo unificado 247

12 Pratique a atenção do eu coletivo 271

13 Pratique a moldagem do reino imaginário 293

14 Pratique as habilidades do "novo ser humano" 317

15 Pratique o "fingir que está morrendo" 339

Considerações finais.. 363

Agradecimentos 369

Notas.. 371

Glossário 375

Prefácio

Quando se trata de livros sobre desenvolvimento espiritual e pessoal, sou uma pessoa nem um pouco fácil de agradar. Cresci em uma comunidade religiosa repleta de boas intenções, pérolas de sabedoria e uma grande quantidade daquilo que mais tarde descobri serem disparates absolutos. Depois disso, conquistei três diplomas de ciências sociais em Harvard, onde aprendi a contestar absolutamente qualquer afirmação feita por todo autor que eu tinha lido. Harvard também me expôs a um tipo de materialismo dogmático, um repúdio cultural de qualquer coisa que não pudesse ser mensurada em parâmetros puramente físicos, coisa que me pareceu terrivelmente míope em uma era científica pós-newtoniana. Os físicos tinham provado que matéria e energia são na verdade manifestações diferentes do mesmo fenômeno, e eu duvidada até dos que duvidam.

Deixei a academia para me tornar uma autora de livros de autoajuda, incentivando sem querer que muitos outros autores desta área me mandassem seus trabalhos. Hoje em dia, recebo toda semana vários manuscritos, provas tipográficas ou livros de capa dura novos, que coloco em uma pilha que chamo de "Livros Que Não Pedi". Alguns deles são formidáveis, mas muitos mais são apenas regurgitações bem-intencionadas de uma espécie de alimento verbal. Minha estratégia para eles tem três passos: (1) leia alguns capítulos; (2) revire os olhos; (3) doe o livro para um lar de pessoas com transtornos mentais. Sei que devo respeitar pessoas que se preocupam em limpar suas auras, tanto quanto eu, quando se trata de problemas dentários, que consultam ginecologistas com poderes psíquicos quando sentem que seus chakras estão turvos, ou que usam vários capítulos para atribuir seus bloqueios de escritor ao fato de que Mercúrio ficou retrógrado (Mercúrio, até onde sei, está praticamente *sempre* em estado retrógrado). Mas eu não.

Meu ponto é que, entre o ceticismo endurecido pelas batalhas e a superexposição exaustiva, tenho opiniões críticas extremamente duras sobre livros escritos por alguém como Penney Peirce. Sou cética até o limite da hostilidade total.

No entanto...

O interessante sobre os conselhos de Penney é o fato de que eles funcionam. Em vez de fazer afirmações vagamente positivas, ela dá conselhos específicos com passos pragmáticos que os leitores podem usar para criar resultados específicos. É verdade que tanto as instruções quanto os resultados têm a ver com a experiência subjetiva dos leitores, e muitas delas não são fisicamente mensuráveis. Será que sinto mais calma e paz quando sigo os conselhos de Penney? Sim. Será que vivencio o mundo como se todos os seres humanos, incluindo a mim, estivessem passando por uma transformação que exige um salto da percepção? Sim. Será que as instruções de Penney me tornam uma pessoa mais intuitiva? Ao usá-las, consigo "visualizar" com mais acuidade situações que estão muito distantes, quer seja geograficamente ou no futuro? Essas percepções são corroboradas quando verifico os detalhes no mundo físico? Sim, sim e sim.

Posso não acreditar em uma palavra do Penney escreve – a não ser pelo fato de que quase tudo o que ela descreve acontece também para mim. Nós nunca nos encontramos, mas nossas experiências parecem avançar em sincronia perfeita. Na véspera de ela ter me pedido para escrever este prefácio, eu disse a meu agente literário que o único livro que eu desejava escrever seria algo intitulado *The Leap* [O Salto], e eu tinha bastante certeza que não era a única pessoa que tinha de escrevê-lo. Bem, você está segurando este livro agora mesmo, e isso provavelmente significa que você está marchando ao som da mesma melodia empolgante, alegre e deleitosa que tanto fascina a Penney e a mim.

A maioria dos escritores que tratam desse assunto o descreve em termos que revelam uma experiência um tanto rasa e superficial da transformação energética. Ler os livros deles é como tentar usar um guia turístico de uma cidade – digamos, Manhattan – que o autor viu no cinema, mas nunca visitou. Eles descrevem algo de real e fascinante, mas sua informação é enviesada por preconceitos que nunca se chocaram com experiências da vida real. *O Salto Quântico da Percepção* é como um guia turístico escrito por um nova-iorquino nativo. Penney percorreu a pé e de carro e tomou metrôs metafóricos através desse território. Ela sabe como chamar um táxi, onde encontrar ótimos restaurantes, quais são os pontos de atração dignos de visita. Se seguir suas instruções, você de fato chegará aos lugares que ela descreve. E o local que ela descreve – o mundo do outro lado do "salto da percepção" – é mágico e maravilhoso. É provável que você já esteja a caminho desse destino, consciente ou acidentalmente, por escolha própria ou pelas vias do acaso. Este livro tornará a viagem muito mais fácil e muito mais prazenteira. Recomendo que você o consulte com frequência, coisa que também pretendo fazer.

Vou terminar citando as palavras da própria Penney: "Qualquer coisa ou pessoa que tenha presença real é autêntica, confiável, convincente, vital, magnética e universal de alguma maneira, e naturalmente chama e dá atenção". Quando escreveu isso, duvido que ela soubesse que se tratava de um autorretrato verbal, pois esta citação descreve perfeitamente o livro e sua autora. Sinto muita gratidão pelo fato de que Penney ofereceu isso ao mundo – para que eu pudesse sentir alguém segurando minha mão enquanto dou meu próprio salto da percepção. A outra mão dela também está estendida para vocês. Agarrem-na, segurem firme e deem o salto.

MARTHA BECK, Ph.D.
16 de novembro de 2012

Aos leitores

Existe uma aspiração quase sensual de comunhão
com outras pessoas de visão ampla. O imenso preenchimento de uma
amizade entre aqueles empenhados em expandir a evolução
da consciência tem uma virtude impossível de descrever.
Pierre Teilhard de Chardin

Mais cedo ou mais tarde, o tempo prova que é nosso amigo. Você pensa que sabe o que está fazendo até que uma revelação se descortina e enxerga o que *realmente* está fazendo. Depois disso, outra urgência e outra revelação se manifestam, e você enxerga mais uma faceta da situação. Depois vem outra, e logo você percebe as conexões. Se prestar atenção, notará que um padrão de vida coeso e inteligente está se materializando de maneira bastante deliberada. Perceberá que há uma sabedoria superior guiando sua história de vida e aprenderá a confiar nela.

No desenrolar de meu trajeto de chegar a uma consciência maior, lembro-me de uma época quando ensinei o desenvolvimento da intuição por vários anos e percebi que estava ficando entediada. Embora ainda me sentisse apaixonada pela intuição e a vivência com outras pessoas se manifestasse de novas maneiras que me encantavam, senti uma vontade incômoda de mudar. "Qual será meu próximo ato ousado?", perguntei a mim mesma. "Já é hora de escrever um livro bom e clássico", respondeu minha voz interior.

Nessa época, meus colegas e eu estávamos em um rumo pioneiro tentando destrinchar o que é intuição, essa sensação mágica de saber algo diretamente, sem referência à lógica ou a provas. Bastava dizer a palavra "intuição" a um profissional ou empresário despreparados para causar atitudes de zombaria e rejeição. Estávamos constantemente buscando credibilidade, e o vocabulário era essencial. Eu pisava em ovos para evitar que as pessoas me chamassem de "médium" ou de propagadora insensata da corrente "Nova Era", descartando-me como se eu vivesse num mundo dos sonhos. Lembro-me de me agarrar ao verbo "desmistificar" para descrever melhor minha motivação. Eu iria desmistificar habilidades supostamente sobrenaturais e as crenças religiosas que nos mantinham presos em modos de pensar limitadores sobre o saber e o conhecimento! Eu iria transformar a intuição em algo *normal*!

Então, segui minha voz interior e escrevi *The Intuitive Way: The Definitive Guide to Increasing Your Awareness*. Eu tinha *post-its* em notas adesivas digitais espalhadas por todo o meu espaço de trabalho. "Cada frase é uma joia; cada parágrafo deve ganhar vida." "As palavras devem portar a experiência da verdade." O ato de escrever aquele livro teceu muitos fios de ideias em uma linda tapeçaria dentro de mim e minha própria intuição se aprofundou. Isso se materializou de uma forma mais física, ensinando-me o que realmente significava "estar no meu corpo". Tornei-me uma pessoa muito mais sensitiva e empática, e – ora vejam só – desmistifiquei a intuição para *mim mesma* de um jeito que eu não sabia ser necessário para mim! Às vezes, nossas almas realmente nos pregam peças!

Bem-vindos ao momento presente

Meu próximo livro foi *The Present Moment: A Daybook of Clarity and Intuition*, e nele eu tive de criar 365 relatos e maneiras de aplicar o conhecimento intuitivo. "Conheço um monte de relatos!", disse a mim mesma. Eu os listei: eram 33. Chocada, eu me lamentei: "Como irei inventar outros 332 relatos como estes?". Então, fiz o que pude e escrevi os 33 que eu já tinha. Fiquei olhando fixamente por um tempo que parecia uma eternidade para a nova página em branco e o cursor piscando, quando sem mais nem menos o telefone tocou. Era uma mulher do Texas que queria me contar um relato sobre algumas crianças intuitivas que eram suas alunas, e essa era a peça de número 34 perfeita para o livro.

Continuei dessa maneira. Os relatos chegavam exatamente quando eu precisava deles, desde que mantivesse minha intuição no momento presente. Se eu avançasse no tempo para, digamos, o mês de novembro e resmungasse sobre como-irei-chegar-tão-longe, o ímpeto estancava. De volta para a página em branco e o cursor piscando. Quando eu voltava para o momento presente e me sentia alegre e esperançosa, o fluxo de relatos era retomado sem esforço. Mais uma vez, o ato de escrever servia como iniciação para uma compreensão mais elevada. Alguém resumiu a situação muito bem: "Preocupar-se é rezar por aquilo que você não deseja". Eu experimentava em primeira mão, de maneira precisa, como a mente e o momento podem bloquear ou iniciar o fluxo natural de ideias, criatividade e energia.

Continuei a escrever – dois livros sobre sonhos – e, enquanto isso, eu cultivava o hábito de prestar atenção, no momento presente, aos sutis sinais intuitivos e mensagens interiores que meus sonhos e experiências de vida vinham trazendo. Eu ensinava a mim mesma sobre a mecânica da consciência, e grande parte da minha educação vinha de interpretações clarividentes-empáticas sobre vida e negócios para clientes. Podia ver padrões de consciência – como os problemas se formavam, como eles estavam perdurando e como podiam ser resolvidos ou esclarecidos – em outras pessoas que eu não conseguia ver em mim mesma. Tornou-se evidente que muitos problemas podiam ser resolvidos ou transformados em não problemas contendo energia e informações úteis – não necessariamente com ação física ou aplicando inteligência, esforço e controle – mas usando a percepção de maneira hábil. Cada vez mais, parecia que nossa vida era derivada de nossa imaginação, atitudes, escolhas e mente aberta.

Vislumbres de transformação

Meus *insights* se acumularam e se encaixaram como peças de um grande quebra-cabeça. Comecei a usar minha habilidade intuitiva e empática de *sentir para dentro* da vida – sentir as correntes do que estava acontecendo energeticamente sob a superfície da realidade – e interpretar como esses fluxos poderiam se materializar como eventos no mundo. Depois de praticar ano após ano, pude sentir a vida acelerando de forma implacável. Ondas de energia vibrante e consciência superior rolavam através de meu corpo, fazendo-me experimentar um processo inicialmente desconfortável de intensificação do crescimento psicológico e espiritual. Meus colegas, amigos e clientes também estavam passando por isto. Prestei atenção e acompanhei as nuances desse processo.

Despontou então uma compreensão mais ampla: eu não estava apenas ajudando as pessoas a abrir a intuição e melhorar suas vidas – estávamos *todos* passando por uma profunda *transformação da consciência*. No começo, eu não tinha certeza do que isso significava. O que realmente estava acontecendo conosco? Eu sabia no íntimo que a transformação era mais do que mera mudança – na verdade, era algo dramaticamente, radicalmente diferente. Minha intuição me disse que estávamos mudando para um tipo de realidade muito diferente, nos tornando um novo tipo de ser humano. A vida funcionaria de acordo com novas regras. A coisa toda era muito maior do que eu suspeitava! A partir daí, concentrei-me inteiramente em descobrir como seriam essas novas formas de expressão e como se daria a transformação.

Fiquei tão empolgada com cada novo *insight* que ganhei com relação ao processo de transformação que quis escrever um livro sobre isso imediatamente. E, de fato, escrevi muitas propostas de livros ao longo dos anos, mas todas eram prematuras. Uma nova série de percepções logo eclipsaria minha visão anterior e acrescentaria detalhes mais importantes.

Eu sabia que estava sendo psiquicamente ansiosa, nadando contra a corrente, querendo chegar à "verdade última"; sabia também que precisava ser paciente e continuar observando e experimentando. A fruta ainda não estava madura.

Por fim, parecia um bom momento para escrever uma versão avançada do *The Intuitive Way*. A intuição se tornara muito mais comum e achei que era hora de abordar o tema da empatia. A aceleração da energia no mundo estava, afinal, fazendo com que nos tornássemos ultrassensitivos e muitas vezes sobrecarregados de informações, negatividade e os estímulos constantes da vida. Ao contemplar o tema da empatia, vi que se relacionava com a mudança transformacional que todos estávamos vivendo. Nossa maior sensibilidade à energia nos permitia captar *informações energéticas – insights* contidos nas próprias vibrações que recebíamos de pessoas, situações e até mesmo de eventos a distância – com nossa capacidade empática florescente. Aquilo de que precisávamos agora eram habilidades intuitivas intensificadas para decodificar esses dados pré-verbais e não racionais.

Frequência e vibração pessoal

Todas essas ideias se entrelaçaram e o resultado foi que a empatia seria apenas um aspecto do que o próximo livro pretendia tratar. Em *Frequency: The Power of Personal Vibration*, detalhei os estágios do processo de transformação e os sintomas de cada fase, depois esbocei uma impressão rudimentar de como será quando vivermos em uma realidade transformada. O livro abordava a nova "realidade energética", como tudo e todos têm uma frequência específica de energia, como podemos mudar nossa vibração para produzir experiências variadas e como podemos lidar com nossa vibração para melhorar a vida e suavizar nossa transformação. Era

---

* *Frequência Vibracional – As Nove Fases da Transformação Pessoal para Utilizar Todo o Potencial da Energia Interior*. São Paulo: Cultrix, 2011.

o momento certo para *Frequência Vibracional* – a vibração do mundo havia subido a um nível em que os conceitos podiam fazer sentido e parecer a próxima novidade útil.

Mesmo assim, o processo de escrever *Frequência Vibracional* mexeu comigo. Muitas vezes, o texto parecia escrever a si mesmo e me chocou, desafiando muitas de minhas antigas concepções de realidade. Senti como se estivesse na estaca zero e sujeita a novos padrões em um nível profundo conforme as palavras apareciam na página. Quando terminei, não conseguia lembrar do que o livro tratava! Foi assim até eu fazer a turnê do livro. Tive de falar sobre isso repetidamente e o material aos poucos se integrou ao meu dia a dia. À medida que fui ficando saturada pela experiência de manter minha vibração no nível da minha *frequência original*, ou o estado da alma-no-corpo, minha vida mudou para melhor sem esforço, exatamente como o livro havia descrito.

Examinando em retrospecto meu processo de escrita, é fascinante ver como o "eu profundo" sabia das coisas antes que minha mente consciente soubesse. A compreensão de um complexo conjunto de materiais foi distribuída em *insights* diminutos, em uma sequência sã e de maneira oportuna, como se minha alma estivesse ajudando minha personalidade a se adequar à vibração dos tempos e ao novo conhecimento no momento em que ele emergia, para que eu pudesse experimentar a vibração e torná-la real. É isso o que quero dizer quando afirmo que o tempo é nosso amigo – o fato de que, mais cedo ou mais tarde, verificamos que o processo de crescimento é realmente compassivo. A vibração dos tempos atuais, de nós mesmos e da informação, está ressoando harmoniosamente como um belo acorde. E, é claro, esse processo de crescimento não para! Depois de *Frequência Vibracional*, novos *insights* continuaram a surgir.

> Uma identidade oculta ou adormecida que ainda não se restabeleceu,
> que ainda lembra ou transmite pela intuição seu próprio conteúdo
> e a intimidade de seu autossentimento e autovisão das coisas,
> sua luz de verdade, sua certeza avassaladora e automática.
> **Sri Aurobindo**

Rumo à próxima etapa: atenção e percepção!

Às vezes, vejo e ouço certas palavras que se destacam em livros e conversas como se estivessem estampadas em amarelo brilhante. Nos últimos anos, tenho notado as palavras "atenção" e "percepção" em todos os lugares. Meu eu interior parecia estar deixando para trás uma trilha de migalhas de conceitos, direcionando-me para a próxima etapa de examinar a atenção, a percepção e a consciência. Eu queria explorar mais coisas sob a explicação apresentada em *Frequência Vibracional* para entender a dinâmica interna de como a consciência pode se transformar. Qual foi o papel da percepção e da atenção para suavizar nosso processo de transformação? Consegui entender que onde há consciência, também há percepção, revelando o território.

Percepção hábil foi um termo que ouvi descrito anos atrás por alguns de meus amigos budistas que ressoou em meu âmago e permaneceu no primeiro plano de minha mente. Pelo que entendi, a percepção hábil é um conceito conectado aos três pilares do budismo – virtude, atenção plena e sabedoria –, que defende o uso adequado da mente para curar suas próprias feridas sem adicionar mais dor e sofrimento ao mundo. Isso fazia sentido para mim porque eu tinha verificado que muitos dos problemas de meus clientes eram causados por um uso inconsciente, ou mesmo um mau uso, de coisas como atitude, tomada de decisão, crenças e opiniões fixas e falta de intuição e confiança. E, certamente, grande parte da dor que experimentamos se deve a esse mesmo uso inábil da consciência por parte de outras pessoas. Senti que a percepção hábil poderia revelar uma consciência mais sofisticada e expandida – do tipo que caracterizaria nossa realidade transformada e nosso novo senso de identidade. Aprender a usar a consciência – percepção e atenção – de maneira hábil tornou-se meu novo fascínio e foco principal.

Uma conexão viva com o mundo

Comecei a perceber que a *atenção* está intimamente entrelaçada com o próprio ato geral de percepção. É a lente ajustável da percepção – a ferramenta que usamos para transformar a consciência em conhecimento, para entender as múltiplas dimensões de nós mesmos e até mesmo para materializar nossa vida. Pude sentir que o uso habilidoso da atenção e da percepção podia fazer tantas coisas incríveis e que isso era a chave para a transformação pessoal. Também vi que nossas habilidades de atenção estavam se atrofiando devido à atual cultura dependente da tecnologia. Para onde quer que eu olhasse, eu via pessoas lutando com o sofrimento da atenção fragmentada e superficial e do "distúrbio do déficit de atenção". No entanto, senti que em algum lugar dentro de nós, talvez nas camadas mais profundas, reconhecemos uma necessidade de realidade verdadeira e a unidade que a atenção pode trazer.

Lembro-me de algo que o poeta David Whyte disse em uma palestra anos atrás, que "a atenção é uma conexão viva com o mundo". É esta conexão viva o que mantém a intuição aberta e revela a unidade e o Fluxo – todos fatores importantes na transformação da consciência. Em minhas várias experiências visionárias, no deserto tranquilo ou no topo de uma montanha, muitas vezes experimentei essa conexão viva. Se eu olhasse para uma planta por um período prolongado, por exemplo, e "sentisse para dentro dela", conseguia perceber que ela estava me vendo e me experimentando. Quando eu me fundia com ela, ela se fundia comigo. Eu conhecia o mundo do ponto de vista dela e ela conhecia o mundo do meu ponto de vista como se *fôssemos* o mesmo ser, coisa que de fato éramos! Esses exercícios de visão foram experiências de como usar a atenção de maneira consciente e usar a percepção com habilidade para me lembrar das verdades universais.

Com o passar do tempo, mais revelações surgiram sobre o uso habilidoso da atenção e da percepção para ajudar na transformação. Comecei a sentir em meu corpo que energia e consciência eram lados da mesma moeda que se afetavam imediatamente; comecei a chamar isso de *percepção-e-energia*, por falta de um termo melhor. Curiosamente, a ciência da neuroplasticidade tornou-se popular nessa época, introduzindo a ideia de que a consciência e a atenção focada podem afetar o cérebro, um refinamento da ideia mais antiga de que o cérebro determina a consciência. Houve um aumento do interesse público pela estrutura cerebral e pelas funções e capacidades dos hemisférios esquerdo e direito do cérebro. Ciência e Psicologia estavam se aproximando uma da outra – e da espiritualidade também.

Nasce um novo livro

O resultado final desse acúmulo de *insights* foi uma convicção sólida: a transformação de nosso eu e de nossa vida é absolutamente factível, não é tão difícil e podemos realizá-la durante nossa vida – usando nossa percepção de maneiras mais "modernas" e atualizadas. Agora eu estava pronta para escrever um novo livro! *O Salto Quântico da Percepção* finalmente se cristalizou e, como você verá, ele entrelaça muitas ideias quase futuristas sobre como a consciência e a energia funcionam, todas relacionadas com a promoção de seu crescimento pessoal em direção à transformação e à vida em um mundo transformado. Como de costume, enquanto escrevo o livro tenho passado pelo processo sobre o qual estou escrevendo. Estou nisso com você – limpando e polindo as lentes perceptivas, perscrutando o mundo da consciência e da energia através da ilusão de solidez e praticando as formas mais rápidas e holísticas de percepção e conhecimento.

Em tempos de mudança, os aprendizes herdam a Terra,
enquanto os instruídos se encontram
plenamente equipados para lidar com um mundo que não existe mais.
Eric Hoffer

Se conseguirmos aprender a usar a percepção com sabedoria, haverá dois grandes benefícios. Primeiro, poderemos navegar com mais facilidade e rapidez pelas fases difíceis do processo de transformação. Estaremos quebrando hábitos de percepção de longa data e profundamente arraigados para fomentar novos hábitos, e isso é incrivelmente desafiador.

Em segundo lugar, uma vez que chegarmos lá, a percepção hábil poderá nos ajudar a nos adaptar à vida na realidade transformada e funcionar com sucesso de acordo com as novas regras. Quanto mais "pioneiros da adaptação" que incorporarem e modelarem esse novo modo de vida, maior a influência dele e mais rapidamente e sem esforço a próxima onda de pessoas pode deslizar para a realidade iluminada. E assim a evolução irá progredir, com facilidade geometricamente crescente, até que todos vivamos em um mundo novo de percepção-e-energia e alta vibração. Este é o sonho que alimento com minha atenção.

São esses dois grandes benefícios – facilitar seu processo de transformação e viver com sucesso na nova realidade transformada – que enfoco em *O Salto Quântico da Percepção*. Quanto mais cedo você aprender os princípios da nova percepção e praticar as novas habilidades de atenção, mais rápido sua vida ganhará ímpeto e levará você a alturas mágicas.

Dando o salto de percepção – juntos

O processo de transformação está revelando a consciência expandida para cada um de nós à nossa própria maneira, com nossa própria sequência de eventos e em nosso próprio ritmo. No entanto, é cada vez mais óbvio para mim que nossas histórias estão ecoando mais umas às outras e nossos caminhos estão se unindo. Temos respostas uns para os outros, trocamos rapidamente lições e soluções uns com os outros e estamos verdadeiramente entrelaçados nessa evolução da consciência. Juntos, estamos criando a nova realidade e começamos a experimentar a comunhão inerente à grande visão que engloba a todos nós.

Como disse Teilhard de Chardin na citação inicial, temos um desejo quase sensual de amizade espiritual – e de formarmos uma família espiritual. Essa experiência está de fato surgindo agora, à medida que nossa consciência coletiva se expande. A profunda familiaridade que esse novo estado de interconexão traz é apenas um subproduto da realidade surpreendente que está a caminho, à medida que dermos o salto perceptivo para o que chamo de "Era da Intuição".

Sobre este livro

Você não pode ficar separado de uma realidade e meramente apresentar diagramas dela. Você não entenderá seu coração vivo ou sua natureza.
Seth (tal como "canalizado" por Jane Roberts)

Parece que na verdade estou escrevendo sem perceber uma trilogia sobre a transformação da consciência. A trilogia começou com *The Intuitive Way* e foi ampliada com *Frequência Vibracional*; agora estou acrescentando a explicação com *O Salto Quântico da Percepção*. *The Intuitive Way* é um curso abrangente sobre o desenvolvimento da intuição, e a intuição é uma habilidade fundamental sobre a qual repousa todo crescimento espiritual. *Frequência Vibracional* descreve o processo de transformação em detalhes e como lidar com energia e com sua crescente ultrassensibilidade para mudar sua realidade para um estado melhor. *O Salto Quântico da Percepção* leva você às águas profundas das mudanças na percepção em si mesma, demonstrando que a nova realidade transformada difere da realidade com a qual você está tão familiarizado.

Neste livro, você aprenderá a identificar e alterar a geometria de sua percepção do modo de pensar mais antigo e linear para o novo modelo esférico-holográfico. Você descobrirá o quanto o excesso de percepção do lado esquerdo do cérebro pode fazer você se sentir imobilizo e como sair dessa prisão; e você entenderá como a percepção transformada se sente e se comporta, e o que você pode fazer para desenvolver as novas habilidades de atenção que lhe darão vantagem para um sucesso maior – e mais alegria – em sua vida. Nosso foco é: *Qual é a percepção do futuro? E como podemos chegar* lá agora?

Minhas intenções

Gosto de transpor ideias conceituais abstratas para o senso comum, a aplicação prática. É por isso que costumo escrever guias, porque eles oferecem práticas simples que ajudam você a vivenciar física e emocionalmente as ideias que estou descrevendo. Se o material não penetrar por completo em seu corpo, minha experiência é que você realmente não o absorveu a longo prazo. *O Salto Quântico da Percepção* é um desses guias. Eu quero que você seja capaz de integrar profundamente o conteúdo do livro na tessitura do seu ser. Talvez seja mais correto dizer que quero levar você à memória do que você já conhece intimamente, em todas as dimensões de si mesmo, porque é isto quem você é e sempre foi.

Em *O Salto Quântico da Percepção*, percebo que estou abordando ideias que às vezes podem parecer futuristas e até irreais quando você as encara a partir da "velha" percepção atual. À medida que você operar a mudança de percepção que estou descrevendo, tudo parecerá absolutamente compreensível. Portanto, quero que este livro estimule sua imaginação e abra você para pensar de novas maneiras. Tudo bem se o material apenas agitar você e deixá-lo um pouco desconfortável; afinal, dissolver o mal-estar muitas vezes leva à mudança. Basicamente, espero que você seja capaz de "sentir para dentro" o que a percepção transformada pode ser.

Dicas para entender este livro

Este é um livro que você pode ler do começo ao fim para que um processo tenha início em você. Também pode abri-lo em qualquer lugar para ler uma frase ou um parágrafo para obter um pequeno estímulo ou um *insight* de solução de problemas. Ele se destina a atender uma variedade de propósitos e objetivos pessoais.

Além disso, para evitar reinventar a roda, ocasionalmente juntei fragmentos explicativos dos meus livros anteriores com novos materiais para tornar a compreensão mais completa e fluida. E, no entanto, este livro existe por si mesmo; você não precisa ter lido os dois anteriores (embora, em última análise, isto possa ser útil).

O conteúdo de O *Salto Quântico da Percepção* pode parecer denso se você tentar lê-lo depressa demais ou só superficialmente. O material é muitas vezes profundo, mas também é simples. Se ler devagar, permanecer no momento e "sentir dentro" enquanto lê, encontrará muitas coisas que acendem faíscas.

Enquanto eu escrevia isso, descobri um acontecimento interessante. A organização do livro começou muitas vezes em forma de esboço, mas logo ele me mostrou que não queria ser tão linear, lógico e baseado no lado esquerdo do cérebro como o livro de não ficção usual, em que um processo agradável e organizado de pontos discretos A, B e C progride de forma ordenada para uma conclusão final. Em vez disso, surgiu um ritmo espiralado mais para o lado direito do cérebro, em que cada ponto se tornou um aspecto dos outros pontos. Todos eles se tornaram bastante inextricáveis. Falar de um ponto significava que muitas vezes eu precisava mencionar os outros também. Eu me vi tocando um pouco em uma ideia, depois voltando para aprofundá-la, depois voltando para levá-la adiante e conectá-la com suas ideias relacionadas. Fios de ideias queriam se entrelaçar continuamente ao longo da trama de todo o livro; eles não pareciam contentes em serem mencionados apenas uma vez. Por favor, tenha isso em mente enquanto você lê.

Além disso, eu gostaria de mencionar algo sobre a "voz da autoridade" em *O Salto Quântico da Percepção*. Não sou uma cientista, nem uma acadêmica. Minha formação inicial é a de artista e *designer*. Minha especialidade vem principalmente da experiência direta ao longo de muitos anos com os reinos espirituais – com percepções adquiridas por meio da intuição e sintetizadas em meu próprio tipo estranho de mente detalhada, que contém grandes quantidades de dados e encontra prazer em descobrir inter-relações e semelhanças entre muitos tipos de informações diversas. Acho que os avanços nas ciências são muito interessantes e gosto de fundamentar percepções de minha experiência prática em descobertas científicas. Muitas vezes percebo que as coisas que "descubro" por conta própria (sem primeiro ler sobre elas) foram descritas por mestres, místicos e sábios nos tempos antigos e de várias religiões, em termos ligeiramente diferentes. Quando um *insight* ocorre em muitas culturas e períodos de tempo, presto atenção nele.

Minha tendência é sempre a da experiência subjetiva. Você mesmo é especialista no que funciona para você, e sinto fortemente que reconhecerá a verdade quando a ouvir e sentir, não importa o que a ciência diga. Sinto o mais profundo respeito por pensadores originais e mestres espirituais equilibrados e integrados. Sei que muitas vezes é preciso ouvir algo três vezes para compreendê-lo e que são necessários diferentes pontos de vista – diferentes tipos de ensinamento – para complementar a sabedoria. E sei que, para mim, rupturas profundas em meu próprio entendimento com frequência vêm de uma única frase que muda minha perspectiva em apenas meio grau.

Em *O Salto Quântico da Percepção*, estou preocupada principalmente em ajudar você a relaxar o lado esquerdo do cérebro para que não se identifique com ele, mas, em vez disso, fique livre para se dedicar à percepção do lado direito do cérebro e além. Depois disso, você pode retornar ao lado esquerdo para entender as coisas sem ficar preso lá. Só assim poderá captar a nova realidade transformada e as habilidades de atenção que a acompanham. Precisará ser capaz de usar sensibilidade expandida para entender o que está por vir.

Documentando seus progressos

Ao manter um diário e escrever sobre suas experiências, observações e *insights*, você poderá acompanhar seu processo de crescimento. Este é um guia com exercícios, e um diário é um lugar perfeito para registrar os resultados obtidos depois de fazer os exercícios. Que *insights* você teve? Que dificuldades ou surpresas você encontrou? Que perguntas surgiram como resultado do exercício? No intervalo entre os exercícios, você pode escrever sobre as coisas que captou durante a semana ou os temas que preenchem seus sonhos. Pode se fazer uma pergunta e usar a *escrita direta* (automática) para responder a si mesmo. Para fazer isto, basta escrever diretamente de seu núcleo, com uma mente totalmente aberta e inocente, deixando uma corrente de palavras emergir como um fluxo espontâneo sem censura. Não pense com antecedência ou tente adivinhar o que está sendo dito e não leia o que escreveu até terminar; mantenha o fluxo. Você ficará surpreso com o que escreveu, porque será algo novo e sincero.

Seja criativo; desenhe diagramas e esboços em seu diário. Você também poderá manter uma seção que servirá como um diário de ideias, onde anotará coisas que chamaram sua atenção – uma letra de música, uma sincronia, um trecho da conversa de alguém, um artigo, o comportamento tolo de um pássaro do lado de fora da janela. Transcreva a essência dos diálogos interiores que mantém consigo mesmo. Anote as declarações negativas que o lado esquerdo do cérebro produz para que possa ver esses pensamentos limitantes no papel. Encontre elementos de seu sonho de vida, seu destino. Liste seus amores e preferências, suas aversões. Você pode voltar mais tarde e examinar o que escreveu: o que sua alma está tentando dizer? No que está trabalhando, realmente, em seu mundo interior?

Percebendo o que você assimila, confiando no que recebe

Este livro é sobre prestar atenção e perceber. Sempre há um bom motivo para você perceber aquilo que assimila e eu gostaria que procurasse esse motivo subjacente com a maior frequência possível. Também gostaria que você começasse a perceber *de que maneira* está se tornando consciente de algo. É por intuição? Graças a seus sutis sentidos internos? É por meio de sua barriga, coração, coluna ou pés? Qual é a vibração da experiência que você está tendo? Ela combina com quem você realmente é? O que você pode discernir apenas pela vibração? Quando você faz uma pausa entre os períodos de leitura, *insights* intuitivos podem surgir. Quando você está transitando no mundo, podem ocorrer experiências relacionadas ao capítulo que está lendo. Momentos de descoberta intuitivos podem tornar as informações particularmente reais para você.

A estrutura deste livro

O Salto Quântico da Percepção progride em três etapas lógicas. **Parte 1: Redescobrindo a percepção** estabelece fundamentos para a compreensão da natureza básica e dos princípios da consciência e da percepção. Antes de lidar com detalhes específicos, é melhor conhecer a configuração do terreno e definir claramente os termos. Resumiremos o processo de transformação para que entenda o que está acontecendo com você e com o mundo do ponto de vista energético. Examinaremos tanto a visão do lado direito do cérebro, aquela dos místicos, quanto a visão do lado esquerdo do cérebro, aquela dos cientistas. Como a alma, a mente e o cérebro se inter-relacionam? O que é evolução espiritual? Como funciona a percepção-e-energia? Como a percepção pode se expandir para além do que você conhece como normal?

Na **Parte 2: Percepção hábil para a transformação**, iremos mergulhar no processo de transformação para que você possa aprimorar suas habilidades de atenção para uma jornada bem-sucedida pelas fases de transição às vezes caóticas e perturbadoras do processo de transformação. Pessoal, social e globalmente, estamos agora no meio da parte mais confusa do que muitas pessoas chamam de "Transição". Iremos nos concentrar em reconhecer e quebrar velhos hábitos de percepção, e depois iremos discernir o que é a "nova percepção" e aprender a série de mutações de consciência que a revelam.

Parte 3: Novas habilidades de atenção para a Era da Intuição investiga o uso expandido da percepção-e-energia. A visão de mundo transformada da Era da Intuição é muito diferente do que conhecemos agora; na verdade, no nosso nível atual de compreensão, parece futurista. Como é ela? Para dar o salto da percepção que lhe permitirá viver com sucesso, você precisará desenvolver algumas novas práticas de consciência. Existem novos modelos de percepção e geometrias, novas maneiras de fazer coisas que são extremamente rápidas e multidimensionais. É provável que novas habilidades humanas se desenvolvam. Quando a vida é baseada na percepção-e-energia, as habilidades de atenção se tornam uma chave para movimentar a energia, criar e experimentar mais amor, sabedoria e espiritualidade.

Termos-chave que uso neste livro

Gosto de ser clara quanto à terminologia, pois hoje vivenciamos muitas palavras inventadas e termos muito variados usados para se referir a uma mesma ideia. Quando eu usar um termo pela primeira vez, ele estará em itálico e incluirá uma definição ou descrição a seguir. Frequentemente, emparelharei um termo com outro paralelo que é comumente usado para significar a mesma coisa. Por exemplo, eu poderia dizer: "O corpo de energia, ou corpo etérico, é a base do corpo físico". Ou poderia me referir a um "reino", uma "dimensão", um "mundo" ou uma "realidade", comparando estes termos de várias maneiras, já que todos denotam basicamente a mesma experiência.

Na maioria das vezes, os termos que escolho são baseados no senso comum e são compostos de palavras comuns e bem conhecidas. Eles significam na prática o que você pensa que eles significam. Por exemplo, eu uso a expressão hifenizada "percepção-e-energia" para lembrar você de que as duas ideias estão intimamente inter-relacionadas e afetam uma à outra simultaneamente. Eu uso o termo "Fluxo", em caixa-alta e em caixa-baixa, para representar o movimento de percepção-e-energia dentro e fora da forma física, e de um estado para o próximo no interior de um ciclo. O "campo unificado" é um grande mar de percepção-e-energia que contém tudo e todas as possibilidades. Um "esquema interno" é o padrão subjacente de pensamento, sentimento e energia que dá origem a uma forma física ou realidade particular e correspondente. Essas coisas são bastante autoexplicativas.

Há alguns conceitos com distinções sutis que eu gostaria de esclarecer. Por exemplo, eu estabeleci uma diferença entre "consciência" e "Estado de Alerta" [*Awareness*] (que explico no Capítulo 2). Também diferencio "percepção" como o ato geral de tornar-se consciente de qualquer coisa, de "atenção", que é o ato de focalizar uma coisa específica para torná-la consciente.

Se você se sentir curioso ou confuso com algum termo, ou não conseguir se lembrar de onde o leu pela primeira vez no texto, tenha certeza de que poderá encontrá-lo definido no glossário detalhado no final do livro.

A seguir, no Capítulo 1, resumi o processo de aceleração e transformação para fornecer uma base para a compreensão do restante do livro. Você verá como as mudanças que está experimentando são causadas por um verdadeiro salto da percepção.

> Cada livro [...] tem uma alma. A alma da pessoa que o escreveu
> e daquelas que o leram, viveram e sonharam com ele.
> Cada vez que um livro muda de mãos, cada vez que alguém percorre
> suas páginas com os olhos, o espírito deste livro cresce e se fortalece.
> **Carlos Ruiz Zafón**

Parte 1

Redescobrindo a percepção

1

Aceleração e transformação

A recuperação global de memórias arcaicas está causando uma crise espiritual que causa enorme confusão e atinge sua apoteose devido à aceleração do tempo. É absolutamente importante perceber que a aceleração do tempo provoca o fim de velhos hábitos, não o fim de nosso planeta. É claro que muitas pessoas se apegam aos velhos hábitos.
Barbara Hand Clow

Um novo tempo chegou para nós! Maravilha!! Se você tiver prestado atenção, certamente notou a volatilidade, altos e baixos dramáticos, avanços repentinos e mudanças de vida, e o fosso cada vez maior entre pessoas movidas pelo medo e pessoas movidas pela compaixão. Grandes segmentos da sociedade estão progredindo constantemente para o caos, à medida que velhos sistemas e formas de pensamento falham em produzir resultados. Ao mesmo tempo, outros segmentos estão progredindo em direção à clareza espiritual e mental, soluções inovadoras para os problemas sociais e maior paz e abundância. Esse é um drama incrível para assistir e do qual participar.

Tais sintomas são os primeiros sinais de uma mudança radical que está nos transformando em um novo tipo de ser humano, vivendo em um novo mundo, sob novas regras. Só agora percebemos que as mudanças em andamento são diferentes das mudanças históricas documentadas. Estamos participando de um processo profundo que nunca foi experimentado em massa na Terra. Estamos experimentando a aceleração, ou aumento de vibração, da consciência individual e planetária – e isto está dando origem a uma nova realidade que eclipsará a dor, o sofrimento e a densidade que sempre aceitamos como normal. Isso é *transformação*.

Desejo que sejamos capazes de navegar neste processo de transformação suavemente para que possamos sair do outro lado alertas, ávidos e cheios de energia, com um grande sorriso em nosso rosto! Então poderemos criar em conjunto algo realmente incrível neste lindo planeta. Este capítulo resume o processo de aceleração e transformação para que você possa reconhecê-lo em si mesmo, nos outros e na sociedade e não fique desorientado ou paralisado por isso. Compreendendo o processo geral de transformação, você poderá se movimentar através dele e ser um "líder de pensamento" e modelo para os outros. Então poderá desenvolver as novas habilidades de atenção que trarão sucesso na nova realidade.

Começaremos examinando o início do processo de transformação e depois veremos no que estamos nos transformando. Depois disso, exploraremos o que acontece no próprio processo e como navegar com o mínimo de confusão e negatividade pelas várias mudanças envolvidas. Os pontos que mencionei nesta visão geral serão esmiuçados em profundidade em capítulos subsequentes.

A vida está acelerando e você também

A transformação começa com um processo de aceleração; a vibração da Terra e de nosso corpo tem aumentado constantemente por muitos anos. Não sabemos ao certo por que isso está ocorrendo – talvez seja uma fonte cósmica de energia de alta vibração que flui através de nosso sistema solar –, mas trata-se de algo mensurável; a vibração da própria

Terra, chamada de *Ressonância Schumann*, tem aumentado. Quando a frequência da matéria aumenta, o mesmo acontece com nossa capacidade de acessar uma vibração de consciência correspondente. Nossa mente se expande. A própria vida acelera.

Barbara Hand Clow, em seu livro esclarecedor *Awakening the Planetary Mind*, descreve um fenômeno previsto no calendário maia em relação à "aceleração do tempo" – uma função da frequência crescente da Terra. O calendário maia delineia ciclos de tempo cobrindo mais de 16,4 bilhões de anos, divididos em nove períodos chamados "submundos". A duração de cada submundo, ou período de desenvolvimento, é vinte vezes menor do que a do anterior, com a data de conclusão para todos os nove ocorrendo no final de 2011. Isto significa que o tempo na Terra acelerou vinte vezes mais rápido em nove incrementos diferentes, e o último teve só um ano de duração. Obviamente, agora estamos vivendo num período extremamente acelerado.

O futuro tem o hábito de chegar sem aviso prévio.
George Will

Os maias entendiam a frequência crescente do planeta. O que é interessante é que as datas destes "submundos" estão intimamente relacionadas aos ciclos biológicos e evolutivos da Terra, que a ciência documentou em tempos recentes. Agora que a vibração do planeta está se movendo tão depressa, tudo parece ocorrer no momento presente. Dessa velocidade decorre a intensidade emocional. Coisas com que não queríamos lidar – nossos medos – não podem mais ser negadas, adiadas ou mantidas no passado, pois são imediatas e evidentes. Hand Clow diz: "O Nono Submundo durante 2011 escancara a resposta vibracional completa para a natureza, e então nossos traumas internos não resolvidos surgem como grandes monstros em nosso coração e mente."[1]

Por anos, você e eu (e outras pessoas energeticamente sensíveis) experimentamos de maneira intuitiva essa aceleração à medida que ela aumentava a frequência sutil de nosso corpo. Enquanto na superfície isso pode ter preocupado você, no fundo você provavelmente suspeitou que estava se preparando para algo emocionante e bom – uma mudança na consciência em direção à iluminação, um nova realidade que pode se assemelhar ao Céu na Terra. Você provavelmente sentiu que isso não ocorreria sem um trabalho consistente de limpeza dos traumas internos não resolvidos, mencionados por Hand Clow, e por certo não sem alguma reviravolta no mundo. Pode parecer estranho, mas aposto que a maioria de nós tem esperado secretamente por isso.

Vivemos agora em um mundo vibracional

À medida que você e o mundo vibram em uma frequência mais alta, sua percepção se expande naturalmente; sua visão de mundo vai mudando no mesmo ritmo de sua vibração. Em uma frequência mais alta, você se torna consciente do mundo não físico e agora consegue perceber a si mesmo, a todos e a tudo como energia, e não como corpos lentos e sólidos ou objetos separados por um espaço vazio. Com efeito, você consegue "ver através" ou sentir a solidez da matéria para experimentar os padrões de energia ali dentro. Tudo está vibrando em sua própria frequência particular, e o mundo está cheio de uma sinfonia de sons.

Você percebe a energia dentro e entre todas as coisas; não há espaço desprovido dela. Então você descobre que a energia está conectada à consciência. Percebe que, quando muda seu nível de energia, sua consciência também se altera; quando você muda sua consciência, sua energia muda também. Você consegue sentir como a ressonância de diferentes formas pode ser harmoniosa ou dissonante quando elas são combinadas, e como há uma tendência natural de buscar coerência vibratória.

À medida que a vibração do mundo aumenta, os processos se tornam mais instantâneos. Causa e efeito deixam de ser a regra primária para a materialização de resultados. O que você deseja criar acontece sem esforço, milagrosamente, sem explicação lógica, num piscar de olhos. Tudo é mais rápido e fácil. Você experimenta o fato de que o momento presente contém muito mais do que nunca ocorrera antes – ele está proliferando rapidamente para incluir quantidades crescentes de passado e futuro. Se tudo estiver no momento com você, você não precisa esperar por respostas, assistência ou resultados. Só precisa pedir e receber.

Evoluindo da Era da Informação para a Era da Intuição

Um fator que pode ajudar a entender a transformação é encará-la como a continuação natural de um processo de evolução que vem progredindo continuamente na Terra por eras – literalmente 16,4 bilhões de anos, se acreditarmos nos fabricantes de calendários da tradição maia. Sabemos que a adaptação e o crescimento são inexoráveis. As espécies evoluem, a vida evolui, e com a evolução vem a expansão do conhecimento, uma funcionalidade maior, mais conectividade e velocidade. Apenas olhando para o passado recente, podemos traçar nossa evolução desde a Era das Trevas até o Renascimento e até chegarmos à Revolução Industrial. A aceleração atual nos trouxe da Era Industrial relativamente lenta, com sua ênfase em processos físicos, mecânicos, lineares (de causa e efeito), para a Era da Informação, que enfatiza o conhecimento, o acesso a quantidades crescentes de informação, a velocidade do processamento mental e transmissão de dados e a interconectividade simultânea e multidirecional.

Televisão e computadores – máquinas de alta frequência – assinalaram o fim da Era Industrial e nos lançaram na Era da Informação. Agora, a internet e os meios de comunicação globais aceleraram a vida ainda mais. A Era da Informação é tão rápida e temos acesso a tantos dados, que mal conseguimos acompanhá-los. Nossa mente, dominada pela compartimentalização do hemisfério esquerdo do cérebro, ainda está tentando integrar as vastas quantidades de informações de maneira linear, realizando multitarefas insanamente ou deslizando ao longo da superfície, sacrificando a profundidade pela velocidade. Isso cria uma miríade de estresses, da hiperatividade a dias de trabalho estendidos (com insônia à noite) e ao "transtorno de déficit de natureza", pois as pessoas permanecem grudadas em telas eletrônicas.

À medida que a Era da Informação avança rumo a seu salto para o hiperespaço e a próxima experiência revolucionária, vemos que as velhas realidades físicas e mentais não são mais expansivas o suficiente. Elas são muito lentas e antiquadas; suas metodologias funcionam mal e falham em produzir resultados. O que costumava funcionar está sendo substituído por uma nova era – uma nova realidade com novas metodologias. À medida que isso acontece, os conceitos antigos se integram lentamente em um contexto maior e mais abrangente. Meu termo para a realidade emergente e transformada é a Era da Intuição, porque ela é ilimitada, holística, e o conhecimento direto é sua marca registrada.

A Era da Intuição se concentra no espírito, e você já pode estar vivenciando suas fases nascentes. Você se conhece como um corpo na Era Industrial e uma mente na Era da Informação, e à medida que a Era da Intuição vai começando, se lembra de que, acima de tudo, você é uma alma. Um dos meus colegas chama esse fluxo em direção à transformação de "Movimento da Alma". Uma percepção nova e mais rarefeita está surgindo – uma percepção baseada na intuição e na detecção de frequências de energia. Essa percepção expandida leva você direto para o mundo não físico para poder encarar as pessoas como mais do que apenas seres físicos – agora fica claro que existe um poderoso componente espiritual interior. E você sabe que isso é verdade para os objetos e o espaço também – tudo é feito de percepção-e-energia de vibração superior.

Não há morte; há apenas uma mudança de mundos.
Chefe Seattle

Em que estamos nos transformando?

Pois bem, você está acelerando e se transformando. Na verdade, o que isto significa? Significa que sua vibração crescente está lhe dando a capacidade de compreender muito melhor a maneira como a vida *realmente* funciona, com mais acesso a possibilidades excitantes e um senso enormemente expandido de quem você é. Sua identidade fundamental está em evolução; você está se tornando um novo tipo de ser humano. Após a transformação, quaisquer resquícios daquele antigo ego autoprotetor, dominador, isolado – aquela pequena identidade que sempre supusemos que fazia parte do ser humano – desaparece e um eu muito maior surge das cinzas como a fênix dourada de sua pira funerária. O que era baseado no medo torna-se baseado no amor.

A transformação é o começo de um autoconhecimento pleno e do amor por si mesmo. Você tem uma sensação muito real de sua alma em seu corpo, constituindo sua personalidade, o tempo todo. Sua percepção-e-energia aumenta drasticamente. Você pode acessar informações de dimensões ou frequências de consciência que nem sabia que existiam. Suas opções aumentam, suas habilidades humanas aumentam. Você não é mais a mesma pessoa, mas é mais de quem realmente é. Então pulará sobre tudo isso para se tornar ainda *mais* quem é, e conforme isto continuar, você será agradavelmente surpreendido a cada vez.

O eu transformado vive em uma realidade transformada na qual você consegue entender que o mundo interior da percepção-e-energia e o mundo exterior físico funcionam num *continuum*. O que costumava ser separado converge para uma só coisa – lado esquerdo e direito do cérebro, cabeça e coração, corpo e mente, mundo exterior e interior. Estas integrações expandem você para um novo território em que o todo é maior do que a soma das partes. A compaixão se torna a principal força evolutiva, uma parte crucial da nova consciência que garante sucesso e sobrevivência planetária.

Quando a transformação começa, há uma tendência de senti-la primeiro como um processo puramente *energético*. Seu corpo está perturbado, há tensões e pressões de tempo – uma "fome de tempo" – e emoções perturbadoras afetam seu eu. A intensidade pode até afetar sua saúde. Você verifica que sua energia afeta sua realidade. À media que o processo continua, você se dá conta de que a frequência crescente está mudando sua *consciência* também. Você percebe mais, aprende mais e entende como seus pensamentos afetam sua realidade.

A nova consciência não é um estado incorpóreo; é a transformação da nossa atual consciência corporal, que é limitada pelo tempo e pelo espaço, num estado de consciência corporal transformada que é o da ressurreição.

Bede Griffiths

À medida que for navegando com sucesso pelos estágios de abertura da mente e seu corpo se adaptar à energia superior, você se sentirá melhor. Irá se acostumar á com a nova velocidade da vida. Suas emoções se estabilizarão e você será mais feliz, mais harmonioso, entusiasmado e positivo. Os sentimentos positivos geram uma maior qualidade de pensamento; você para de reclamar e criticar, é receptivo a novas ideias e se sente mais curioso. A imaginação positiva ressurge, servindo a um desejo renovado de criar coisas compatíveis com o seu destino. Você perceberá que anteriormente estava usando sua imaginação de maneira inconsciente para criar situações negativas. Então dirá: "Que desperdício de energia!".

Você verá que seus pensamentos e sentimentos de alta frequência estão criando uma vida melhor, uma realidade mais fácil. Viver é mais divertido. Agora você é uma personalidade de alta frequência, incorporando mais de sua alma e verdade espiritual em tudo o que faz – e isso facilita o seu destino, sem os caprichos da vontade.

Como a transformação funciona

"Mas", perguntará, "como ocorre a transformação? Ela dói?"

Para alcançar a transformação, primeiro é necessária uma mudança profunda no seu conhecimento das coisas. A maneira com que torna seu mundo real para si mesmo deve passar por uma profunda revisão. Você não pode simplesmente continuar processando dados do jeito que estamos fazendo atualmente – com uma necessidade quase desesperada de velocidade. É necessária uma nova metodologia que o deixe saltar naturalmente e sem esforço para a percepção expandida. Essa mudança transformacional, ou salto da percepção, requer novos caminhos através do cérebro, novos hábitos de sentir e saber, e compreender que o "cérebro" inclui na verdade o coração, o corpo, as células e até mesmo o campo de energia ao seu redor. Você tem um aparato de detecção muito maior do que pode ter imaginado. Se não consegue descobrir como "religar" seu cérebro e acessar os muitos novos caminhos em seus centros cerebrais não localizados, não se preocupe! O processo de aceleração está levando-o até lá, revelando os *insights* um por um.

A transformação é um processo composto por uma série de mudanças. Se você entender e abraçar as tarefas factíveis necessárias para cada mudança, percorrerá o processo sem problemas. Se resistir, o processo acontecerá de qualquer maneira, e você será arrastado, debatendo-se e gritando. Portanto, não, transformação não dói – a menos que você bloqueie o Fluxo.

Mencionei anteriormente que a frequência crescente no mundo aumenta sua capacidade de perceber mais, de enxergar, através da superfície da realidade física, a realidade não física da percepção-e-energia. *Entrar no mundo não físico é um dos primeiros grandes passos no processo de transformação.* Pense na sua realidade diária normal: você está absorto escovando os dentes, preparando o café da manhã para os filhos, ouvindo com atenção seus colegas de trabalho, lembrando-se de comprar tudo o que precisa na mercearia, exercitando-se depois do jantar e lendo sua novela de suspense antes de dormir. É fácil perder-se nestes detalhes mundanos e pensar que isso é tudo o que existe. Mas há sempre uma realidade interior por perto. Quando você se lembra de meditar, orar e abençoar os outros, ou reverenciar a natureza enquanto se detém em seu quintal olhando para a Lua Cheia e as estrelas, você aprofunda a si mesmo, caindo do mundo físico e ativando uma conexão mística com o inefável.

Você precisa entrar no mundo interior para poder se transformar. E é aqui que a intuição se torna tão importante, pois ela é o meio pelo qual você conhece e circula pelo mundo não físico. Na realidade da percepção-e-energia, você não pensa de maneira lógica. Você vivencia, sente e sabe diretamente. Você está incorporado ao que experimenta.

Com a intuição, você descobre princípios de unidade e aprende a funcionar no *campo unificado*, no mar infinito de percepção-e-energia. Todas as ideias, recursos e realidades estão disponíveis e são possíveis no campo unificado. Assim, sua consciência aumenta exponencialmente. No mundo não físico, tudo está interconectado, tudo é mutuamente inclusivo e solidário. Experimentar a verdade da unidade revela a dinâmica da Era da Intuição.

Mais cedo ou mais tarde, você se sentirá confortável vivendo tanto nos mundos físico e não físico, talvez oscilando de um lado para o outro entre eles por um tempo, para então sentir que eles são simultâneos, afetando um ao outro instantaneamente. *Experimentar essa fusão entre interior e exterior é o próximo passo importante no processo de transformação.* Por exemplo, você pode sentir na mesma hora que um comentário sarcástico que fez sobre um amigo cara a cara deixou-o fechado emocionalmente. Sua ação física cria um efeito não físico que tem ondulações: você e seu amigo se sentem pior do que antes, e este estado interior contraído inibe a autoexpressão no mundo exterior. A inibição interior continua até um de vocês dizer algo no mundo físico. Então, instantaneamente o estado interior muda, a energia flui de novo e a autoexpressão expandida recomeça em vocês dois.

Estar permanentemente enraizado no centro do momento presente é mais uma parte importante do processo de transformação. Vivendo de modo permanente no momento presente, não há mais projeção – você não precisa mais lançar sua atenção em uma linha de pesca para outros pontos do tempo e do espaço que parecem separados de você. Não há mais separação. O passado e o futuro também estão dentro do momento presente, junto com todas as ideias e tudo o mais em sua realidade. Isso faz que você experimente uma mudança natural na geometria de sua percepção. Você constata que a velha *percepção linear* – percepção limitada a cronogramas, processos de causa e efeito e linhas de pensamento – não funciona mais e começa a sentir a vida como um balão ou uma esfera envolvendo você igualmente em todas as direções. Posteriormente iremos entrar na mecânica dessa mudança crucial com muito mais detalhes.

É importante lembrar que quando as realidades física e não física se fundem e quando tudo está no momento presente, qualquer mudança sempre ocorre simultaneamente em ambos os mundos. *Toda mudança perceptiva não física corresponde a uma mudança correspondente em seu cérebro físico, seu corpo e seu dia a dia – e isso acontece de maneira instantânea.*

No início, a transformação pode parecer assustadora

O processo de transformação não é algo que ocorra de uma só vez ou que represente uma ameaça. Ocorrem muitas pequenas mudanças, e é preciso algum tempo para se acostumar a elas; você está basicamente desaprendendo um hábito antigo e reaprendendo um novo. O processo muitas vezes começa de maneira inconsciente e se torna mais deliberado à media que você avança. Assemelha-se à mitológica jornada do herói pelo submundo, e é preciso de tempo para entender o que está acontecendo. Vamos examinar como isso pode afetá-lo nos estágios iniciais.

A energia acelerada flui através de você em ondas progressivamente intensas. No início, a vibração mais elevada parece estranha e pode incomodar – ela está na verdade mudando a maneira como seu corpo, emoções e mente operam, e pode fazer com que você se retraia de modo inconsciente em atitude de resistência. Onde quer que você se trave ou se contraia com medo, a energia recua e causa um problema – ou amplia um problema já existente. Se você se adaptar a cada onda igualando sua vibração, porém, ela passa sem empecilhos e você evolui a cada intensificação, tornando-se cada vez mais cristalino. É como um riacho inchado crescendo em velocidade e força à medida que ganha impulso na descida – ele flui facilmente através dos canais abertos, mas ao encontrar engarrafamentos, ele os separa e carrega os detritos rio abaixo para serem dispersos no mar. O fluxo é a percepção-e-energia acelerada; os impasses são medos, crenças fixas, mentiras, congestão física crônica, bloqueios ou dor; e o mar é o campo unificado.

A maioria de nós está acostumada a viver com um medo reprimido, em atitude de negação, numa espécie de nível de conforto improvisado. Usamos fortes crenças fixas, opiniões e hábitos como disfarces para que nunca tenhamos que sentir nossa raiva, pânico e dor; nós apenas vivemos em nossa cabeça, no piloto automático. Mas isto não é mais possível. O processo de transformação evolui sua consciência do medo para o amor. Isso significa que você tem de dissolver os medos e curar as feridas emocionais que estão no caminho – e para isso precisa entendê-los. Ou seja, é preciso enfrentá-los, senti-los e decodificá-los, coisa que desperta temor na maioria de nós. Cada momento em que uma onda intensificada de aceleração passa por você, ela desaloja percepção-e-energia de baixa frequência, ou medo reprimido, de seu subconsciente. Nem é preciso dizer que você pode experimentar vários tipos de desconforto!

> Ninguém se torna iluminado imaginando representações
> da luz, mas tornando a escuridão consciente.
> **Carl Jung**

À medida que medos e dores profundas surgem do subconsciente, memórias relacionadas inundam a mente consciente no tempo presente. Isso significa que você as revive como novas ou dolorosas situações de medo da vida real que se aproximam muito das originais – que nunca foram completamente vivenciadas, integradas e liberadas. Drama e trauma aos montes! Se você não tiver abraçado o processo de limpeza, há uma tendência de reprimir e negar o que é desconfortável. Pode-se tentar empurrar tudo de volta para baixo nos substratos da mente com vários comportamentos do tipo "lute ou fuja".

Quando a energia intensificada é assustadora e você se fecha e resiste a ela, ela acumula forças como a água por trás de uma represa, empurrando com mais força. Se você continuar a escolher e validar a resistência em vez do Fluxo, a vida se torna intensa e difícil, cheia de experiências negativas, e então explode, criando rupturas dramáticas e colapsos de antigos padrões.

A consciência exige uma ruptura com o mundo que tomamos como certo;
então velhas categorias de experiência são questionadas e revisadas.
Shoshana Zuboff

O ponto de virada: rendendo-se à pausa que refresca

O esforço de evitar e reprimir bloqueios subconscientes mais cedo ou mais tarde acaba desgastando você, e a exaustão pode fazer com que se sinta desiludido, desmotivado e sem esperança. Mas, na verdade, isso é bom! Você está no ponto de virada. O último suspiro do caminho negativo para a transformação é quando você finalmente se sente tão cansado de resistir e controlar, e tão sobrecarregado pela complexidade, que se detém. Não há mais nada que você possa fazer. É o fim do progresso, e a força de vontade por si só não irá funcionar. Chafurdar em julgamentos e interpretações negativas apenas drenará sua energia.

Você é forçado pelo processo a simplesmente aderir ao que está acontecendo – estar consigo mesmo e com seus medos e sua dor. Você precisa experimentar o estado em que se encontra diretamente, sem incentivá-lo e sem reagir. Simplesmente "estando com" a vida e "deixando que as coisas sejam" como são, você retorna a uma experiência de seu próprio "ser" – sua alma – que sempre esteve presente sob as distrações. É o envolvimento com o silêncio e entrada na realidade não física. E é quando sua intuição se abre. Agora sua alma pode brilhar, iluminando tudo. Surgem revelações. Compreensão e compaixão dissolvem os medos. Ocorrem a libertação, o alívio e um retorno à alegria. Você se sente *muitíssimo* melhor!

Esse é o ponto de virada no processo de transformação – quando a mente fixa se rende e precipita uma enorme expansão na consciência do coração, do corpo, do campo unificado e do Fluxo sábio e evolutivo. Surge sua nova identidade reluzente junto com um novo mundo. Depois disso, você terá uma atitude mais deliberada quanto a praticar as habilidades da percepção-e-energia que o ajudarão a estabilizar suas novas percepção e realidade da Era da Intuição.

A transformação pode ser estimulante e revigorante!

Há uma escolha em cada etapa ao longo do caminho para evoluir suave e rapidamente, em harmonia com o planeta e o Fluxo, ou evoluir irregularmente, com a dor e o sofrimento que você mesmo cria. Acolhendo dentro de si a energia intensificada e o processo de limpeza, o Fluxo se move através de você, elevando-o a uma vibração mais elevada e aumentando seu amor, compreensão e saúde. É mais fácil então se envolver com o que surge, sem juízo de valor ou rejeição –todos os dados são úteis. Um medo que vem à tona simplesmente aponta para uma área que precisa de doçura, compaixão e paciência. E conforme você "estiver com" o medo, ele se abrirá, contará sua história e você ganhará uma perspectiva tranquila. A energia se alegrará, como uma criança pequena confortada por sua mãe. Os sorrisos voltarão.

Uma de minhas colegas fez uma peregrinação ao Tibete e, enquanto esteve lá, ocorreu nela uma mudança misteriosa. "É difícil descrever", disse ela, "mas é como se eu houvesse me tornado eu mesma. Parecia que eu tinha passado pela linha de chegada do atletismo até chegar a meu próprio território." Ouvi o comentário dela repetido por muitos outros. Algo que todos dizem é: "Não há descrição para isso, para o que acontece com você. No começo, pensei que estava enlouquecendo! Eu me sentia diferente, porém mais real, mais relaxado e mais animado – tudo ao mesmo tempo".

> Mantenha os pés no chão e continue alcançando as estrelas.
> **Casey Kasem**

Sei muito bem que, mesmo quando você começa a ver a luz, ainda pode ser afetado pelos medos de outras pessoas e ainda pode lutar intermitentemente com crenças sociais sobre sacrifício e sofrimento. Você ganha *insight*, mas depois retrocede um pouco, como Sísifo empurrando a pedra colina acima todos os dias apenas para que ela role de volta à noite. Isso é natural. Normalizar a nova realidade transformada requer uma escolha repetida para manter sua vibração pessoal no nível da alma, ou o que costumo chamar de sua "frequência original". Estamos quebrando um velho hábito – desaprender e reaprender os princípios de como vivemos, criamos e crescemos –, e isso requer prática.

Voltando a entrar no mundo como um "novo ser humano"

Após o ponto de virada, você sentirá quem você é enquanto alma. Saberá como quer que sua vida seja, terá um novo conjunto de critérios para fazer escolhas e confiará em sua intuição para guiá-lo. Problemas que você acreditava serem tão terríveis mudarão sem esforço, transformando-se em oportunidades. O Fluxo se tornará seu melhor amigo e você não quererá menosprezar nenhuma ideia – preferirá deixar espaço para que tudo evolua e melhore naturalmente.

Ao revisar sua travessia bem-sucedida pelos estágios difíceis em sua transformação, você verá que seu sucesso se deveu à maneira com que usou sua atenção. Você fez escolhas, de forma consistente, para *não* ativar hábitos antigos que estavam puxando-o para trás e fazendo-o sofrer. Você perceberá que esta prática mudou sua vida para melhor. Boas oportunidades, pessoas em seu comprimento de onda e novas criações interessantes surgiram de sua frequência original. Permanecer vigilante em relação ao que você percebe e como usa a atenção torna-se uma segunda natureza. Agora será desejável refinar suas habilidades de atenção ainda mais para poder saber e fazer o que é possível na Era da Intuição.

Nesse ponto, você já deve ter uma noção vaga da direção que estamos tomando, o que a Era da Intuição pode fazer florescer dentro de si mesmo e como a percepção hábil pode desempenhar um papel importante para ajudá-lo a se mover através do processo de transformação. Iremos abordar tudo isso em maior profundidade ao longo do livro, até que a transformação se torne real e você possa começar a se estabelecer em sua vida como um "novo ser humano". Nos próximos dois capítulos, mergulharemos no território do mundo não físico para que você possa entender os processos sutis de como a percepção-e-energia funciona.

Não há outra maneira de atrair a perfeição exterior que buscamos
além da transformação de nós mesmos. Assim que conseguirmos
nos transformar, o mundo derreterá magicamente diante de nossos olhos
e remodelar-se-á em harmonia com aquilo que nossa transformação afirma.

Neville Goddard

Só para recapitular...

O tempo está acelerando e isso faz que a energia do mundo físico e de seu corpo acelere também, o que causa a ocorrência de um processo de transformação da consciência. No início isso parecerá desorientador, pois uma energia de frequência mais alta empurrará os medos reprimidos para a superfície e sua mente subconsciente se esvaziará como uma caixa de Pandora. Talvez você experimente vários sintomas desconfortáveis, e até mesmo dolorosos, mas o objetivo é acolher e entender os medos – para que possa eliminá-los. Então você poderá substituí-los pelo amor e pela clareza, o que acelerará e facilitará seu crescimento.

Sua consciência aumentará e você perceberá mais de si mesmo e como a realidade funciona. Você "verá para dentro" o mundo não físico, entendendo que tudo o que é físico é realmente feito de percepção-e-energia, que tudo vibra em frequências variadas e que os mundos físico e não físico são na verdade um campo unificado. Você estará evoluindo para um novo tipo de ser humano que viverá em uma nova realidade de acordo com novas regras. Chamo esta realidade transformada de Era da Intuição. Entendendo o que ocorre em cada etapa do processo de transformação, você poderá avançar através do processo com menos distorções.

2

O caminho para expandir a percepção

> Nós somos seres que percebem. Somos uma consciência; não somos objetos; não temos solidez. Não temos limites. O mundo dos objetos e da solidez é [...] só uma descrição criada para nos ajudar. Nós, ou melhor, nossa *razão*, esquecemos que a descrição é só uma descrição, e assim aprisionamos a totalidade de nós mesmos num círculo vicioso do qual raramente saímos ao longo da vida.
> **Carlos Castañeda**

Todos temos uma coisa em comum: crescemos, expandimo-nos. E até mesmo quando nosso progresso estanca temporariamente, o processo de evolução recomeça para nós. Neste capítulo, exploraremos nossa natureza evolutiva, que é realmente a história de como a percepção se expande para revelar mais de nosso verdadeiro eu e o funcionamento superior da vida. Vivemos num tempo de transformação, e isso significa que a percepção está saltando rapidamente da estrada secundária para a principal, conduzindo-nos a uma compreensão nova e surpreendente de todas as coisas! É hora de traçar a rota.

O que é a percepção?

Percepção é um mecanismo que revela o território que você pode explorar tanto em sua vida física quanto na não física. O interessante é que sua frequência – o nível de percepção-e-energia – afeta sua percepção e determina o que você pode saber. Lembre-se de que a consciência e a energia são duas faces da mesma moeda, aspectos um do outro que imediatamente afetam um ao outro. Quando um aumenta, o outro também o faz. Portanto, quanto mais alta for sua frequência energética, mais ampla e profunda será sua consciência de vida. É por isso que o processo de aceleração e transformação, com sua energia capaz de intensificar, está aumentando sua capacidade de perceber e saber mais.

Você pode pensar na percepção como uma combinação de telescópio e microscópio com uma lente que pode mudar o foco para ver qualquer coisa, das estrelas mais distantes aos micróbios mais minúsculos. A frequência da sua percepção-e-energia, assim como o poder da lente, revela vários mundos através do escopo. As frequências mais altas permitem que você veja além do mundo físico até o plano do mundo não físico. À medida que sua percepção se tornar mais refinada, você poderá perceber claramente que a realidade não física afeta a realidade física.

A visão expansiva do eu e da realidade

Algumas questões básicas emergem quando você contempla o território do que é possível perceber. "Quem sou eu? O que é a realidade? Como funciona a vida?" À medida que sua frequência aumenta, você é capaz de perceber mais aspectos de si mesmo, mais dimensões da realidade e mais nuances da dinâmica da vida. Por exemplo, numa frequência mais lenta, você pode perceber o "eu" como um corpo feito por genes herdados, executado por um cérebro. Pode ver a "realidade" como um mundo físico de tempo, espaço e matéria preenchido com objetos separados pelo espaço vazio. Pode ver a vida funcionando ao longo de linhas do tempo divididas em segmentos de passado, presente e futuro, com processos ocorrendo de forma relativamente lenta por causa do pensamento de causa e efeito.

Em uma frequência mais alta, você pode perceber um mundo interior e não físico de sensação e emoção, pensamento e sabedoria, ou imaginação e energia que acrescenta dimensão ao eu físico e à realidade que você conhecia antes. Neste nível, você experimenta o eu como um ser feito de percepção-e-energia, mais fluida e interligada com a realidade, que também é feita de percepção-e-energia. A vida funciona no momento presente, e muito mais depressa.

À medida que a frequência continua a aumentar, sua percepção segue no mesmo ritmo. Agora você percebe que a realidade interior, não física, combina perfeitamente com a realidade física exterior. Os mundos são confluentes e entremesclados, e sua integração muda mais uma vez sua experiência de si mesmo e da realidade. Os mundos físico e não físico se encontram no mesmo momento e não podem ser separados; causa e efeito ocorrem tão rapidamente que se tornam uma só coisa. Essa fusão é semelhante a entrar numa nova dimensão da vida, e esta é a mudança que chamamos de transformação.

> Quando duas coisas são mantidas na mente ao mesmo tempo,
> elas começam a se conectar uma à outra.
> **Rick Hanson**

Depois disso, você se sentirá como uma alma e sentirá o DNA, o corpo e o cérebro como funções cristalizadas da sabedoria e da memória da alma. A realidade pode ser o maior eflúvio de seus próprios padrões de percepção-e-energia, combinados com os de todos os outros seres sencientes. A forma, antes tão sólida, agora se torna uma coleção porosa de partículas vibrantes, mudando de forma, e não há limites em qualquer lugar, apenas frequências diferentes ocupando um campo unificado. O tempo se torna um vasto momento presente e a criatividade é instantânea. Agora você entende que eu e realidade estão tão entrelaçados que se criam um ao outro e, na verdade, são uma coisa só.

Portanto, para resumir, você começa com uma experiência bastante simples de eu e realidade, baseada no mundo físico exterior, e à medida que sua frequência aumenta, percebe o mundo não físico. Primeiro, você oscila de um lado para o outro entre eles, mas uma vez que a frequência continua a aumentar, sua percepção mostrará como os mundos se misturam e se interpenetram, transformando você e sua realidade. Agora, há mais possibilidades e tornam-se visíveis princípios de como as coisas funcionam que antes pareciam invisíveis e incríveis. É natural que a percepção evolua em sua sofisticação. Outrora, a percepção de baixa vibração nos fez acreditar que o mundo era plano, que o Sol girava em torno da Terra e que as mulheres não eram pessoas reais! Agora, podemos ver que todas as pessoas são almas, iguais pelo fato de que todos existimos. Podemos entender o cosmos como algo baseado na experiência, em vez de vê-lo apenas como galáxias alcançadas por viagens através do espaço à velocidade da luz.

Descobertas místicas

Sempre tive um mundo interior ativo, porém, há alguns anos, a interpenetração entre meu eu físico e não físico e a realidade se revelou para mim numa "visão lúcida" bastante chocante. Na época, eu estava visitando minha mãe e seu marido, ambos com quase 90 anos e ambos bastante vivazes, curiosos e espirituosos. Gosto de passar tempo com eles porque posso desacelerar e me unir a seu estilo de vida descontraído. Nessa visita soube que alguns de seus amigos haviam morrido e a perda pairava no ar. Também vivenciei uma onda de energia intensa que estava me dando insônia.

Certa noite, depois de me inquietar por horas, acendi a luz e sentei-me na cama, de pernas cruzadas, olhando para o nada. Eu estava apenas *existindo*, mas sem protesto ou irritação de qualquer tipo. Foi quando aconteceu. Eu inalei e o quarto desapareceu! Eu ainda estava presente no centro de minha realidade, mas agora havia me tornado uma esfera de luz flutuando no espaço, com um vazio embaixo de mim. O próprio espaço me suportava esfericamente de todas as direções. Embora meu corpo houvesse se dissolvido junto com o quarto, eu conseguia me sentir com a mesma familiaridade que sempre senti sobre minha própria presença. Eu estava basicamente em paz, ainda só existindo.

Então exalei e o quarto voltou. Meus olhos estavam bem abertos, e quando dirigi meu olhar para baixo, lá estava meu corpo. Eu inalei e pronto! A sala se dissolveu novamente e voltei a ser uma esfera de luz radiante sem nenhuma personalidade particular. Essa oscilação para dentro e para fora da forma física continuou até que me senti entediada com a brincadeira. Pensei: "Talvez a morte seja algo assim. Você só pisca para fora da realidade da forma física e 'caminha em direção' à realidade da luz-e-energia. Você se vê de maneira diferente, mas ainda reconhece sua vibração essencial".

Tive uma percepção de frações de segundo de que talvez eu estivesse respirando minha realidade física para uma existência exterior, inalando e retraindo-a de volta para meu eu essencial, e em seguida exalando-a de volta à forma física, como se estivesse enchendo um balão. Talvez eu também pudesse modificá-la enquanto ela estivesse "inalada" dentro de mim, exalando-a de maneira levemente diferente, do modo que eu escolhesse. Essa experiência teve um impacto profundo dentro de mim. Dissolveu qualquer medo residual da morte que eu tivesse e ajudou-me a sentir a conexão íntima dos mundos físico e não físico – o eu interior e exterior e a realidade. A "visão lúcida" me mostrou que abrangia ambas as realidades e estava "viva" em ambas.

Tente isto!
Abra e feche os olhos e respire

1. Encontre uma posição sentada confortável e certifique-se de que sua cabeça esteja ereta.
2. Observe os vários detalhes do espaço ao redor. Observe seu corpo.

3. Observe que você esteve ocupado em sua consciência do dia a dia e isso lhe deu uma sensação específica. Pode ser um sentimento confuso, monótono, ambicioso, chateado ou até mesmo amoroso e pacífico.

4. Preste atenção à sua respiração. Deixe-a mover-se totalmente para dentro, gire lá dentro, saia totalmente para fora, então inverta a direção e volte para dentro. Agora, não há nada importante que você tenha que fazer ou saber.

5. Feche os olhos lentamente enquanto inspira. Imagine que você está inalando a realidade da sala, seu corpo e sua personalidade do dia a dia. Tudo se dissolve no campo unificado e você descansa de maneira confortável em uma realidade tranquila, reconfortante, escura (ou brilhante) e espaçosa. Deixe sua respiração pausar enquanto você se sentir confortável. Isto é seu mundo interior, o início de seu próprio estado de consciência superior.

6. Agora expire lentamente, abrindo os olhos aos poucos enquanto isso. Imagine que está exalando uma nova realidade semelhante à anterior, mas talvez com uma vibração um pouco mais alta. Impregne o que você experimenta com amor e apreço, e até mesmo com um sentimento de assombro inocente.

7. Inspire lentamente de novo enquanto fecha os olhos e retire toda a sua atenção da realidade exterior. Deixe-a dissolver-se. Sinta uma atemporalidade no mundo não físico e trate de ser simples e puro. Reúna essa pureza em si mesmo e sintonize-se com ela completamente.

8. Expire novamente enquanto abre os olhos, imaginando que irá explodir o balão do mundo tridimensional onde seu corpo e sua personalidade estão vivendo. Envie a vibração da dimensão interior e superior da consciência em seu "filme" para que ele comece a rodar. A cada respiração, deixe-o avançar.

9. Continue assim pelo tempo que quiser e observe quaisquer revelações que venham à tona. Anote-as em seu diário.

A evolução é implacável

Por causa do acordo das multidões segundo o qual a realidade é apenas física, é difícil desafiar esse pressuposto e se libertar de suas garras. Tenho bastante certeza, porém, de que você já teve experiências parecidas com a minha, nas quais se sentiu ou se viu (ou viu outras pessoas) como energia, luz e consciência superior. Talvez você estivesse voando num sonho e ele parecesse *tão real*, ou sua avó tenha vindo até o pé de sua cama para avisar que acabara de falecer. Talvez você tenha sido curado por seres intergalácticos, ou viu a aura radiante de uma árvore piscar e apagar.

Falei com inúmeras pessoas que contam histórias sobre a passagem de uma realidade de frequência mais alta para sua realidade de frequência mais baixa. A exclamação ocorre quando a evolução determina que um salto para a percepção expandida é necessário – e isso o muda. Quando ela tinha 8 anos de idade, minha mãe estava passando o verão em uma fazenda. Um curandeiro ambulante parou e em minutos dissolveu um grande galo em sua testa, apenas colocando os dedos sobre ele. Isso a surpreendeu e a abriu para os mistérios da vida, e tenho certeza de que foi um fator para ela se curar mais tarde na vida de quatro tipos diferentes de câncer.

Essas aberturas para a percepção expandida às vezes requerem um acidente ou um choque para silenciar a tagarelice diária da "mente de macaco" e afastá-la temporariamente, mas às vezes a experiência acontece no meio de um momento comum. Isso demonstra que existe outro nível de realidade além daquele que pensamos ser "o mundo". Em culturas antigas e sociedades esotéricas, isto se chama *iniciação*, um rito de passagem que impulsiona você em uma frequência mais elevada de consciência e em um novo nível de poder e responsabilidade. Quase universalmente, quando as pessoas passam por esse tipo de evolução, elas dizem que preferem a experiência mística de alta frequência porque ela parece mágica, natural e profundamente confortável. A atração magnética de nossa percepção-e-energia, ao se elevar em frequência, é poderosa e implacável; a evolução aproveitará qualquer oportunidade para romper a estagnação.

> E chegou o dia em que o risco de ficar encerrado no bulbo
> se tornou mais doloroso do que o risco de florescer.
>
> **Anaïs Nin**

Também é possível elevar sua frequência e ir além da percepção da realidade física graças à meditação. Muitas vezes, praticantes da meditação que aprenderam a experimentar os reinos não físicos defendem o desapego da experiência do eu em todas as suas formas. Isso ajuda a expandir sua percepção para abranger um senso maior de si mesmo. O zen-budismo tem essa frase para efeitos de foco: Não *deixe nada de fora*. Desviando a atenção de seu pequeno eu e seu mundo individuais, você poderá ver coisas, pessoas e possibilidades que anteriormente havia excluído, que não pôde vivenciar e conhecer. Quando você os reintroduz em seu mundo, sua percepção aumenta. Há outra expressão do budismo: *Nada é especial*. Isso implica que nenhuma experiência deve ser reverenciada acima de outra, pois se nada é especial, então tudo é especial; tudo é igualmente valioso enquanto experiência. Ao não se apegar a realidades específicas e resistir a outras, sua percepção estará aberta para saber tudo e qualquer coisa.

> Estudar o Caminho é estudar a si mesmo. Estudar o eu é esquecer o eu.
> Esquecer-se de si mesmo é ser iluminado por todas as coisas.
>
> **Dogen**

Do Estado de Alerta para a consciência para o Estado de Alerta

Um de meus sábios favoritos, Sri Nisargadatta (1897-1981), dava ensinamentos sobre nossa jornada perceptiva em evolução através dos reinos da percepção-e-energia. Ele disse que a *consciência* inclui tudo o que podemos imaginar ou saber; que é uma sensação fundamental de presença, um sentimento de ser, de existir – é a experiência do "Eu Sou". Ele também ensinava que havia algo para além da consciência, que ele chamava de *"Estado de Alerta"* ou *"o Absoluto"*. É o estado iluminado conhecido por vários nomes: nirvana, *moksha*, *kensho*, *satori*.

Enquanto a consciência vem e vai, oscilando com a dualidade, o Estado de Alerta é puro, imóvel e unificado – sem dualidade de qualquer tipo. Nisargadatta o descrevia como um "brilho", um mistério sem causa.

É a consciência inconsciente de si mesma. Usamos de maneira leviana a expressão "Estado de Alerta", equiparando-a a "consciência", mas na verdade trata-se de muito mais. Estado de Alerta é o estado original do qual emergimos e descemos para a vida física, e o estado final para o qual iremos evoluir e ascender. Note que eu uso o termo "consciência" ao longo deste livro, e "Estado de Alerta" (em caixa-alta e em caixa-baixa) para se referir ao nosso local de origem e completude.

Primeiro, Nisargadatta fazia os alunos passarem por vários níveis de "extinção", nos quais os conceitos de eu eram descartados. Eles precisavam perceber que não eram o que costumam pensar que são: memórias, hábitos ou posses. Ser só uma personalidade é uma identidade muito pequena e falsa, feita de ideias. Os alunos precisavam "extinguir" ou liberar a ideia de que eles eram seus corpos, de que eram suas mentes com seu constante fluxo caleidoscópico de crenças e fantasias. Esta "elevação pela extinção" ou "progresso pela poda" é uma prática comum no zen-budismo também. Depois de deixar de lado todas as "coisas", o que resta é simplesmente a experiência do ser, da própria consciência, do "Eu Sou". Iremos discorrer sobre como atingir este objetivo no Capítulo 15.

Um instante eterno é a causa dos anos.
Sri Aurobindo

Nisargadatta fazia então com que os alunos se concentrassem na ideia do "Eu Sou", até que percebessem que eram todo o campo unificado da própria consciência, de onde todas as ideias e formas vêm e para onde retornam. Eles passavam de uma sensação de serem *apenas* corpos e personalidades limitados para serem a alma, e depois para serem uma consciência coletiva ou grupo de almas, em seguida para serem a alma do mundo, a seguir todo o campo unificado, e finalmente a consciência do Universo.

Você poderia achar que ser um com o campo unificado seria suficiente, mas o próximo passo interessante ocorria quando Nisargadatta conscientizava os alunos de que a consciência sempre inclui algum tipo de dualidade. Se você é consciente, sempre o é de *alguma coisa*. Sempre existe um objeto – mesmo com a consciência mais elevada e cristalina. E se você se identificar com o "Eu Sou", também poderá perceber que *eu não sou o "Eu sou"*. Então poderá compreender que há algo para além da consciência, para além do sentido de existir como alma! Este é o Estado de Alerta, a realidade última que sempre foi e sempre será. O Estado de Alerta está lá antes que a consciência do tipo "Eu Sou" apareça; é o que permite que a consciência venha a existir, e é o objetivo final – a experiência de voltar para casa.

> Você se considerava uma parte, algo pequeno;
> ao passo que em você existe um universo, o que há de maior.
> **Hazrat Ali**

Portanto, nossa consciência (e sua contraparte, a energia) emergem misteriosamente do Estado de Alerta, ou do Absoluto, então descem em termos de frequência em um processo chamado involução, literalmente "voltando-se para dentro" ou espiralando para baixo em direção à realidade física. Uma vez ali, experimentamos o que chamo de *imersão*, uma fase em que buscamos o reconhecimento consciente de nossa natureza espiritual, ao mesmo tempo que estamos totalmente incorporados no mundo físico – o estado da alma-no-corpo. Durante esta fase, é possível sentir-se preso e imobilizado. Mais cedo ou mais tarde, quando nossa frequência aumentar o suficiente, começaremos o ciclo para cima, para fora – a fase de expansão da *evolução*, onde integramos conscientemente dimensões cada vez mais altas da consciência – até retornarmos ao Estado de Alerta e à unidade total.

Nas três seções a seguir, veremos o que acontece durante essas fases no caminho para a percepção expandida. Examinaremos a involução (quando a consciência desce, ou diminui em termos de frequência, do Estado de Alerta para a matéria), a imersão (a consciência superior satura a matéria) e a evolução (a consciência ascende, ou aumenta em termos de frequência, da matéria de volta ao Estado de Alerta).

Involução: a jornada do Céu à Terra

A involução é a jornada da percepção-e-energia para baixo em termos de frequência, do Estado de Alerta para a matéria. O Estado de Alerta supera até mesmo a mente universal e o campo unificado. Sem identidade, sem dualidade, ele não pode ser consciente de si. Ele "brilha" e misteriosamente dá origem à consciência, que tem dualidade, ou sujeito e objeto, e pode assim perceber e ter um ponto de vista. À medida que a consciência emerge, surgem também os conceitos de si mesmo e realidade. Muitas vezes chamamos isso de surgimento da "Palavra", a vibração da Criação original: consciência e energia combinadas. Consciência e energia são integrais entre si e juntas formam a substância original do Universo, que é um campo unificado.

No processo de involução, a consciência percebe, em desaceleração gradual, ciclos ou níveis sucessivos, que podem ser comparados aos degraus de uma escada ou camadas de uma cebola. Essas frequências diferentes são muitas vezes chamadas de *dimensões*, e quanto mais lenta a frequência, mais densa e individualista a percepção-e-energia. Quando a consciência desacelera o suficiente, cristaliza-se ou fragmenta-se na realidade física, o que resulta na experiência de forma sólida no tempo e no espaço.

> O Tao dá à luz o Um.
> O Um se divide em dois. Dois dá à luz o três.
> E o três dá à luz as dez mil coisas.
> **Lao-Tzu**

A involução ocorre toda vez que um bebê nasce. Você experimenta miniciclos de involução toda vez que uma ideia ou imaginação surge em sua mente do nada e você a leva desde a concepção até a conclusão como se isso fosse um resultado físico. Toda vez que você acordar de manhã depois de ter dormido, perdido em sonhos a noite toda, e cada vez que terminar uma frase ou tomar uma decisão, perceberá a fase de involução em nosso caminho de percepção.

Imersão: sobre a "pausa" na realidade física

A segunda parte da jornada é a imersão, quando descemos em vibração e criamos com sucesso um eu físico e uma realidade. A jornada em direção à matéria é uma aventura; o desafio é trazer a consciência superior totalmente para a realidade física – para saturar a matéria com o espírito e a personalidade com a alma. Este pode ser um momento alegre, criativo, sagrado, uma experiência amorosa cheia de beleza e encanto, ou pode ser uma experiência de resistência e sofrimento.

> Todos querem flutuar. Mas nós nos arrastamos como pesos.
> Em êxtase com a gravidade, deitamo-nos sobre tudo.
> Oh, que professores cansativos somos para as coisas,
> enquanto elas prosperam em seu estágio infantil.
> **Rainer Maria Rilke**

Essa fase é quando a maioria de nós fica imobilizada, imersa na densidade e vibração de baixa frequência que criamos. Nós nos identificamos com o mundo de forma aparentemente sólida e esquecemos nossa verdadeira natureza como seres feitos de percepção-e-energia fluida. Esquecemos que estamos descendo/involuindo e ascendendo/evoluindo. Achamos que a realidade física está toda lá é e podemos nos sentir aprisionados psiquicamente.

Eis como isso acontece – veja se você consegue "sentir para dentro" do processo: a realidade física dá origem à ideia de separação, a separação dá origem à experiência do medo, e o medo dá origem à fixação ou contração da percepção-e-energia devido à resistência. A contração diminui e interrompe o fluxo de percepção-e-energia, o que produz dor. Com o tempo, o medo e a contração dão origem a pensamentos errôneos e negativos e hábitos emocionais que criam uma névoa de ignorância e confusão ao redor da personalidade. A alma tem dificuldade em penetrar no nevoeiro para trazer verdade e inspiração, e a mente consciente – o ponto de vista ou lente perceptiva da alma – só pode ver a desordem, que não contém consciência de alta frequência. Nesta altura, você pode até se esquecer que tem uma alma.

Você pode esquecer temporariamente a experiência da realidade de frequência mais alta, ou espírito, mas no fundo sabe que ela está lá. Porque você percebe o mundo das formas como algo distinto de você. É fácil definir o mundo não físico como distinto também – como algo "lá em cima" no céu. Na verdade, a realidade de frequência mais alta está bem dentro da matéria. A consciência superior rompe a densa névoa da ilusão em momentos oportunos para trazer vislumbres dessa verdade. Cada descoberta mística ou iniciação abre você para o mundo não físico e desencadeia um desejo de memória e experiência da realidade superior; você *deseja* expandir. Essas são as aberturas que lembram que é hora de evoluir. Como almas, já somos "iluminados". Sempre somos quem temos sido em todas as dimensões superiores, e em nosso núcleo sempre existimos como puro Estado de Alerta. No final da fase de imersão, essa verdade volta sorrateiramente.

> A inspiração pode ser um tipo de superconsciência, ou talvez de subconsciência – eu não saberia dizer. Mas tenho certeza de que é a antítese da consciência de si mesmo.
> **Aaron Copland**

Você vivencia o aspecto negativo da fase de imersão quando se sente impotente, isolado, sem inspiração ou sem ânimo. Se você também estiver ansioso, a mil por hora ou apático demais, ou precisando de aprovação e controle, será capturado no lado negativo da imersão. Por outro lado, se estiver apreciando o fluxo espontâneo de criatividade e descoberta, sentindo-se alegre e sortudo por estar vivo, honrando a beleza do mundo físico ou vivenciando amor pelos outros, estará sentindo o lado positivo da imersão e efetuando a virada para a evolução. O que mantém você na fase de imersão são o sofrimento e a resistência.

Evolução: da terra ao céu de novo

Quando você não opõe mais resistência à realidade física, e sim amor, começa um processo de crescimento psicológico e espiritual, ou a evolução da consciência. Você entra em sintonia sequencialmente com níveis cada vez mais elevados de vibração, aumentando sua sabedoria e amor à medida que avança. Conforme seu senso de si mesmo autoevolui, a percepção de alta frequência mostra que todos estamos interconectados e sua identidade se torna mais inclusiva. Você percebe que pertence a um grupo de almas de seres de vibração semelhante; então, grupos de almas se unem em grupos maiores e você se torna mais uma alma num coletivo global de consciência. Mais cedo ou mais tarde, sua percepção se expande para revelar que você é na verdade uma grande consciência contendo todas as vidas individuais em todo o tempo e espaço. À medida que a evolução se aproxima do Estado de Alerta, o campo unificado se torna todo o eu e a realidade.

Criatividade e arte são fundamentais para redirecionar o Fluxo da imersão à evolução. Conforme sua consciência aumentar em frequência, você se concentrará mais na beleza, e a criatividade mudará do foco na sobrevivência para se tornar arte e *design* inspirados. Você buscará ideias que beneficiem as pessoas e o planeta em processo de evolução; ser criativo dessa maneira é uma experiência espiritual em si, auxiliando sua expansão. Serviços de assistência de boa vontade, não serviços sacrificiais, são outra força que auxilia a evolução.

> Finalmente a Lei da Maravilha governa minha vida,
> Eu me apresso em cada segundo de minha vida para amar,
> Cada segundo de minha vida arde no amor,
> Em cada segundo transposto, o amor revive.
> **Rumi**

A atenção também ajuda a direcionar o Fluxo da imersão para a evolução. Você aprende a treinar sua percepção para unificar ideias, conectando-se com o mundo e encontrando a alma e a consciência superior dentro da matéria. A intuição também é importante – ela acessa a consciência superior e facilita esta experiência. Ao focar na similaridade, na interconectividade e nos grandes padrões de ideias, a intuição revela maiores possibilidades e traz avanços místicos que abrem a consciência aprisionada e liberta-a para que ela flua de novo. É a intuição que o leva à mais alta percepção e permite que complete a jornada em direção à unidade.

A evolução é vivenciada todos os dias de pequenas maneiras. Toda vez que você se abre para novas ideias e para o desconhecido, ou sonha e lida com sua imaginação, ou abre seu coração para expressar generosidade e fé –, percorre pequenos atos evolutivos. Aprendizagem e amor, em todas as suas formas, são sinais de que você está evoluindo.

A oscilação da consciência é constante

O processo de involução, imersão e evolução está sempre acontecendo. Existem ciclos longos deste processo e curtos também. A consciência pisca para dentro e para fora da forma a cada milissegundo. Em mecânica quântica, a *teoria dos vários mundos* diz que todas as realidades alternativas possíveis existem ao mesmo tempo no campo unificado da percepção-e-energia, e cada ideia representa um mundo real. Quando a atenção se concentra numa única ideia, os vários mundos se unem para se tornarem esta realidade específica. A onda se condensa para se tornar uma partícula. Com efeito, esta é a involução ao atingir a fase de imersão. Quando você desvia a atenção de uma realidade física, ela "colapsa", ou se dissolve, no mundo não físico, e todas as possibilidades voltam a existir. A partícula se dissolve na onda. Isso equivale à fase de evolução de nossa jornada na consciência.

Você "nasce" na matéria e "morre" na essência. Imagina uma visão e depois a torna real. Você se entedia com a realidade, desvia sua atenção, e ela desaparece. Está totalmente envolvido no momento, concentrando-se, mas em seguida se afasta e "volta a si" com novos pensamentos. A consciência está continuamente se movendo para dentro e para fora, ou para cima e para baixo em frequência, de acordo com uma sabedoria e um plano maiores.

O que há de especial no tempo em que vivemos agora? Estamos nos aproximando do fim do período de imersão e atingindo a saturação total do espírito na matéria – a fusão das realidades físicas e não físicas. Nossa percepção vai aumentando até chegar a um ponto em que podemos experimentar a nós mesmos e nossa realidade como forma e percepção-e-energia simultaneamente. Isto é fantástico! Estamos entrando num período de evolução consciente como uma nova espécie de seres humanos híbridos. O importante é que você não precisa esperar que a evolução aconteça, pois ela o está levando junto com ela neste momento. Trate de apenas relaxar e pular!

No próximo capítulo, aprofundaremos ainda mais o território da percepção e examinaremos os processos envolvidos em como sabemos o que sabemos. Examinaremos algumas das descobertas feitas pela ciência do cérebro e traçaremos distinções entre duas geometrias da percepção: a antiga percepção linear e a nova percepção esférico-holográfica.

> Aqui tudo é um, unido numa simples visão de ser. Toda a longa evolução
> da vida e da matéria e do ser humano, toda a minha própria história
> desde o primeiro momento em que me tornei uma célula viva,
> todos os estágios de minha consciência e daquela de
> todos os seres humanos, são aqui recapitulados, levados a um ponto,
> e eu me conheço como o Eu de todos,
> a única Palavra eternamente falada no tempo.
> **Bede Griffiths**

Só para recapitular...

A percepção revela o que é possível saber na vida física e não física. É como uma combinação de telescópio e microscópio que você usa com atenção; o quanto você vê depende da frequência de sua consciência. Uma percepção da percepção-e-energia de frequência mais alta faz um ajuste fino na percepção, permitindo que você veja os reinos não físicos e, em última análise, de que maneira os mundos não físico e físico se mesclam intimamente. Se você se sentir confuso, sua alma (consciência superior) poderá se livrar das amarras de maneira espontânea para trazer inspiração e revelação quando você precisar.

Estamos em uma jornada da consciência. Emergimos do estado unificado chamado Estado de Alerta e descemos em termos de vibração num processo chamado involução até nossa consciência "cristalizar-se" no tempo e no espaço do mundo físico. Nesta altura, a aventura é saturar seu eu físico e a realidade com a consciência superior até os mundos físico e não físico se tornarem uma coisa única – uma fase que chamo de imersão. Então, a transformação ocorre e percebemos que estamos livres. Neste momento, a evolução começa.

Muitas vezes ficamos presos no mundo físico devido à resistência e ao medo, mas vivemos numa época em que a fase de imersão está quase no fim e começamos a evoluir de forma consciente. À medida que evoluímos, nós experimentamos níveis sucessivamente mais elevados de percepção-e-energia até por fim retornarmos ao Estado de Alerta, nosso "lar".

3

Como você sabe?

Pessoas com altos níveis de sabedoria individual não se propõem a integrar razão e intuição. Em vez disso, elas alcançam isto naturalmente – como um subproduto de seu compromisso de usar todos os recursos à sua disposição. Elas não podem se dar ao luxo de escolher entre razão e intuição ou cabeça e coração, assim como não escolheriam andar com uma perna só ou ver com um olho só.

Peter Senge

Neste capítulo, exploraremos algumas das ideias empolgantes que surgiram a partir da *neuroplasticidade*, ciência que trata de como seu cérebro pode crescer e mudar. Também examinaremos dois esquemas ou modelos internos para maneiras de perceber – sendo que cada um deles é uma "geometria da percepção". Um deles é linear, o outro é esférico e holográfico, e ambos figuram proeminentemente na compreensão de como sua percepção está mudando no processo de transformação.

Ultimamente, o conhecimento é um tema palpitante; há muito debate entre cientistas, e até entre fanáticos por tecnologia da informação, sobre a mente e o cérebro. Para mim, isto é um sintoma da aceleração dos momentos finais da Era da Informação, onde a visão de mundo da humanidade ainda está amplamente imersa nos reinos físico e mental, mas já prestes a dar o salto para um território desconhecido. Ouvi alguns jovens no rádio que defendiam a ideia de fotocopiar tridimensionalmente o cérebro e reduzi-lo a um código binário para que pudéssemos viver, como no filme *Matrix*, numa realidade virtual. Pensei comigo mesma: "Por que simplesmente não penetramos totalmente na realidade que temos e vemos o que é possível descobrir? Por que não adicionamos algum tipo de dimensionalidade?".

Como os cientistas e os místicos encaram a consciência

Muitos neurocientistas estão convencidos de que o cérebro "constrói" a mente, e que é até responsável por experiências espirituais. Os neurobiólogos examinam como o cérebro cria padrões neurais e os transforma em padrões que se tornam "filmes na mente". E eles procuram por uma explicação de como o cérebro cria um senso de identidade que é central para o ato de conhecer. Isso é fascinante!

É verdade que existem vários equilíbrios na química do cérebro – os níveis de neurotransmissores, neuromoduladores e neuropeptídeos – que afetam as nuances de sentimento de nossa experiência, dos estados de prazer e bem-estar até estados de dor e sofrimento. Também é verdade que os cientistas do cérebro podem conectar a atividade neural com experiências de "quase morte", sonhos e estados meditativos. Mas a atividade neural é a causa da consciência?

Por outro lado, os místicos, por experiência direta, sustentam que o corpo e o cérebro se materializam a partir dos campos de alta frequência da alma à medida que ela desacelera através de níveis sucessivos – algo a que nos referimos na metafísica comumente como reinos causal, mental, emocional/astral, etéreo e físico. Segundo esta concepção, há um "corpo" que corresponde em vibração à frequência de cada nível, e sua mente consciente, sua personalidade e seu corpo físico são réplicas de seus campos superiores de memória e conhecimento, com sua proporção única de amor e medo.

Muitos mestres espirituais afirmam que seu padrão único de emoção pessoal e conhecimento sobrevive à morte e retorna após a reencarnação. Depois que você nasce, o padrão invisível se manifesta. Muitos dos talentos, eventos e lições importantes em sua vida são determinados pelo *karma*, que consiste em mal-entendidos residuais e desequilíbrios que você carrega consigo de vidas anteriores. Assim, na percepção dos místicos, um modelo subjacente de percepção-e-energia molda seu cérebro; seu cérebro, então, ajuda a moldar sua realidade exterior; e esta realidade, por sua vez, influencia o universo interior, criado conjuntamente com todas as outras pessoas.

Tenho certeza de que os místicos não descreviam o cérebro em termos de amígdala, córtex cingulado anterior, formação reticular, lobo parietal, hipocampo e hipotálamo. Em vez disso, eles acumularam conhecimento *tornando-se* eles mesmos o funcionamento da percepção-e- -energia, e concebiam as funções do cérebro como uma flor de lótus, como um olho se abrindo no centro da cabeça ou como uma cobra subindo pelo pescoço e pela cabeça, espalhando seu amplo capuz. Embora suas imagens fossem poéticas, eles rastrearam os processos de perto e entenderam a transformação da consciência. O psicólogo Carl Jung resumiu isto quando disse: "O coletivo inconsciente contém toda a herança espiritual da evolução da humanidade, renascida na estrutura cerebral de cada indivíduo".[1]

> Nós não somos seres humanos com uma experiência espiritual.
> Somos seres espirituais com uma experiência humana.
> **Pierre Teilhard de Chardin**

As concepções de involução e imersão

Ao entrarmos na Era da Intuição, estamos explorando as conexões entre duas concepções: (1) a realidade espiritual cria a mental, e a mental cria a física; e (2) a realidade física cria a mental, e a mental cria a espiritual. Ambas as concepções estão corretas, mas cada uma é subproduto de uma determinada visão perceptiva. A primeira é a concepção vista através do filtro da involução, da consciência descendo em frequência para se tornar física. A segunda é a visão de dentro de nosso estado de imersão, conforme a consciência satura o mundo físico e tudo parece sobretudo físico. Embora o ciclo esteja girando agora e comece a evoluir para a Era da Intuição, ainda não chegamos lá. Quando entrarmos verdadeiramente na fase evolutiva, teremos uma visão nova e muito mais integrada do cérebro, da mente *e* da alma.

Enquanto está no mundo físico, você se identifica como um amálgama de corpo, cérebro, mente e personalidade. Assim, é natural pensar que o eu físico gera tudo – que o cérebro deve ser a causa da consciência. Hoje em dia, porém, um número crescente de médicos, neurocientistas e neuropsicólogos – pessoas como Rick Hanson, Dan Siegel, David Eagleman, Candace Pert e Jill Bolte Taylor, para citar apenas alguns – também mantém uma vida interior e espiritual ativa. Eles estão fazendo um trabalho importante interligando os mundos físico e não físico – e ciência e espiritualidade – no momento em que nos preparamos para a transformação e a evolução. Eles nos ajudam a ver que o cérebro tem um efeito sobre a consciência *e* a consciência tem um efeito sobre o cérebro.

James H. Austin, um neurologista, professor de neurologia e praticante do zen-budismo, está entre estes profissionais. Ele explica como o cérebro se desenvolve para nos dar um senso de identidade: no feto, o cérebro inicialmente se enruga na parte de trás, no córtex visual. Após o nascimento, as fibras nervosas que conduzem ao córtex visual do bebê são as primeiras a serem cobertas por camadas protetoras de mielina. Aos oito meses, a matéria branca se move mais para o centro e a frente do cérebro, e em um ano as bainhas protetoras de mielina estão maduras nos lobos temporais. Os caminhos neurais se conectam, mas a criança ainda não tem a experiência do eu pessoal.

Aos dezoito meses, um limiar importante é atingido. As longas vias de associação subcorticais ligam todos os lobos do cérebro, e distinções podem ser feitas entre o eu e o outro. A criança torna-se autoconsciente e reconhece sua imagem no espelho. Com o início da "terrível dualidade", a linguagem correspondente vem à tona: Não! Isto é meu! Eu. Você. Nosso cérebro trabalha sozinho ou está seguindo um modelo interno de percepção-e-energia nestes estágios de desenvolvimento– estágios que correspondem à alma materializando-se gradualmente enquanto personalidade finita no tempo e no espaço?

Com o tempo, adicionamos inúmeras camadas de identidade, de crenças pessoais até a carreira profissional e às posses materiais, e apegamo-nos a elas. Ficamos imobilizados na fase de imersão da jornada da consciência. Austin, um praticante experiente de meditação, diz: "Se, num piscar de olhos, um estado iluminado de consciência dissolver todos esses laços, deve revisar extensivamente a maneira como os impulsos em geral fluem em muitos circuitos no cérebro".[2] Pelo que estamos aprendendo sobre a fluidez do cérebro e a aceleração do corpo físico e do mundo, essa mudança massiva pode ser mais possível do que nunca. Em outras palavras, a estrutura física de seu cérebro pode ser capaz de se modificar para acomodar o modelo interno do que acontece na transformação e na evolução.

> A boa notícia não é só que o cérebro cria novas
> conexões ao longo da vida, mas há algumas evidências
> que demonstram que você pode desenvolver novos caminhos integrativos.
> **Dan Siegel**

Sinais de evolução: neuroplasticidade e adaptabilidade humana

Não muito tempo atrás, era suposição comum que o cérebro tinha um número limitado de células e que elas morriam progressivamente à medida que envelhecemos, incapazes de serem substituídas. Estávamos condenados a perder nossas faculdades e sermos tolos trêmulos e de memória fraca em nossa senilidade. Mas houve algumas descobertas surpreendentes que mostraram que o cérebro tem um *design* resiliente e quase mágico. O biólogo Fernando Nottebohm demonstrou que o cérebro de um pássaro canoro macho desenvolve novas células nervosas (*neurogênese*) no outono para substituir as que morrem no verão. Com base em seu trabalho, os pesquisadores descobriram que os seres humanos (e outros animais adultos) compartilham essa capacidade de produzir novas células cerebrais.

Na década de 1920, a pesquisa do neurocirurgião Wilder Penfield concluiu que todas as nossas experiências são registradas em nosso cérebro, desde os eventos mais impactantes até o mais ínfimo detalhe de uma observação mundana. Depois disso, Karl Lashley descobriu que remover cirurgicamente vários segmentos do cérebro de ratos não exercia efeito em sua memória, concluindo que a memória não é mantida em certas áreas, mas armazenada em todos os lugares, uniformemente distribuídos por todo o cérebro. Em seguida, na década de 1960, Karl Pribram, neurocirurgião e psiquiatra, leu um artigo sobre hologramas, juntou dois mais dois e percebeu que o cérebro funcionava holograficamente em relação à memória – num esquema que consiste em "o todo em todas as partes". Mais tarde, ele descobriu que o córtex visual funciona da mesma maneira: até mesmo um pedaço minúsculo do córtex visual pode reconstruir tudo o que os olhos estão vendo. Estas são ideias que expandem a mente – ou expandem a *realidade* –, contribuindo para a abertura de nossa consciência para a percepção evolutiva.

Graças à neuroplasticidade, sabemos agora que o cérebro muda reagindo a experiências físicas e emocionais, que a própria estimulação da experiência provoca disparos neurais e a produção de proteínas que ajudam a criar novos neurônios e conexões entre os neurônios. Nós sabemos que, quando há crescimento de novos neurônios, há também crescimento de mielina, a bainha gordurosa protetora que acelera a transmissão nervosa. Com o aumento da velocidade, a consciência pode aumentar. Com novos caminhos neurais, há crescimento e evolução.

Experiências de vida negativas, no entanto, podem levar o cérebro a um estado de contração e medo. A repetição de experiências similares baseadas no medo pode causar o disparo simultâneo de conjuntos de neurônios, e então, como diz o ditado, eles "se conectam juntos", formando hábitos perceptivos pouco saudáveis. As pessoas podem desenvolver um problema crônico de química cerebral limitada, com os padrões negativos de pensamento e comportamento que o acompanham – pensamentos de desamparo, depressão, dependência de drogas, agressão e neurose. O contrário também é verdade. A experiência positiva pode estimular o cérebro a expandir seu funcionamento e renovar-se a si mesmo. Na verdade, a atenção por si só pode estimular essas mudanças.

Tente isto!
Ilumine seu cérebro para ajudá-lo a mudar

1. Feche os olhos e acalme-se. Inspire e expire facilmente, num ritmo lento e regular.
2. Visualize seu cérebro e imagine que existem vários lugares por toda parte conectados entre si. Alguns parecem escuros e sombrios, ou talvez vazios, como se houvesse uma ausência de energia. Outros lugares estão emitindo sua luz radiantemente.
3. Concentre-se nos locais de luz e, ao prestar atenção, permita que a luz se intensifique e aumente. Veja-a irradiando no interior e através dos lugares aglomerados, escuros e vazios.
4. Deixe a luz mudar gradualmente os padrões prejudiciais, equalizando a quantidade de luz até que ela seja distribuída de maneira uniforme por todo o cérebro. Talvez você veja seu cérebro composto de milhões de partículas de "pó de fada" brilhante.
5. Permaneça com essa imagem e experimente-a sensorialmente. Deixe a luz trabalhar em você — ela sabe exatamente o que fazer para curar os desequilíbrios. Fique em paz.

O neuropsicólogo Rick Hanson diz: "Quando sua mente muda, seu cérebro muda também".[3] Quando você conseguir ver o funcionamento de sua mente com mais clareza, poderá se concentrar em comportamentos mentais que quebram hábitos de pensamento e ajudam a criar novas conexões e uma percepção mais saudável e evolutiva – porque *seu modo de concentrar a atenção molda a estrutura de seu cérebro*. Essa é uma notícia animadora! Você não está mais condenado a uma vida sem saída de sofrimento devido à negatividade mental e a padrões de comportamento. O que é prejudicial agora é reversível. E além disso, os místicos sempre entenderam o efeito positivo da percepção e da atenção, focadas nas frequências da consciência superior, em nossa experiência de nós mesmos e da realidade.

> Os eventos que você observa são determinados pelo conceito que você tem de si mesmo. Se você mudar o conceito de si mesmo, seus eventos futuros serão alterados. [...] Você é um ser com poderes de intervenção que lhe permitem, por uma mudança de consciência, alterar o curso dos eventos – na verdade, mudar seu futuro.
> **Neville Goddard**

Vejo os desenvolvimentos em neuroplasticidade como um sintoma do fim da fase de imersão da consciência. Aprendemos a trazer consciência plena para o reino físico, para ver como a matéria se comporta quando sua frequência aumenta. Agora estamos descobrindo que o processamento do cérebro não é só linear, mas holográfico. O cérebro não é só um monte de massa cinzenta, mas uma massa vibrante, com todas as partes igualmente capazes e sensíveis à percepção-e-energia. À medida que combinamos os mundos físico e não físico e entramos totalmente na fase de evolução da consciência, o cérebro e a mente se transformam e se tornam multidimensionais.

Talvez iremos experimentar o cérebro como um cristal mágico do espaço exterior, capaz de se modificar da forma para a *luz diamantina* – a vibração da alma – e vice-versa, acessando padrões de consciência através da ressonância e projetando estes padrões como filmes holográficos, como a mensagem da princesa Leia em *Star Wars* (*Guerra nas Estrelas*).

Talvez iremos descobrir que nossas trilhas neurais são linhas de luz compostas por um número infinito de minúsculos hologramas brilhantes, capazes de transmissão instantânea de vastas quantidades de conhecimento do campo unificado.

Nas próximas seções, quero apresentá-lo à mecânica de duas geometrias diferentes da percepção. Você pode não ter percebido que mantém um modelo geométrico, ou modelo interno, da maneira como vê a percepção-e-energia fluindo e se comportando. Mas o modelo que você mantém determina de que maneira você se conhece e permite que a realidade funcione. O primeiro modelo, o da *percepção linear*, é baseado na geometria da linha e tem relação com a realidade física. O segundo modelo, o da *percepção esférico-holográfica*, baseia-se na geometria da esfera; o holograma e a esfera são o tipo de percepção que surge quando vivemos igualmente no mundo não físico. É a percepção o que vai predominar na realidade transformada da Era da Intuição. Antes de detalharmos os dois modelos, faremos uma rápida revisão do território do seu cérebro.

O território básico do cérebro

Seu cérebro evoluiu ao longo do tempo em três estágios, com cada etapa sucessiva trazendo um tipo mais sofisticado de percepção. Portanto, você realmente tem três cérebros diferentes embaralhados em um pacote assombroso. Cada segmento do cérebro vibra em sua própria frequência e revela sua própria experiência única de percepção-e-energia.

O primeiro e mais antigo cérebro no topo da espinha dorsal é o *cérebro reptiliano*, que contém o tronco cerebral e o sistema límbico. A percepção focada nessa frequência pertence à sobrevivência instintiva, reações básicas de atração e repulsão ou emoções que nos levam a lutar ou fugir, bem como experiências de dor e prazer. Essa parte do cérebro influencia o sistema endócrino e os hormônios, assim como o sistema nervoso autônomo.

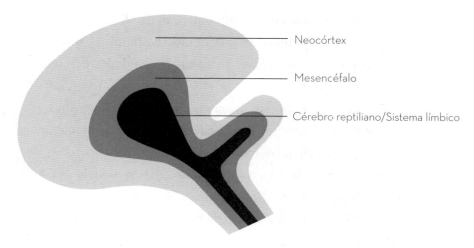

Figura 3-1: Os três níveis do seu cérebro.

O próximo nível, o *mesencéfalo*, ou cérebro "paleomamaliano" (cérebro dos mamíferos inferiores), domina a percepção sensorial (sobretudo a visão e a audição), o controle motor e o estado de alerta. Também ajuda você a se sentir conectado ao mundo por meio da semelhança e da afeição.

O nível superior, o *neocórtex* superior, com seus hemisférios esquerdo e direito, lida com a linguagem e a percepção de ideias abstrato-conceituais. O *hemisfério direito*, que se desenvolve só após o nascimento, concentra-se na essência das coisas – no reconhecimento de padrões não verbais e holísticos (apreender uma visão geral das coisas antes dos detalhes), processamento visual-espacial, habilidades subjetivas e capacidades criativas. A intuição, ou conhecimento direto, é seu modo primário de percepção. O *hemisfério esquerdo* se concentra no pensamento racional, sequencial e lógico, na análise das diferenças e no processamento linguístico. Ele dá sentido à experiência e torna a aprendizagem consciente.

Os dois hemisférios do neocórtex idealmente trabalham juntos quando estão em equilíbrio – com o lado direito do cérebro acessando o *insight* e a consciência superior e o esquerdo processando e quantificando essa informação; depois disso, o lado esquerdo libera o controle de volta para o direito, e assim por diante. No entanto, a consciência tende a se limitar ao lado esquerdo do cérebro. Falaremos mais sobre isso mais adiante, já que alcançar um equilíbrio entre os lados esquerdo e direito do cérebro é imprescindível para o processo de transformação.

Percepção linear: nossa maneira antiga de saber

Em uma visão bastante simplista, a percepção parece progredir num percurso através dos três níveis do cérebro. A informação energética sobe de seu corpo ao longo da linha da coluna vertebral, progredindo do instinto animalesco à nossa capacidade humana de lógica e intuição superior, de *insight* místico e de sabedoria. A percepção-e-energia também progride, mas para baixo, do cérebro superior para o corpo, e então percebemos visões e entendemos como torná-los reais. Uma vez que a realidade interior afeta a exterior e a exterior afeta a interior, não posso deixar de me perguntar, como no dilema do ovo e da galinha, se esta progressão linear da percepção através do corpo e do cérebro nos faz ver a própria vida como se funcionasse de maneira linear. Ou seria o contrário? Por enquanto, vamos nos familiarizar com a percepção linear e a maneira como ela progride para cima e para baixo através de seu corpo e de seu cérebro.

O fluxo ascendente da percepção linear

A informação corporal, ou sensação em forma de impulsos nervosos, sobe pela espinha dorsal. Esse fluxo ascendente do corpo é um processo necessário para o ser humano se tornar consciente do funcionamento do eu e da realidade, transitando pela vida e aprendendo. No mundo interior da percepção-e-energia, a *kundalini*, considerada pelos yogues como a energia sutil do eu universal, também sobe pela espinha dorsal quando ativada pela meditação e pela atenção. Ambas as energias físicas e sutis ativam sequencialmente pelos sete principais centros de percepção-e-energia, ou *chakras* – do cóccix até o topo da cabeça –, trazendo uma progressão de estados de sentimento e percepções relacionadas ao eu e à realidade.

Quando a energia ascendente, que carrega a consciência como informação energética, entra em seu cérebro, o cérebro reptiliano no topo da espinha dorsal é o primeiro ponto onde a informação se torna reconhecível, embora de forma rudimentar. Você pode ter respostas instintivas imediatas de expansão (atração) ou contração (repulsão ou mecanismo de "lutar ou fugir"). Esses são seus *sinais de verdade e ansiedade*. Você pode sentir emoção e motivação, desejo e curiosidade – ou talvez tédio ou cautela. Não há centro de linguagem no cérebro dos répteis, então você experimenta esses estados como respostas físicas e emocionais automáticas. Você está ciente de si mesmo como um corpo e é afetado por sensações como segurança e atração sexual. Percebe seus sentidos de olfato e paladar.

À medida que a percepção-e-energia progride para o mesencéfalo, você passa a acionar seus sentidos de toque, audição e visão. Tornam-se claras as conexões entre você e os outros, entre ideias, ou mesmo entre os sentidos internos e externos – por exemplo, a audição externa e a *clariaudiência* interna, o toque externo e a *clarisciência* interna, a visão externa e a *clarividência* interna. Você experimenta a simpatia, a afeição e a empatia e é capaz de "sentir para dentro" de situações ou objetos para saber sobre eles. Começa a percepção intuitiva. Nessa fase, as informações são ainda experienciais e pré-verbais.

> Imagino o artista como alguém mergulhando em alto mar, prendendo a respiração
> e saindo da água para o ar seis minutos depois, trinta metros
> de onde começou, com o sol refletindo nos borrifos d'água. [...]
> O bom é que o artista pode transitar pela experiência
> e aprender com ela sem ser aprisionado por ela.
> **Natalie Goldberg**

Em seguida, passando do mesencéfalo para o neocórtex, à medida que a informação energética atinge o hemisfério direito do cérebro, ela se torna parte de uma grande imagem mental ou padrão que pode estar relacionado a outros padrões. A vivência aqui é experiencial e não verbal, e você se sente expansivo. Um símbolo ou evento simbólico pode desenredar seu significado interno. O hemisfério direito também é a sede da imaginação; sua intuição pode acessar e conectar uma série de pensamentos e impressões de uma só vez, levando você a um nível superior de consciência. A percepção do lado direito do cérebro lhe dá um sentido de si mesmo como um ser, ou uma alma, para além da personalidade.

À medida que a informação energética atinge o hemisfério esquerdo, talvez de maneira simultânea, ela passa a controlar o significado e a linguagem. Você poderá experimentar um lampejo mental à medida que se concentrar na definição, conectar o *insight* aos fatos anteriores, encaixá-lo em um sistema de conhecimento e descrevê-lo. A percepção do lado esquerdo do cérebro lhe dará uma sensação de ser uma personalidade individual, e poderá produzir a experiência do ego.

Tente isto!
Como seu cérebro reptiliano lhe diz o que é falso ou verdadeiro?

1. Escreva sobre as sensações sutis e impressões sensoriais que você experimenta em seu corpo quando ouve algo verdadeiro ou quando sabe que algo é certo para você. Onde ocorre esta sensação? Ela se move de uma parte de seu corpo para outro? Esses sinais são registrados em seu cérebro reptiliano. Sinais verdadeiros comuns incluem: formigamento ou calafrios, calor borbulhante, inclinação em direção a algo, sentimentos de expansão e energia ascendendo pelo corpo. Talvez você sinta que algo se encaixou no lugar certo ou "tem tudo para ser" verdadeiro.

2. Escreva sobre as sensações sutis e impressões sensoriais que você experimenta em seu corpo quando ouve algo falso, ou quando sabe que algo não é certo para você, ou é perigoso. Onde você sente isso? A sensação passa de uma parte de seu corpo para outra? Esses sinais também são registrados em seu cérebro reptiliano. Alguns sinais comuns de ansiedade são: contração no plexo solar ou na boca do estômago,

peito ou garganta opressos, mãos e pés frios, sensações de solidez ou peso, inclinação para longe de algo, um "cheiro de algo suspeito" ou de "algo que deixa um gosto ruim".

⸺ ● ≡ ● ⸺

Tente isto!
Você usa todos os seus sentidos igualmente?

1. Escreva sobre seu sentido predominante. Geralmente, como você percebe as coisas pela primeira vez? Você é visual — recebe um *flash*, uma visão completa ou um "filme"? Ou você é auditivo — ouve uma pequena voz interior, percebe energia na voz das pessoas, ouve mensagens importantes nas letras das músicas? Você é cinestésico — sente "vibrações"? Sente as coisas como algo quente, morno, fresco ou frio? Você "sente para dentro" das coisas para conhecê-las? Talvez você tenha um forte senso de paladar e olfato. Classifique seus sentidos na ordem de uso predominante.

2. Para os sentidos menos usados, liste de três a cinco maneiras para cada um deles que ajudarão você a prestar mais atenção à vida, e pratique ativamente o desenvolvimento deles nas próximas semanas. Usar todos os seus sentidos igualmente pode acelerar o processamento de informação energética através de seu cérebro.

⸺ ● ≡ ● ⸺

O fluxo descendente da percepção linear

A percepção-e-energia das dimensões não físicas superiores reduz sua frequência para se materializar como forma física. Esse fluxo descendente cria e recebe orientação e direção de sua alma, à medida que a informação de energia se imprime primeiro no hemisfério direito do cérebro como um padrão ou modelo interno via imaginação e inspiração. É algo experiencial, embora percepções intuitivas saltem brevemente para o hemisfério esquerdo para se registrarem como conceitos. O fluxo descendente, então, se move para o mesencéfalo, ativando primeiro o sentido visual. A lâmpada se apaga, dando a você aquele *flash* de percepção, e você recebe uma visão. A ideia ganha um pouco de realidade, e então o Fluxo se move através dos outros sentidos, dando corpo à visão para que ela se torne tátil e pareça real. Talvez você possa até prová-la ou cheirá-la.

A percepção-e-energia continua a descer para o cérebro reptiliano, e seu corpo fica excitado e se sente motivado. Surgem o desejo e a atração. O processo criativo é posto em movimento, às vezes impulsivamente, e logo a ideia se materializa. Durante todo o processo criativo do fluxo descendente, seu corpo envia continuamente sinais – relatórios de progresso – de volta ao hemisfério esquerdo, onde o processo é registrado como real, é categorizado, é regulado de acordo com a experiência passada e é anunciado. Este hemisfério desempenha um papel importante, estreitando o foco e concentrando a atenção, fazendo escolhas ao longo do caminho e usando sua lógica e capacidade analítica para medir o sucesso.

> A relação entre os hemisférios não parece ser simétrica,
> em que o hemisfério esquerdo é, em última análise, dependente do direito,
> quase numa relação de parasitismo, embora pareça não ter
> consciência deste fato. Na verdade, está cheio de uma autoconfiança alarmante.
> A luta que se segue é tão desigual quanto o cérebro assimétrico
> de onde ela tem sua origem.
> **Iain McGilchrist**

O modelo de geometria linear da percepção tem sentido, não é? Parece familiar. É sequencial e lógico e se encaixa com a forma física tal como estamos acostumados a compreender a vida. A percepção linear é uma etapa ao longo do caminho para um novo tipo de percepção que já está surgindo – a percepção esférico-holográfica. Quando alcançarmos esta nova percepção, não perderemos nossa maneira linear de pensar – ela simplesmente será absorvida pelo modelo mais novo e se adaptará de acordo.

Tente isto!

Onde fica registrada uma ideia nova?

1. Pense nas últimas semanas e use seu diário para listar as vezes em que você teve uma ideia ou sentiu um impulso.

2. Observe se a ideia ou impulso veio do cérebro reptiliano como atração ou repulsa e se seu corpo se moveu diretamente para a ação sem pensar. Ou será que a ideia veio do mesencéfalo através de um de seus sentidos, ou de uma ressonância com outra pessoa? Será que a ideia veio do neocórtex, pelo hemisfério direito, dando-lhe uma impressão de um padrão ou conceito que então se registrou como uma visão? Ou ela veio do hemisfério esquerdo como algo que "deve-ia" ocorrer?

3. Preste atenção nas próximas semanas em qual área de seu cérebro está acessando a consciência e onde você habitualmente percebe as informações recebidas, observando os padrões em seu diário.

Percepção esférico-holográfica: um novo tipo de conhecimento

Uma vez que a frequência do mundo está em expansão, você pode estar experimentando a realidade de uma maneira nova, mais rápida e multidirecional, num ritmo que supera a processamento sequencial linear, tipo "uma-coisa-de-cada-vez", que passamos a conhecer tão bem. Hoje em dia – agora mesmo – estamos mudando para uma nova geometria interna de percepção –, baseada na esfera e no hologroma. *Este novo modelo se desenvolve em dois estágios* – primeiro vem a percepção esférica, depois a percepção holográfica é revelada e os dois modos de percepção se fundem inextricavelmente.

Com a percepção esférica, cada ponto de vista pode se expandir e se contrair esfericamente para incluir uma porção maior ou menor do campo unificado da percepção-e-energia, com tudo contido no momento presente. Com a percepção holográfica, qualquer parte do cérebro, qualquer parte da vida e qualquer ponto de vista podem conter a integralidade de todo o eu e toda a realidade. Como mencionei antes, a ciência está gradualmente descobrindo que tanto o seu cérebro quanto o Universo são como um holograma.

Antes de passarmos para a questão de como ocorre a mudança nas geometrias da percepção, vamos dedicar um minuto para entender o que de fato são os hologramas e como eles funcionam. Basicamente, um holograma é uma imagem fotográfica tridimensional feita com raios *laser*, do mesmo modo como nossos dois olhos produzem uma imagem tridimensional no cérebro. Se uma imagem holográfica for cortada ao meio e iluminada com um raio *laser*, cada metade ainda conterá o todo da imagem. Continue a dividir as imagens e cada fragmento sempre conterá o todo. Assim, cada parte de um holograma contém todas as informações da totalidade. E é esta ideia do "todo em cada parte" o que nos ajuda a compreender uma maneira inteiramente nova de organizar a vida.

O físico David Bohm sugeriu que as partículas subatômicas permanecem em contato umas com as outras, apesar da separação no espaço, porque sua separação é uma ilusão; na verdade, elas podem realmente ser fragmentos holográficos de um holograma maior. Se levarmos isso à sua conclusão lógica, chegaremos à conclusão de que tudo no Universo está interconectado por meio de uma profunda comunhão interna que compartilha e ecoa uma grande ordem. Mesmo o tempo e o espaço não podem ser divididos em princípios fundamentais distintos. Num universo holográfico, todos os tempos existem ao mesmo tempo e nossa consciência central está em todas as coisas, em todos os lugares. Isso significa que a realidade tridimensional – nosso mundo físico – é na verdade apenas uma projeção dessa consciência maior, ou ordem superior, ou "super-holograma".

Alcançar a percepção esférico-holográfica é um processo com etapas de desenvolvimento, ou mudanças incrementais de consciência, onde cada estágio cresce a partir do anterior. O primeiro estágio cresce a partir da percepção linear. Nas próximas seções, quero estabelecer relações entre essas mudanças de consciência experienciais e a maneira com que você experimenta a energia movendo-se através de seu cérebro e seu corpo. Se você conseguir imaginar as mudanças em seu cérebro e seu corpo, estará aplicando os princípios da neuroplasticidade, e isso o ajudará a entrar na nova percepção com mais facilidade. Veja se consegue sentir os estágios e suas mudanças de consciência resultantes tal como irei descrevê-los.

Estágio 1: Integração vertical e horizontal de seu cérebro

Algo interessante acontece quando você usa todas as partes do seu cérebro de maneira consciente e equilibrada. Quando você presta atenção nos dois fluxos lineares da consciência, o ascendente e o descendente, e quando os percebe fortalecendo-se em cada etapa do progresso deles até que não haja lacunas, nem pontos cegos, nem partes que você pule, os fluxos se tornam uniformes, fluidos e contínuos. Você aprende rapidamente (fluxo ascendente) e materializa imaginações sem esforço (fluxo descendente), e as duas funções parecem simultâneas. Essa é a *integração vertical* de seu cérebro.

Você também pode equilibrar e igualar os hemisférios esquerdo e direito. Essa é a *integração horizontal (bilateral)* do cérebro. A interpenetração de atividade nos hemisférios esquerdo e direito, através das fibras de conexão do corpo caloso, ajudá-lo a ser tão proficiente com a imaginação e a criatividade quanto com o rigor intelectual e os detalhes, tão satisfeito com a ambiguidade quanto com a definição e as provas. Você consegue acessar os reinos não físicos com a intuição e lidar com a mecânica logística do reino físico igualmente bem. Quando os dois lados do seu neocórtex se integram, isso o ajuda na vivência da alma no corpo.

Quando os fluxos lineares de consciência vertical e horizontal se integram, ocorre uma mudança repentina. A imagem que vem à mente é a cruz celta com braços equidistantes. *Toda a sua consciência converge para o ponto de cruzamento, ou ponto central, desses fluxos, e você vivencia a centralidade.* Com a centralidade vêm a concentração, a presença, o conhecimento e o poder. Toda a sua visão de mundo se modifica. É o começo da percepção esférica. Essa é uma experiência transformadora de profunda integração que traz sentimentos de comunhão, a presença divina em todas as coisas e o pertencimento íntimo ao campo unificado, sem que você perca a sacralidade de sua individualidade.

Estágio 2: Depois da integração, o ponto central

A esta altura, você já não pensa em termos lineares, com a alma "acima" do corpo, o corpo "abaixo" da mente, ou pessoas fora de você, "do lado de lá". Sua posição já não é tão relacional. Você está estável, sempre no centro de um campo de percepção-e-energia, agora encarado como algo que existe esfericamente ao seu redor em todas as direções. O que você percebe e experimenta em qualquer momento está dentro da esfera com você, e nada há além da esfera.

Em muitas tradições metafísicas e espirituais, há um lugar especial no centro do cérebro, frequentemente identificado como a glândula pineal ou a raiz do terceiro olho, considerado o ponto central da consciência e da visão superior no corpo. É um elo de ligação entre os mundos físico e não físico, e tem desempenhado um papel integral ao longo das eras no desenvolvimento de habilidades intuitivas. A glândula pineal fabrica melatonina, controla os vários biorritmos do corpo e é ativado pela *luz*! De fato, ele pode ser o ponto de interseção de seus fluxos cerebrais verticais e horizontais e, com o tipo e a quantidade certa de atenção, pode ajudá-lo a saltar para um novo nível de consciência.

Quando você efetua a integração de seu cérebro, pode de repente sentir energia e luz irradiarem deste ponto, como se ele fosse um minúsculo buraco branco através do qual a luz diamantina de sua alma entra no mundo físico. Você também pode focar intencionalmente sua atenção neste poderoso ponto central e ativá-lo com os princípios da neuroplasticidade. Fazendo isso regularmente, talvez como parte de uma prática de meditação, você poderá aumentar a frequência de sua consciência e acelerar a integração do funcionamento do seu cérebro.

Foco: ponto central de energia, do latim *focus*, "fogão, lareira", usado em tempos pós-clássicos como sinônimo do próprio "fogo".

Estágio 3: Depois do ponto central, múltiplos pontos centrais

O ponto central em sua cabeça permite que você se perceba como uma alma com consciência superior. A partir disso, você pode sentir pensamentos e sabedoria irradiando em todas as direções. Depois disso, outra mudança ocorre espontaneamente: seu ponto de vista se move por ressonância para outro centro importante – o coração. Seu ponto de vista desceu um pouco mais no mundo físico, e agora você se reconhece como uma alma com sensibilidade e sentimento iluminados. Você pode olhar para além do mundo a partir dessa percepção-e-energia, com a vantagem de apontar e sentir. Ela irradia em todas as direções, produzindo a experiência do amor, da compaixão e da comunhão empática.

Não é incomum, então, deslocar-se ainda mais para baixo no corpo via ressonância e sentir o ponto central na base do cóccix – onde os místicos dizem que a serpente da energia *kundalini* está enovelada. Este ponto central lhe dá a experiência de ser um ente físico, de entender todos os animais e formas de vida na Terra. Se você olhar para além dessa percepção-e-energia, com a vantagem de apontar e sentir, irradiando em todas as direções, é provável que entenda a vastidão da própria força vital.

Agora ocorre uma coisa incrível. *De repente, você se sente no centro – como centro de tudo e qualquer coisa.* Este é o começo da percepção holográfica. Você adquire um senso diferente de si mesmo: é o ponto central de todo o campo unificado da percepção-e-energia, não importa a posição que você tome, não importa aonde vá, e sempre poderá conhecer o todo. Em outras palavras, *o centro de qualquer coisa é o centro de tudo.* Você consegue então estar no centro de qualquer coisa para que possa conhecer o mundo de outras perspectivas. Você não estará limitado a um centro único, mas terá acesso a vários pontos centrais e infinitas maneiras de compreender a realidade.

Ter múltiplos pontos centrais permite que você vivencie a si mesmo como uma alma focada no centro da visão superior no cérebro, no centro do amor no coração, no centro da força vital no cóccix e no centro de cada órgão, cada chakra e cada célula – todos são pontos de visão e frequências de percepção para sua alma. E cada um revela seu próprio tipo de compreensão. Você pode ser o corpo inteiro como um centro do cérebro unificado, e pode ser o ponto central no meio da Terra, conhecendo a si mesmo como uma mente global.

O corpo visível está simplesmente onde a função de onda do organismo é mais densa. Ondas quânticas invisíveis se espalham a partir de cada um de nós e permeiam todos os outros organismos. Ao mesmo tempo, cada um de nós contém as ondas de todos os outros organismos emaranhados em nossa própria composição.

Mae-Wan Ho

Mas a evolução de sua percepção não para por aí. Você começa a entender como o microcosmo (a menor parte do holograma) é o macrocosmo (o super-holograma) e como eles estão conectados pela ressonância. Você percebe que qualquer ponto central é tanto uma esfera colapsada quanto um sol potencial – e que o ponto e a esfera são versões um do outro, balançando para um lado e para outro entre a realidade não física e a física. Cada ponto central contém a informação codificada para se tornar um campo radiante de percepção-e-energia. O grão de areia é a terra, a criança cintilante é a estrela. E você pode começar a sentir que cada centro e seu campo esférico correspondente contêm todos os outros centros e seus campos. Jogue um milhão de pedrinhas num lago e suas ondulações se sobreporão, se confundirão e conterão umas às outras até que todas se tornem do tamanho do lago.

Tente isto!
Encontre seu centro, sinta seu campo

1. Feche os olhos e acalme-se. Inspire e expire facilmente, num ritmo regular.
2. Concentre sua atenção no centro geométrico de sua cabeça. Imagine uma pequena abertura de luz diamantina ali, no centro exato, quase tão grande quanto uma ervilha. Ela está irradiando luz em todas as direções.

Mantenha sua atenção focada na luz à medida que ela se expande esfericamente através de seu cérebro e no espaço ao redor.

3. Concentre sua atenção no centro de seu peito, no chakra do coração ou no pulsar de seu coração. Imagine uma pequena abertura de luz diamantina ali, no centro exato, do tamanho de uma ervilha. Ele está irradiando luz em todas as direções. Mantenha sua atenção focada na luz enquanto ela se expande esfericamente através de todo o seu corpo e no espaço ao redor.

4. Concentre sua atenção na ponta do cóccix, no primeiro chakra ou chakra da raiz. Imagine uma pequena abertura de luz diamantina ali, bem no centro, mais ou menos tão grande quanto uma ervilha. Ele irradia luz em todas as direções. Mantenha sua atenção focada na luz enquanto ela se expande esfericamente por todo o seu corpo e no espaço ao redor.

5. Deixe as três esferas de luz e energia se fundirem numa só. Sinta seu corpo como o centro dessa aura, ou campo pessoal de percepção-e-energia. Deixe o campo esférico expandir-se no espaço até onde isso for confortável. Permita-se a sensação de que tudo o que você conhece está dentro de seu campo.

Estágio 4: Depois dos pontos centrais múltiplos, o campo

Mais uma mudança ocorre quando você percebe que pode estar em qualquer ponto central. Um campo esférico de percepção-e-energia ocorrerá ao seu redor, dando-lhe acesso a todo o campo unificado. *Agora você experimentará a si mesmo como um campo esférico de percepção-e-energia projetado a partir do ponto central.* Seu ponto central torna-se uma grande realidade viva que você pode experimentar primeiramente como seu próprio campo pessoal de percepção-e-energia – sua aura.

Imagine um balão explodindo ao seu redor e depois encolhendo até um ponto em seu núcleo, e em seguida explodindo novamente. Você permanece no ponto central enquanto núcleo, mas também se sente como todo o campo do que está sendo englobado; sabe tudo o que está incluído no interior do campo esférico e pode torná-lo tão grande ou tão pequeno quanto quiser. Expire e seu mundo aparece, inspire e seu mundo se dissolve. Outro aspecto interessante desse estágio é que esse campo de percepção-e-energia, seu novo eu, contém *todos* os pontos centrais possíveis, *todas* as formas possíveis de conhecimento, *todas* as experiências possíveis do eu. Você poderá entrar em qualquer um deles e ainda saberá de tudo.

> Os seres humanos e todos os seres vivos são uma coalescência de energia
> num campo de energia conectado a todas as outras coisas no mundo.
> Este campo de energia pulsante é o motor central de nosso ser
> e nossa consciência, o alfa e o ômega de nossa existência.
> "O campo", como Einstein disse certa vez sucintamente, "é a única realidade".
>
> **Lynne McTaggart**

Agora, em vez de pensar que a vida é algo distinto, você a experimenta como algo que ocorre em seu interior. Quanto mais você permitir que sua consciência irradie, quanto mais alta for sua frequência, maior se tornam sua esfera e seu campo pessoal, e sua realidade passará a incluir mais tempo, espaço e conhecimento. Você compreenderá que faz parte do campo unificado e, se quiser, poderá expandir para se tornar todo o campo unificado. *Você entenderá que o campo é seu órgão mestre original de percepção.* Encarará a si mesmo como todos os pontos centrais e o campo ao mesmo tempo.

Uau! Este é o material de que a experiência mística sempre foi feita, mas agora ele se torna o material da vida normal. Embora isso possa parecer vertiginoso, você pode ter todos esses saltos da percepção hoje e ainda continuar sendo seu eu físico. Você estará vivendo a experiência de criar uma vida iluminada em uma terra iluminada. Na Parte 2, discutiremos maneiras de acelerar e facilitar sua transformação. Adeus a tudo o que é antigo, viva o novo!

> O corpo do céu é extremamente alto. Aberto, redondo, imensurável,
> é infinitamente vasto. Cobrindo tudo, contendo tudo,
> ele produz miríades de seres sem levar em conta sua virtude, concede
> bênçãos a uma miríade de seres sem expectativa ou recompensa.
>
> **Liu I Ming**

Só para recapitular...

O cérebro cria a consciência ou vice-versa? A ciência da neuroplasticidade está nos ajudando a aproximar as visões de místicos e cientistas. Ela está introduzindo a ideia de que podemos mudar o funcionamento de nosso cérebro através da atenção aplicada, mas primeiro precisamos entender as funções das várias partes de nosso cérebro – para entender como costumávamos compreender a percepção como uma função linear.

Há duas "geometrias da percepção": a percepção linear e a esférico-holográfica. A primeira é indicativa de uma forma antiga de saber quem somos e como funciona a vida, e a segunda é um indicativo de transformação. A percepção linear está evoluindo para a percepção esférico-holográfica passando por quatro fases distintas de crescimento, ou mudanças na compreensão: integração, centralidade, centralidade múltipla e consciência de campo. À medida que as mudanças ocorrem, seu senso de identidade e realidade se torna mais esférico e holográfico e menos linear; os processos vitais tornam-se mais cíclicos e inter-relacionados e menos lineares. Você pode estar em qualquer ponto central e entender a vida de novas maneiras, e ao mesmo tempo pode conhecer a totalidade do campo unificado a partir de qualquer ponto central.

Parte 2

Percepção hábil para a transformação

4

Desaprenda os hábitos da percepção antiga

A análise tem pelo menos três limitações principais. Primeiro... você não precisa dela para encontrar as grandes verdades. Em segundo lugar, as ferramentas analíticas têm suas limitações num mundo turbulento. [...] Terceiro, uma boa análise raramente motiva as pessoas em grande estilo. Isso muda o pensamento, mas com que frequência faz que as pessoas saiam correndo para agir de maneiras significativamente novas?
John P. Kotter e Dan S. Cohen

A percepção linear é uma percepção antiga. Ela nos faz vivenciar a nós mesmos como corpos sólidos separados por um espaço vazio e cria um pensamento de causa e efeito que nos leva a acreditar que criar qualquer coisa em nossa realidade deve ser um processo gradual, lógico e relativamente lento. A percepção linear nos dá a ilusão de "lacunas" entre as coisas – entre você e seus objetivos, entre você e outras pessoas, entre você e sua alma. Com a percepção linear tudo é fragmentado, e ver a separação leva a sentimentos de isolamento.

É essa experiência de desconexão o que nos mantém imobilizados no medo e na fase de imersão de nossa jornada de consciência.

É importante que você seja capaz de reconhecer os sinais da percepção linear antiga para poder se desvencilhar dela e, ao contrário, alimentar sua transformação. Neste capítulo, exploraremos algumas das causas da percepção antiga e os hábitos inconscientes em que caímos – hábitos que, com um pouco de atenção focada, podemos mudar.

Tolerando o comportamento baseado no medo

Como a percepção antiga está tão intimamente ligada ao medo, muitas vezes é marcada por hábitos reacionários inconscientes que desenvolvemos para nos proteger. Quando nos concentramos na sobrevivência, é difícil sentir nosso coração; a empatia que sentimos por nós mesmos e pelos outros muitas vezes parece evaporar. Sentimos os efeitos dos hábitos reacionários da percepção antiga todos os dias e, embora as experiências possam ser perturbadoras, pressupomos que são comuns e as toleramos de má vontade.

Aqui vão dois exemplos: na primeira situação, Samantha se ofereceu para dar a seu amigo Peter sua cópia de algum *software* de preparação de impostos depois de ela tê-la usado. Ele aceitou a oferta. No ano seguinte, ele insinuou: "Você já comprou o *software*?". Ela o tinha e estava terminando de usá-lo. Ele disse que teria de comprá-lo. Samantha mais uma vez lhe ofereceu sua cópia, e ele disse que levaria. Então Samantha percebeu que estava se sentindo um pouco desconfortável. Peter era seu amigo, mas em nenhum dos dois anos ele havia se oferecido para dividir os custos do *software* com ela. Ele não era pobre, e o produto não era barato. Ela poderia tê-lo dado a ele, mesmo se ele tivesse se oferecido para ajudar a pagar por isso, mas quando ele demonstrou que esperava obtê-lo de graça, ela hesitou um pouco.

Samantha lhe escreveu uma nota gentilmente redigida, dizendo que se sentia desconfortável com a situação e que queria corrigir as coisas para não prejudicar a amizade deles; talvez eles pudessem dividir o custo naquele ano. Ele respondeu concisamente com: "Vou comprar minha própria cópia". Depois disso, ele passou a evitá-la e a amizade entre eles acabou. Um *hábito perceptivo antigo do* cérebro *reptiliano* havia se manifestado da pior maneira. Ambas as pessoas se sentiram ofendidas, mas Peter reagiu com um ataque (reação de luta), então abandonou Samantha (reação de fuga). O que poderia ter sido um jogo de ganha-ganha tornou-se um jogo de perde-perde.

Na segunda situação, a diretora de uma organização de mulheres pediu a Jane, uma professora e palestrante experiente, que desse uma palestra sobre o empoderamento das mulheres para fazer mudanças. Ela pediu que a palestra fosse gratuita, e em troca Jane receberia publicidade para sua nova empresa de *coaching*. Jane deu uma ótima palestra, mas depois a diretora não se incomodou em lhe agradecer e a ignorou. Mais tarde, Jane descobriu que a mesma organização estava pagando a um treinador conhecido uma taxa alta para oferecer um *workshop* intensivo sobre o mesmo assunto.

"Por que ela não me contratou?", perguntou-se Jane. "Ela não percebeu minhas qualidades e meu conhecimento do assunto?". Jane não carecia de autoestima, mas era humilde, enquanto a diretora tinha uma atitude do tipo "ganhe-algo-por-nada-e-portanto-não-lhe-dê-muito-valor". A diretora estava presa a um *hábito perceptivo antigo do lado esquerdo do cérebro* que mede o sucesso pela expressão do ego – quanto mais ousada for a autoconfiança, melhor. Isso a cegou para as altas qualidades de Jane. Em ambos os exemplos, o comportamento enraizado na percepção antiga e inconsciente autorizou alguém a ferir os outros, como se isso não fosse nada fora do comum.

Esperando um mundo mergulhado no sofrimento

Até mesmo antes da Era Industrial e da Era da Informação, a ciência do cérebro nos dizia que nosso cérebro e percepções foram moldados por séculos de escassez, trauma, sofrimento e perigo. Um campo relativamente novo chamado *origens fetais* estuda os efeitos das condições que encontramos no útero, e como nossos nove meses de gestação podem "aparelhar" nosso cérebro para a sobrevivência. Mais especificamente, você pode ser influenciada desde o início por expansões e contrações emocionais e químicas vindas de sua mãe que "transmitem" mensagens sobre se o mundo é seguro, abundante, amoroso e criativo – ou se é um lugar de perigo e dor.

Catherine Monk, da Universidade de Columbia, vem conduzindo pesquisas para investigar se o estado mental e o humor de uma mulher grávida pode moldar a personalidade de seu filho. Ela faz testes de estresse em mulheres grávidas que estão deprimidas ou ansiosas e mulheres grávidas com humor normal, e então observa os efeitos em seus fetos. Todas as mulheres apresentam sinais fisiológicos de estresse em resposta aos testes, mas apenas os fetos de mulheres deprimidas ou ansiosas exibem seus próprios distúrbios. Monk diz que o motivo disso pode ser uma predisposição genética, ou que o sistema nervoso dos fetos é realmente "moldado" pelas emoções de suas mães.

Faz sentido pensar que a conexão empática entre mãe e filho ainda não nascido deveria transmitir informações de energia por meio de vibrações que indiquem estados expandidos baseados em amor, segurança e carinho, ou estados contraídos baseados no medo, na escassez e no perigo. Pense em nossos ancestrais do tempo do homem das cavernas, nas primeiras culturas tribais baseadas na sobrevivência dos mais aptos e mais belicosos, e nos tempos da agricultura, quando um mau ano de seca ou inundação significava a morte de muitas pessoas. Quantas mães naquela época eram capazes de transmitir ao feto uma experiência consistente de segurança e expansividade? Não é razoável supor que houvesse um efeito cumulativo de estímulos repetidos de carência, ganância e crueldade em nosso DNA, em que as predisposições a emoções negativas, deformidades ou doenças podem se tornar genéticas. Observe que costumamos validar a ideia de que, se um dos pais é alcoólatra, ou violento, ou suicida, espera-se naturalmente que a criança também tenha "herdado" estes traços. Em grande escala, globalmente, não surpreende que muitas pessoas associem o fato de estarem vivas ao sofrimento; isto pode ter "passado" para nós em nossos genes.

Enquanto estivermos inseridos num aprendizado, ou conjunto de aprendizados [...],
não poderemos compreender a possibilidade
de qualquer modo superior de atividade. [...]
Os campos são mantidos ativos pela participação – o aspecto positivo ou
negativo desta participação é irrelevante.
Joseph Chilton Pearce

Somos seres espirituais, emergindo pelo nascimento de um reino de unidade e amor, em que a segurança não é sequer um conceito, para uma realidade física densa onde devemos nos acostumar a tudo o que sabemos não ser verdade. Devemos aceitar e nos convencer da estranha ideia de "sobrevivência" e das renúncias, expectativas negativas e "comiseração" que afligem a vida física. Para um ser espiritual, que nada sabe além da liberdade e da vida eterna, estes são conceitos estranhos de fato. Não é de admirar que a vida neste mundo seja tão confusa. Para estar aqui, em nosso corpo, tivemos que desistir de tudo o que intuitivamente sabíamos ser verdadeiro – tudo o que é seguro, amoroso e alegre – em favor de crenças de negatividade coletiva que parecem tão reais. "Todo mundo acha que a vida é dura, então acho que devo acreditar também, se eu quiser me encaixar na sociedade."

Nas partes mais profundas de seu cérebro, ainda que esteja ativamente educando-se sobre sua verdadeira natureza como ser espiritual, você provavelmente ainda aceita parte dessa programação negativa coletiva e age inconscientemente a partir dela. Como você poderia "herdar" o DNA moldado por gerações de pessoas que sofreram e se debateram sem ser afetado pela codificação? É algo que nós, enquanto seres humanos, temos em comum.

Se você já passou por um terremoto [...], poderá ter
sentido a energia estática reverberando em seu corpo por dias. Fortes ondas
de estresse emocional podem afetar o mundo inteiro de maneira semelhante. [...]
No nível da consciência, nisto estamos todos juntos.
Doc Childre e Howard Martin

Táticas e visões de mundo antiquadas

A realidade baseada no medo à qual nos resignamos foi formada até certo ponto pelo instinto de sobrevivência do nosso cérebro reptiliano e pela tendência do lado esquerdo do cérebro para controlar a realidade, suprimindo memórias dolorosas ou todo conhecimento que possa conter emoções perturbadoras. Lute, fuja, negue e controle. Uma ampla variedade de métodos para lidar com o medo foi desenvolvida ao longo dos tempos a partir dessas táticas básicas, e em seguida elas deram origem a visões de mundo culturais.

Considere a onipresença das guerras e suas estratégias de intimidação pela força, agora comumente usadas na política, nos negócios e nos relacionamentos. Considere a grande credibilidade e poder do pensamento científico-mecanicista-acadêmico, que coopta ou menospreza a intuição, a arte, os sonhos, a sabedoria oral e o crescimento pessoal. Ou considere o patriarcado hierárquico que tenta controlar o que considera incontrolável e, portanto, perigoso: as mulheres, a natureza, a espiritualidade mística, o espaço sideral, a verdade e qualquer pessoa que pareça muito diferente. Tudo isso começou como soluções para o medo, mas com o tempo na verdade perpetuou o medo. Na Era Industrial lidávamos com o medo para fortalecer o materialismo e o patriarcado; na Era da Informação nós nos distraímos com um excesso de mídia, de dados e de dispositivos eletrônicos que divide nossa atenção em fragmentos aparentemente impossíveis de reconstituir, como Humpty Dumpty após sua queda.[*]

À medida que entramos na Era da Intuição, essas táticas e suas visões de mundo resultantes parecem antiquadas, e as realidades que elas precipitam funcionam mal e falham. O que funcionou para lidar com o medo em tempos anteriores de frequência mais baixa agora limitam

---

[*] Personagem do cancioneiro infantil britânico que tem forma de ovo, fica sentado em cima de um muro e, depois de uma queda, seus cacos não podem mais ser juntados para reconstituir a criatura original. Tornou-se célebre como personagem de *Alice Através do Espelho* (1871), livro do escritor Lewis Carroll (1832-1898). (N. do T.)

nosso potencial. Vamos examinar como o cérebro reptiliano e o lado esquerdo do cérebro moldaram nossos hábitos perceptivos. Então, você poderá reconhecer o que atravanca seu caminho.

Os seguintes hábitos resultam de uma pequena parte do seu cérebro capaz de dominar a totalidade de quem você é, e eles geralmente são muito inconscientes e automáticos. Se algum dos hábitos a seguir parecer familiar, isto não significa que você seja "ruim" ou imperfeito – está só percebendo uma velha tática compartilhada com muitas outras pessoas e que você pode querer eliminar. Provavelmente, todos nós tivemos todos esses comportamentos em vários momentos da vida, e com certeza conhecemos outras pessoas que fazem as mesmas coisas! Somos todos muito ambíguos em nossa combinação de características de amor e medo.

> Muito pouco conhecimento vem por "instinto". Por definição, o instinto é algo inato, invariável, não aprendido e fixo. [...] Até onde qualquer um pode testar, medir ou provar, o instinto não conta muito nos humanos.
> Por unanimidade, biólogos
> só definem como "instintivas" algumas reações
> reflexivas básicas causadas por estímulos.
> **Cathy N. Davidson**

Hábitos de percepção antigos do cérebro reptiliano

Seu cérebro reptiliano processa informações no estágio inicial, quando o instinto é legitimamente necessário para a sobrevivência, e muitas das táticas que desenvolvemos para lidar com o medo têm suas raízes no cérebro reptiliano pré-verbal – são reações automáticas. O cérebro reptiliano tem dois modos de funcionamento: expansão/segurança e contração/perigo. Quando medo e perigo estão envolvidos, isso leva a duas reações: lutar ou fugir.

Hoje em dia, você não precisa estar em perigo físico real para que estas reações ocorram; você pode ser vagamente lembrado, de maneira muito inconsciente, de um perigo de muito tempo atrás por algo bastante inócuo, como Peter sentindo-se criticado por não ser generoso com seu amigo. As reações do cérebro reptiliano podem parecer normais para a personalidade, mas não são naturais para a alma. Felizmente, você pode aprender a ir além dos vários comportamentos do cérebro reptiliano, encarando-os pelo que são – meros hábitos.

O hábito da adrenalina

Quando o cérebro reptiliano decide que uma situação justifica lutar ou fugir, a amígdala aciona o sistema nervoso simpático e a liberação de epinefrina, ou adrenalina, para que possamos mudar para uma atitude de emergência e tomar providências imediatas. A adrenalina é um hormônio e neurotransmissor poderoso que aumenta a frequência cardíaca e dilata as vias aéreas – e pode tornar-se um vício. Os "viciados em adrenalina" têm uma necessidade constante de urgência. Se tivermos sido expostos repetidamente a situações assustadoras e começarmos a pensar que isso é normal, poderemos realmente desejar o perigo e as experiências estressantes pela adrenalina que proporcionam. Com a intensidade de nossa vida "multitarefa" hoje em dia, o vício em adrenalina é comum. Na verdade, muitas vezes somos elogiados e recompensados por um comportamento rápido, hiperativo e que envolva risco.

O hábito da adrenalina pode se manifestar como a sedução do medo – podemos ser atraídos pela mesma coisa da qual estamos tentando nos proteger. Quer saltemos de aviões, façamos manobras no tráfego em alta velocidade, ou inconscientemente criemos situações que ameaçam nos destruir emocional ou financeiramente, estamos sob o feitiço da adrenalina. Esse hábito tende para o drama e a ansiedade. Por exemplo, podemos repetidamente encontrar parceiros que seguem padrões de agressão ou abandono que espelham a maneira como nossos pais se comportavam conosco quando éramos jovens.

A projeção e o ataque estão inevitavelmente relacionados, porque a projeção é sempre um meio de justificar o ataque. Raiva sem projeção é impossível. [...]
O processo começa excluindo algo que existe dentro de você, mas que você não deseja, e posteriormente este processo leva você a se excluir de seus irmãos.

Helen Schucman ("canalizando" *Um Curso de Milagres*)

O hábito da adrenalina também causa reações de cólera e raiva diante do medo. Tornar-se agressivo e projetar sentimentos indesejados nos outros sob a forma de intimidação, recriminação, crítica, menosprezo, culpa ou punição é uma maneira eficaz de desviar o terror interno. Vemos isso com tanta frequência: o marido controlador, que cresceu se sentindo abandonado, fica furioso quando a esposa não tem vontade de fazer amor ou quando ela expressa uma opinião diferente da dele. Ou ainda, há aquelas garotas maldosas em *reality shows* que têm reações de ataque sarcásticas e imediatas a qualquer um que ameace sua aura de superioridade.

O hábito da segurança

Uma reação mais sutil é o desejo de fortalecer e criar impenetrabilidade e segurança. No conto de fadas "Os Três Porquinhos", o lobo mau bufou e soprou e derrubou as casas feitas de palha e madeira – mas não a de tijolos do terceiro porquinho. Todos nós gostaríamos dessa proverbial casa de tijolos, e a maneira mais comum de encontrá-la é acumulando poder através de meios financeiros e materiais. O mesmo vale para acumular informações e ser um especialista, ou alcançar padrões de beleza para que os outros fiquem maravilhados. Hoje em dia, nossa fixação em celebridades faz parte desse impulso do cérebro reptiliano para a segurança pela atratividade. Também podemos encontrar segurança controlando os outros ou tornando-nos indispensáveis. Ser alguém que agrada às pessoas, um salvador ou solucionador de problemas se encaixa nesse padrão, assim como agir de maneira superior, poderosa e altiva.

O hábito do desamparo

Quando a vida nos apresenta uma série de experiências dolorosas e humilhantes, é natural imobilizar-se sob o ataque como um coelho sob a sombra de um falcão. A imobilidade pode resultar em sentimentos de desamparo, paralisia, falta de motivação ou sensação de vazio. Nesses casos, é normal sentir-se alheio ou desenvolver depressão ou uma atitude apática. Quando interrompemos o fluxo de energia, nossa frequência cai. E, quando isso acontece, podemos nos tornar fisicamente lentos, esgotados ou doentes.

Existe uma versão complexa desse hábito de desamparo em que nos esgueiramos num leve comportamento controlador. Às vezes, esta *agressividade passiva* é difícil de perceber. Esse hábito nos leva inconscientemente a "estarmos certos estando errados", ou estarmos no controle estando fora de controle. Podemos nos sentir deprimidos ou paralisados, mas a culpa é de outra pessoa. Podemos culpar os outros com vários tipos de acusações, mas se eles tentarem ajudar, podemos dizer que não estão fazendo isso do modo certo. Podemos elogiar as pessoas de modo sarcástico e insultá-las nesse processo. Podemos agir de maneira agressiva e ainda fingir que estamos desamparados ou não nos importamos com nada.

O hábito de evitar

Uma das soluções mais diretas é simplesmente evitar situações que nos ameaçam. Afinal, "a ignorância é uma bênção", certo? Podemos virar as costas para uma situação desconfortável, recuar para o passado para relembrar, ou "deixar nosso corpo" e dissociarmo-nos completamente do momento presente, distanciando-nos num estado irracional. Podemos agir com desatenção, escapar para mundos de fantasia ou fingir ignorância. Podemos abdicar da responsabilidade e transferir a autoridade para outras pessoas.

Comportamentos de vício são outra maneira de evitar situações desconfortáveis. Álcool, drogas, trabalho, exercício, dinheiro, sexo, comida, esportes, fazer compras, socializar, televisão, romances de mistério, coleções, gatos, convenções de *Jornada nas Estrelas* e praticamente qualquer outra coisa podem servir como nossa opção predileta para um vício – e para o hábito de evitar.

O hábito da submissão

Por fim, o cérebro reptiliano pode surgir com outra estratégia de enfrentamento. Quando confrontados com uma pessoa dominadora, ameaçadora ou narcisista, podemos manter nossa posição, mas agir de maneira submissa e subserviente. Mostrar nossas facetas vulneráveis e sorrisos inocentes. Comporte-se de maneira covarde e assuma um tom de voz não ameaçador. Evite contato visual. Basicamente, nós mantemos nossa vibração um pouco mais baixa que a das outras pessoas, fazendo com que elas mesmas se sintam bem. Por meio desse hábito, podemos nos tornar mestres em encantar, servir, ajudar e encontrar maneiras de sermos necessários e aceitos. E o que haveria de errado com esses comportamentos, poderíamos perguntar? Nada – se eles provierem da alegria, do amor e do fluxo natural da alma. Mas, quando confundimos aceitação e amor e agradamos para sobreviver, acabamos nos sacrificando.

***

Tente isto!
Encontre seu cérebro reptiliano e seus hábitos de percepção antigos

1. Em seu diário, elabore uma lista das situações em que você é estimulado ou motivado pela adrenalina. Você sente "fissura" por um certo tipo de "excitação"? Reage dramaticamente em oposição a certas coisas? Precisa de uma intensidade particular para se sentir vivo ou atraído por alguém ou algo? Que situações fazem você projetar raiva, culpa ou punição em outra pessoa?

2. Liste as situações em que você tenta encontrar segurança. O que o atrai em celebridades específicas e pessoas poderosas? Você usa formas

sutis de intimidação? Como domina e controla pessoas e situações? Existem coisas em sua vida que lhe causam compulsão? Quando você obstrui o contato com outras pessoas?

3. Liste as situações em que você passa a se sentir impotente. Que tipo de pessoas ou situações podem fazê-lo abrir mão de seu poder ou sentir-se seriamente frustrado? Quando você se sente paralisado, desmotivado, vazio ou estagnado? Em que áreas de sua vida você se sente negativo, esgotado ou apático? Como costuma praticar a "agressividade passiva" ao lidar com outras pessoas?

4. Agora liste as situações em que você tenta fugir de acontecimentos dolorosos ou desconfortáveis, incluindo aqueles que envolvem pessoas específicas. Liste algumas ocasiões em que permitiu que o passado ditasse sua experiência presente. Quando você se retrai, abandona seu corpo ou finge ignorância em resposta a ameaças? Como se distrai de coisas que não quer enfrentar? O que considera seus padrões de vício?

5. Quando você procura minimizar as ameaças sendo amável e conciliador? Que mecanismos específicos usa para parecer invisível e inofensivo? Quais "ditames" internalizou que governam seu comportamento, e a quem eles realmente dizem respeito?

Hábito da percepção antiga do lado esquerdo do cérebro

Lançamos alguma luz sobre como seu cérebro reptiliano contribuiu para a percepção antiga, mas... e o lado esquerdo do cérebro? Lembre-se de este lado do cérebro governa o pensamento racional, sequencial e lógico, a análise das diferenças e o processamento linguístico. Por si só, ele não tem inspiração – sua percepção é baseada na compartimentalização e no discernimento, na regulação, na definição, na prova e na descrição. Se você está sendo inteligente, estabelecendo limites, gerenciando a realidade, sentindo-se como um indivíduo, argumentando uma opinião e tentando estar certo, organizando e categorizando, ou fazendo afirmações declarativas, você está usando o lado esquerdo do cérebro.

Quando você sente medo, os sinais de seu cérebro reptiliano sobem para o lado esquerdo, onde a informação é processada, formando regras e crenças sobre o que você deve fazer para evitar situações semelhantes. Uma das regras primárias do lado esquerdo do cérebro é "nunca se deixe dominar por emoções negativas", de modo que ele suprime preventivamente quaisquer memórias e conhecimentos potencialmente perturbadores. Vejamos como o hemisfério esquerdo do cérebro contribui para a percepção antiga.

> Muitos de nós fazemos julgamentos com o hemisfério esquerdo e depois não estamos dispostos a *dar um passo à direita* (em termos de hemisfério) para uma atualização de arquivo. Para muitos de nós, uma vez que tomamos uma decisão, aferramo-nos a esta decisão para sempre. Descobri que a última coisa que um hemisfério esquerdo realmente dominante deseja é compartilhar seu espaço craniano limitado com uma contraparte direita de mente aberta!
>
> **Jill Bolte Taylor**

O hábito lógico

A lógica tem sua razão de ser e é uma ferramenta muito útil. Mas, quando nos identificamos com ela de maneira preponderante, perdemos o contato com nossa totalidade. Você certamente já conheceu pessoas que confiam no conhecimento e na proeza intelectuais. Para elas, a prova e o rigor acadêmico são primordiais e a informação é poder. Nesse funcionamento do lado esquerdo do cérebro, não deve haver saltos de percepção, nem *flashes* intuitivos – apenas raciocínio objetivo, dedutivo ou indutivo. Se você defender uma opinião, ela tem de ser semelhante às opiniões enunciadas por estudiosos anteriores. E, embora haja validade para o bom senso, ela é muito casual – muito aberta a interpretações.

Esse hábito da percepção combate o medo negando a ambiguidade. E, com uma ênfase exagerada na lógica, não precisamos reconhecer emoções "incontroláveis" ou insípidas. Erros não são tolerados. Queremos estar certos, e isso pode levar eventualmente a estarmos "absolutamente certos". Além disso, viver em um mundo de pensamento pode nos impedir de gozar uma experiência direta da vida, ou de efetivamente materializar visões. Até mesmo ideias leves e fluidas, se confinadas ao lado esquerdo do cérebro, com o tempo se tornam pesadas, transformando-se em crenças e regras. Cada decisão e declaração feitas por este lado do cérebro omitem metade das possibilidades disponíveis. O mundo se reduz a algo seco, quebradiço e sem inspiração. O que é conhecido e comprovado deixa pouco espaço para a mudança, a Inovação e o crescimento.

O hábito lógico nos mantém enraizados na percepção linear – a crença em um progresso sequencial e gradual. Estamos limitados a pensar no que funcionou no passado, e isso pode nos fazer tender para o conservadorismo e a tradição, repetindo o que costumava funcionar, o que costumava ser verdadeiro. Com esse hábito da percepção, projetamos experiências passadas no presente e no futuro, e o conceito de transformação deixa de existir.

O hábito do isolamento

O lado esquerdo do cérebro reduz a experiência direta a um significado pré-programado e, portanto, tende a nos separar da vida. Isso significa que nossa experiência do eu também é reduzida. Com o domínio excessivo deste lado do cérebro, encaramos a nós mesmos como entes separados do "mundo exterior". A percepção da separação – a sensação de nós sermos pequenos e o mundo ser enorme e avassalador – pode fazer com que nossa experiência de individualidade se transforme em uma experiência de isolamento.

Segue-se que, quando nos sentimos isolados, o mundo se torna uma fonte de perigo. O lado esquerdo do cérebro assume o papel de guardião e protetor, monitorando constantemente a zona ao redor em busca de problemas. Quando nos identificamos com este lado do cérebro, podemos incorporar este sentimento de desconfiança, suspeitando que tudo representa um dano potencial. Quanto mais isolados nos tornamos, mais frágeis nos sentimos. Com o foco no perigo, podemos nos tornar negativos também, encontrando razões para explicar por que as ideias não podem acontecer ou por que não podemos fazer algo. Afinal, as coisas provavelmente darão errado ou falharão, certo? O lado esquerdo do cérebro gira em uma série interminável de "sim, mas..." e afirmações declarativas negativas. Ele gosta de ter papéis claramente definidos, com a vida funcionando em hierarquias confortáveis para diagramar o Fluxo da energia, da influência e do poder.

O hábito do narcisismo egocêntrico

Nascido do isolamento, o próximo hábito da percepção antiga do lado esquerdo do cérebro é o desenvolvimento do *ego*. Podemos ter um leve caso de egomania – uma simples ênfase exagerada na importância de nossa própria individualidade –, ou o hábito pode se tornar mais profundamente arraigado e sério. Podemos nos identificar totalmente com o funcionamento deste lado do cérebro – que por natureza é separado do mundo – e acharmos que *somos* o lado esquerdo do cérebro. Isso é uma espécie de prisão, e nossa consciência pode se fundir com seu captor (talvez essa seja a versão energética da Síndrome de Estocolmo*), e podemos nos comportar, falar e pensar como nosso captor. Literalmente, nós nos tornamos o ego em seu desespero, seu isolamento e seu individualismo glorificado.

> Metade do mal que é feito neste mundo é devido a pessoas que querem
> sentir-se importantes. Elas não querem praticar o mal, mas o mal não
> lhes interessa. Ou não o veem, ou o justificam porque
> elas estão absortas na luta sem fim para ter um bom conceito de si mesmas.
> **T. S. Eliot**

Enquanto egos, tendemos a "acreditar" em vez de pensar de forma livre. Nós não gostamos de experimentar coisas novas por medo de

---

* Na definição "formal" da Síndrome de Estocolmo, a vítima de agressão, sequestro ou abuso desenvolve uma ligação sentimental ou de empatia por seu agressor. (N. do T.)

falharmos, sofrermos críticas e rejeição. Racionalizamos a fim de não corrermos riscos que permitiriam crescimento, e recorremos a informações passadas para enganar habilmente nossos "rivais". Nós nos concentramos em nossas próprias necessidades em primeiro lugar, com exclusão das outras pessoas, e temos dificuldade em sentir ou mesmo entender o que é o "coração". Muitas vezes, ouço meus clientes dizendo estas coisas depreciativas sobre si mesmos como se fossem isto, mas, na verdade, trata-se apenas do discurso do ego.

À medida que o ego se torna mais entrincheirado e frágil em seu isolamento, surge o *narcisismo*, e nós só nos sentimos confortáveis quando conseguimos seduzir ou manipular outras pessoas para agir de maneira condizente com nossa visão de mundo. Se elas discordarem, ou se agirem de maneira discordante, nós as atacaremos ou as abandonaremos até elas voltarem e se comportarem. Esse é o lado esquerdo do cérebro supondo que é o mestre supremo do Universo. É importante saber reconhecer esse padrão de percepção e comportamento, sobretudo nas outras pessoas. Neste caso, você não será manipulado por elas e não se identificará com elas. Quando vir o padrão operando, lembre-se de que essa não é a constituição natural da pessoa – é o lado esquerdo do cérebro o que se tornou totalmente dominante.

O hábito narcisista de percepção e comportamento funciona assim: glorifique a si mesmo (física, sexual e mentalmente) para impressionar as outras pessoas; seduza-as com charme, fazendo-as pensar que são especiais e privilegiadas por estar conosco; faça com que elas nos apoiem em nossas crenças e hábitos; recompense e reforce esse comportamento; porém, se elas se recusarem a isso, castigue-as e intimide-as para devolvê-las à conformidade ou ameace abandoná-las. Quando tudo isso não funcionar, afaste-se sem pensar duas vezes ou livre-se delas, e então comece tudo de novo com pessoas novas e impressionáveis. Se algum dia essas táticas pararem de funcionar – se alguma vez houver a percepção de que somos iguais aos outros –, o ego começará a "morrer". Se nos identificarmos com o ego, poderemos sentir que estamos morrendo.

Não há feitiçaria, nem o mal, nem o demônio. Só há percepção.
Carlos Castañeda

O hábito da força de vontade

Para manter a ordem e o controle, o lado esquerdo do cérebro concentra nossa força de vontade. Quando vemos o mundo como algo hostil e avassalador, pode parecer que a única maneira de enfrentar grandes adversidades, ou de seguir adiante, é desenvolver uma vontade de ferro e usá-la como um facão para desbravar a selva. Quando nos sentirmos isolados, sem ninguém para nos ajudar ou para cuidar de nós, reuniremos todas os nossos recursos para sobreviver. Ao lutarmos contra o medo, nossas escolhas exigem força para prevenir e neutralizar as ameaças que nos são impostas.

A força de vontade é uma escolha com força direcional aumentada. Ela se manifesta quando nós nos esquecemos de que os reinos invisíveis nos apoiam e que podemos materializar o que pudermos imaginar, sem força, simplesmente escolhendo uma realidade e focando nela gentilmente. Geralmente, a força de vontade envolve inteligência e alguns subterfúgios, em especial quando acreditamos que devemos de algum modo trapacear, dominar ou impressionar as outras pessoas para vencer. Mais cedo ou mais tarde, a conquista pela força de vontade falha porque não tem motivação jubilosa em seu cerne; trata-se de alcançar uma realidade para *evitar* outra. Se estivermos usando a força de vontade, nossa crença subjacente é a de que a realidade negativa é real e irá vencer no final. Além disso, a força de vontade atrai resistência das outras pessoas, o que torna nosso caminho ainda mais difícil.

O hábito da distração

Por fim, para evitar medo e emoções negativas, o lado esquerdo do cérebro pode nos distrair com multitarefas e pulando rapidamente de um foco de atenção para outro, e mais outro, e assim por diante. À medida que a vida se torna mais rápida e mais complicada, há mais assuntos nos quais prestar atenção, e devemos cobrir dez vezes o terreno que percorríamos há alguns anos. Esta sobrecarga crônica pode oferecer abrigo contra a negatividade pessoal e social. Aceleração, hiperatividade e um período curto de atenção mantêm a consciência na superfície, sem chance de mergulhar fundo na emoção. Os especialistas em *neuromarketing*, que medem as reações de EEG (eletroencefalograma) das pessoas a certas palavras para direcionar a publicidade com mais precisão, relatam que a palavra "depressa" ocupa uma posição muito alta na categoria funcional e "velocidade" desencadeia sentimentos extremamente positivos.

Tente isto!
*Encontre seus hábitos de percepção antigos
do lado esquerdo do cérebro*

1. Em seu diário, liste exemplos de situações em que você recorre à lógica, à análise, à prova ou ao pensamento de causa e efeito para evitar sentir algo. Quais são os temas e atitudes que incomodam você? Como sua percepção é limitada por excesso de foco no progresso gradual ou no tempo linear?

2. Agora liste as situações em que você se sente separado ou isolado dos outros e do mundo. Em que ou em quem você não confia? Como acha que pode ser prejudicado? Quais são algumas de suas crenças fixas? O que pode levar você a agir, mesmo de maneira sutil, como um narcisista? Como você faz isso? Em que áreas sente que possui ego em demasia?

3. Em sua vida, onde você exerce força de vontade para fazer algo acontecer? O que acha que pode ocorrer se você desistir?

4. Como você divide sua atenção? O que costuma fazer para se distrair? Como se sente quando vive na superfície das coisas?

Reconhecendo estados doentios de contração e expansão

Os hábitos da percepção antiga que listei costumavam ser muito úteis porque nos ajudavam a sobreviver. A negação costumava funcionar. Agora, estes hábitos nos limitam e impedem nosso progresso, em especial quando usados como os únicos métodos para alcançar uma vida bem-sucedida. O problema com esses hábitos de percepção do cérebro reptiliano e do hemisfério esquerdo do cérebro é que eles se tornaram comportamentos defensivos inconscientes, arraigados e automáticos. Eles alimentam o medo com sua atenção constante voltada para ele; esperam o medo e existem para lidar com isso, e assim o medo nunca tem chance real de ser transformado. *Aquilo a que opomos resistência persiste.* Ao prestar atenção constante ao medo e ao tentar negar e suprimir a negatividade, nossa vibração permanece em um nível baixo. Enquanto isso, a vibração do planeta está subindo dramaticamente, criando dissonância e estresse óbvios!

Quando você está no Fluxo, ocorre uma oscilação que contém o tipo de contração e expansão que promove a evolução. A contração saudável gira em torno de escolha, enquanto a expansão saudável gira em torno da criatividade, do crescimento e da libertação. Mas a percepção antiga cria uma tendência contracionista que leva à paralisia, ou uma tendência expansionista que leva à hiperatividade. Ambas terminam em exaustão. A percepção antiga pode impedir a vida de se renovar facilmente ou fluir para novos ciclos de criatividade e crescimento. Ele retarda e muitas vezes interrompe o Fluxo, nega a realidade da alma, impede-nos de residir no momento presente, bloqueia nosso senso de direção, perpetua o medo e a escassez, causa doenças e equívocos e cria dor e sofrimento.

Existe esperança?

Este condicionamento passado de longo prazo é algo que podemos superar e mudar num período razoavelmente curto? Isso por certo parece impossível de um ponto de vista lógico. Mas acho que podemos fazê-lo agora. Porque a frequência do planeta está acelerando e todos nós estamos acelerando com isso. Você tem a chance de superar esses comportamentos antigos, coletivos e inconscientes para renascer como um ser alheio ao sofrimento e com uma memória crescente de seu estado verdadeiro – sem ter de morrer fisicamente. Viver no momento presente permite que execute mudanças rápidas em hábitos que levaram séculos para se formarem; você pode remodelar seu cérebro e sua realidade. Os tempos estão empoderando você.

Para seguir em frente, tente questionar os comportamentos aceitos – os hábitos de percepção pouco saudáveis – e tente reconhecê-los de maneira ativa quando eles ocorrerem. No momento em que você puder ver aquilo que estava tolerando, o que influenciou suas escolhas e ações e que não é o que você quer, poderá fazer escolhas diferentes sobre como pensar e agir. Você poderá deter-se no meio do caminho, fazer uma pausa, desconectar-se e escolher novamente, reagindo em vez disso a partir de seu coração e de sua alma. No próximo capítulo, discutiremos o contraponto emocionante à antiga percepção linear e veremos o que é possível a partir daí.

> Qual é a lei mais rigorosa de nosso ser? O crescimento.
> Nenhum átomo de nossa estrutura moral, mental ou física
> pode ficar parado um ano. Ele cresce – e tem de crescer, pois nada pode impedi-lo.
> **Mark Twain**

Só para recapitular...

A antiga percepção linear dá origem a muitos hábitos reacionários inconscientes. Estes comportamentos foram se desenvolvendo ao longo de milhares de anos como resultado de nossa realidade baseada no medo, e podem ter sido passados de geração em geração do ventre da mãe para o feto. Hábitos de percepção antigos foram gerados pelo instinto de sobrevivência do cérebro reptiliano e pela necessidade do lado esquerdo do cérebro de suprimir memórias ou experiências dolorosas que pudessem conter emoções perturbadoras.

Uma ampla variedade de hábitos de percepção antigos contribuiu para manter você em uma realidade contraída, retardando o progresso de transformação. Esses hábitos se referem ao uso excessivo ou dependência excessiva de comportamentos defensivos relacionados à adrenalina, à segurança, ao desamparo, à recusa, à submissão, à lógica, ao isolamento, ao narcisismo egocêntrico, à força de vontade e à distração. Para percorrer o processo de transformação com mais facilidade, é útil reconhecer esses comportamentos pouco saudáveis que levam à paralisia, bem como à hiperatividade e, por fim, à exaustão. Neste momento, você poderá começar a mudar seus hábitos e abrir-se para um novo tipo de percepção.

5

Reconheça a nova percepção

> Tentar mudar o mundo antes de mudarmos nosso conceito de nós mesmos é lutar contra a natureza das coisas. [...] Se nós nos tornássemos tão motivados emocionalmente por nossos ideais como fazemos por nossas aversões, ascenderíamos ao plano de nosso ideal com a mesma facilidade com que agora descemos ao nível de nosso ódio.
> **Neville Goddard**

A nova percepção está logo atrás da porta. Ela está lá, prontinha para decolar, mas antes disso precisamos deixar o quarto pequeno e mofado em que estamos. A força do hábito e a fidelidade à percepção antiga nos mantêm no quarto, mas estamos curiosos sobre o que há lá fora. Para deixar o que é tão familiar, precisamos de um desejo candente de mudar o velho para o novo – mudar o que não funciona para o que se encaixa e funciona perfeitamente. As coisas antigas devem se sentir mal, devem estar cansadas e entediadas com tudo isso. Não há vantagens à vista.

O que queremos *de fato*? Precisamos de uma noção do que queremos criar a seguir – de como seria uma realidade nova e melhor. E precisamos de uma estratégia para fazer a transição entre o velho e o novo. Neste capítulo, vamos explorar o processo de ir além da percepção antiga, limitada e linear para a nova percepção esférico-holográfica da Era da Intuição. É a nova percepção o que lhe dará vislumbres do que é possível vivenciar. Começaremos a construir o hábito de torná-la sua principal forma de conhecimento.

Dê-me só um minuto!

Ingrid me disse que leva uma vida agitada, sente-se desconfortável e sabe que provavelmente está prejudicando sua saúde, mas continua vivendo nesse ritmo porque "deve isto para outras pessoas" – embora ela saiba que muitas vezes está enganando-as. Seu empregador precisa que todos trabalhem de cinquenta a sessenta horas por semana. Seus filhos precisam dela em eventos esportivos e para ajudar nos deveres de casa. Seu marido, sua casa, seus amigos, seu exercício físico e seu lazer – ela quer fazer tudo ao mesmo tempo. Está exausta e funciona na base da adrenalina, mas "tudo acaba funcionando", *ou pelo menos deveria*. Ingrid quer ser mais espiritual e intuitiva, progredir na evolução pessoal, meditar – mas quando? Ela responde: "Quando eu tiver um minuto livre, pensarei sobre isto".

Hoje em dia, este é o retrato de muitos de nós. Ingrid não consegue interromper sua rotina estafante por tempo suficiente para ter um minuto extra a fim de pensar em deter sua rotina estafante! Ela está tão preocupada com problemas externos que não consegue desfazer a estática que eles criam para sentir os problemas centrais subjacentes e decidir o que fazer. Um de meus amigos empresários me disse que você tem de arranjar tempo para trabalhar "dentro de" seu negócio, assim como "em" seu negócio. Você tem que arranjar tempo para ficar em silêncio, penetrar nos problemas reais e encontrar a maneira mais eficaz de proceder. Ingrid está trabalhando "em" sua vida, não "dentro de" sua vida. Se ela conseguir aproveitar esse minuto e questionar os "deveres" e atitudes do tipo "sim, mas..." do lado esquerdo do cérebro, descobrirá que desenvolver alguns hábitos do lado direito do cérebro, como usar a intuição e meditar, não são só tarefas para adicionar à lista de afazeres. São meios transformacionais que podem recriar a vida dela como uma situação do tipo "ganha-ganha-ganha".

> Alcance o clímax do vazio, preserve o silêncio absoluto:
> assim como uma miríade de coisas agem em conjunto, eu observo o retorno.
> Lao-Tzu

Primeiro, mude do lado esquerdo para o direito do cérebro

Será que você está tolerando um estilo de vida de "corrida de ratos" como Ingrid, ou suportando situações que diminuem sua alegria natural ou sua criatividade? Nesse caso, o lado esquerdo do cérebro provavelmente está controlando sua vida. Lembre-se de que o lado esquerdo do cérebro é o local de repouso final de cada experiência outrora vibrante, depois de ela ter sido analisada, descrita em palavras, encaixada em um padrão familiar, preservada como lembrança e ter sido devidamente julgada. Essa experiência não está mais viva, não é mais original, não está mais conectada à sua alma.

Quando este lado do cérebro se torna dominante, é fácil se identificar com ele e achar que você é do jeito que é, que a vida funciona do jeito que *funciona*. Você, como Ingrid, pode descambar para comportamentos que existem para controlar a realidade, preservar a segurança, manter a familiaridade e evitar mudanças. Esse é o pequeno quarto mofado. Abandonar o lado esquerdo do cérebro é abandonar o mundo físico conhecido e entrar no mundo não físico do fluxo livre da percepção-e-energia – e é isso o que está imediatamente além da porta. Esse passo para o terreno desconhecido da percepção do lado direito do cérebro pode ser uma mudança assustadora. Você não será capaz de reconhecer a nova percepção em sua inteireza até operar essa primeira mudança da visão de mundo isolada, fixa, do lado esquerdo do cérebro para a experiência brilhante, interativa, do tipo "tudo é possível" do lado direito do cérebro. Você precisa reconhecer que o lado esquerdo do cérebro não sabe o suficiente. Um novo líder é necessário!

> O hemisfério esquerdo nega a importância do que não compreende, ignora o que não pode acomodar, ironiza o que não aceita, e geralmente puxa o tapete por baixo dos pés daqueles que veriam qualquer coisa para além do que ela tem a oferecer.
>
> **Iain McGilchrist**

Conversei recentemente com um jovem que tinha criado uma empresa de sucesso que programa *software* de negócios para aplicativos de *smartphone*. Ele queria desenvolver sua intuição e capacidade de cura, mas não sabia como. Eu lhe dei dicas do tipo "use seus sentidos e pare de descrever sua realidade" e "sinta um objeto, una-se a ele e torne-se ele". Ele respondeu, aprontando a caneta para fazer anotações: "Como faço isso?". Ele era tão receptivo e sincero quanto seria possível, mas não estava "computando" as informações. Nós dois não pudemos evitar de rir. Ele havia desenvolvido um forte hábito do lado esquerdo do cérebro que o tornara um sucesso precoce em um campo tecnológico competitivo, e para que ele usasse o lado direito – e até mesmo entendesse como mudar para o lado direito – seria como tentar pintar uma paisagem com um teclado.

Para entrar no mundo do lado direito do cérebro, o melhor é abandonar o mundo do lado esquerdo por etapas. Interrompa seu envolvimento com a linguagem e detenha seu diálogo interior e sua fala exterior. Desista do interesse em definições e significados em favor da estimulação dos sentidos. Pare de precisar conhecer os passos para fazer algo e deixe vir o próximo desejo. Então, confie nele e siga-o. Abra as portas para a surpresa. Veja o que surge a seguir que seja capaz de atrair sua atenção. Você está no momento presente e não precisa estar em nenhum outro lugar. Você não precisa saber o que ocorrerá. Apenas aja e veja o que acontece.

Certifique-se de validar essas experiências inspiradoras e espontâneas quando elas ocorrerem. Seu hemisfério esquerdo com certeza irá armar uma briga, contestando sua deslealdade com muito boas razões segundo as quais a percepção do lado direito do cérebro é ridícula, ou garantindo que você falhará ou será rejeitado se confiar nela: "Mas você não pode deixar de pagar o aluguel! Não pode correr o risco de perder o emprego! Se perder tempo, ficará ainda mais para trás! Você não sabe o suficiente! Não pode simplesmente se imobilizar e não fazer nada!". Quando começar a enxurrada de lógica e medo, diga ao lado esquerdo do cérebro: "Obrigado por avisar; ligo para você mais tarde".

Tente isto!
Mude do lado esquerdo para o direito do cérebro

Finja que você é um cachorro ou um gato e veja o que quer fazer a seguir.

- Finja que você tem 5 anos novamente e lembre-se de como era brincar. Como se sentiu quando decidiu fazer uma pintura? Como se sentiu quando queria usar um giz de cera vermelho em vez de um marrom?
- Lembre-se de como é ficar na frente do balcão de confeitaria de uma padaria ou de uma sorveteria, antecipando o que vai comer.
- Imagine um galo vermelho. Imagine um galo verde. Imagine um galo púrpura! Imagine uma cobra feita de cromo brilhante. Imagine uma cobra feita de angorá malhado. Imagine uma cobra feita de um brinquedo furtivo. Continue!
- Coloque uma música e dance pela sala. Coloque uma música, sente-se numa cadeira e deixe as mãos dançarem umas com as outras. Coloque uma música, sente-se numa cadeira e deixe os pés dançarem um com o outro.
- Deixe a mente ficar em branco. Peça ao lado direito do cérebro que lhe apresente uma imagem de um lugar para passar as férias — não o nome ou uma descrição em palavras, mas um filme curta-metragem de algum lugar.

Reconhecendo a percepção do lado direito do cérebro

A percepção do lado direito do cérebro é o início da percepção da Era da Intuição. Ela renova você como os sonhos à noite. Isso o lembra que existem outras dimensões da consciência e há um vasto território do mundo não físico a ser explorado. Este lado o leva de volta ao reino da imaginação, à ideia de que tudo é possível, à diversão e à alegria, e a uma sabedoria mais profunda e integrada. Compare isso com o estoque de *bits* e *bytes* de dados do lado esquerdo do cérebro!

Insights e impulsos vêm do lado direito do cérebro, e você está deste lado quando ocupa aquele espaço intermediário pouco antes de fazer uma escolha. Esse lado oferece uma perspectiva mais elevada e é aonde você vai quando deseja expandir seus horizontes. Em seu livro *My Stroke of Insight*, a neurocientista Jill Bolte Taylor, que sofreu um derrame e perdeu o domínio do lado esquerdo do cérebro por algum tempo, descreveu assim sua nova vida nova no lado direito do cérebro: "[Minha mente direita] é sensível à comunicação não verbal, é empática e decodifica emoções com precisão. Minha mente direita está aberta ao fluxo eterno graças ao qual existo em comunhão com o Universo. [...] Minha mente direita está sempre presente e se perde no tempo. [...] Consequentemente, minha mente direita é altamente criativa em sua vontade de tentar algo novo. Ela sabe que este caos é o primeiro passo do processo criativo".[1]

Em vez de ficar preso a comportamentos de luta ou fuga do cérebro reptiliano, ou ao isolar e controlar os comportamentos do hemisfério esquerdo do cérebro, você é libertado em um mundo autorregulado de experiência direta em que perceber, sentir, saber e decodificar informações de energia vibratória sutil e emoção são uma segunda natureza. A intuição, ou o *conhecimento direto*, traz o que você precisa saber exatamente quando precisa saber. Não há esforço desperdiçado, só um relaxamento profundo. Começa uma vida mais expansiva, com experiência mística aguçada e sentimentos de conexão e comunhão. Você consegue relaxar seus "músculos da preocupação", suaviza sua necessidade de controle e força de vontade e sente mais apoio em todos os sentidos.

> O grande caminho não tem impedimentos; não recusa e não escolhe.
> Quando você abandona o apego e a aversão, você o vê claramente.
> Faça uma distinção de um milésimo de polegada, e o Céu e a Terra se separarão.
>
> **Seng Ts'an**

O lado direito do cérebro não assimila as coisas de maneira linear, por isso não tem noção do passado, do presente e do futuro ou materialização de causa e efeito. Em vez disso, ele vive no momento presente, que é tão vasto e inclusivo quanto você quiser. No momento presente, você experimenta uma profunda sanidade quanto à coordenação do Fluxo – da criação e dissolução das formas em seu mundo. O Fluxo lhe entrega o que você necessita e elimina o que não necessita. Ele é inspirador, e você aprende a confiar nele implicitamente. Percebe que existe um "desenvolvimento correto" para qualquer processo que seja naturalmente "ganha-ganha-ganha"; todos se beneficiam e nenhuma força de vontade é necessária. Além disso, quando está no lado direito do cérebro, você se lembra de como brincar. Reconecta-se com a imaginação e o número ilimitado de realidades possíveis que consegue materializar. Essa "consciência de possibilidades" contribui para uma atitude positiva.

O hemisfério direito do cérebro *permite*. Ele permite o Fluxo, o desconhecido, o surpreendente, o absurdo, o ambíguo, toda a gama de emoções e experiência humana e todas as frequências da consciência. Ele até permite as contrações doentias do cérebro reptiliano e do lado esquerdo do cérebro. Ele não julga e não fala. Em vez de separar você do mundo, ele unifica você com os outros e encontra semelhanças entre as coisas. O caminho para saber o que é verdade é a maneira como você se sente – quanto mais você se fundir com a harmonia e o amor da alma, mais eficazes se tornarão suas escolhas, ações e resultados. Essa realidade influenciada pela alma parecerá mais *real* do que quaisquer realidades anteriores. Ao reconhecer a percepção do hemisfério direito do cérebro – e apreciá-la –, você gerará um desejo por ela, fortalecendo sua determinação de transformar sua consciência.

No fim das contas, o que deve estar por trás das epidemias (sociais) bem-sucedidas é uma crença fundamental de que a mudança é possível, de que as pessoas podem transformar radicalmente o comportamento ou crenças em face do tipo certo de ímpeto.

Malcolm Gladwell

A seguir, concentre-se na integração horizontal dos lados esquerdo-direito do cérebro

A percepção do lado direito do cérebro se torna o contexto novo e maior para recriar sua realidade. Você verá que este lado lhe dará *insights* precisos baseados em sabedoria de longo alcance, e perceberá que esse tipo de consciência – não o lado esquerdo do cérebro com seu conhecimento limitado – se destina a ser o CEO da sua vida.

Não é verdade que de alguma forma o hemisfério direito acerte em todos os aspectos e o esquerdo entenda tudo errado. Isso é outro equívoco do tipo "ou isto ou aquilo" ou "preto e branco", típico da visão de mundo do hemisfério esquerdo. A visão do hemisfério direito é amplamente inclusiva, como na metáfora: o mestre (hemisfério direito do cérebro) sabe que precisa do emissário (hemisfério esquerdo do cérebro). Porém, o emissário acha que não precisa do mestre.

Iain McGilchrist

Neste momento, você naturalmente adentrará um processo de equilíbrio das duas metades do cérebro. Os vastos reservatórios do lado direito do cérebro inundarão o lado esquerdo; a onda ricocheteará para a frente e para trás e os dois lados começarão a se comunicar. Com efeito, o lado direito do cérebro "educa" o esquerdo. Um ponto de virada é alcançado e os hemisférios trocam de papéis. O psiquiatra britânico Iain McGilchrist, autor de *The Master and His Emissary*, sustenta que a função natural do hemisfério direito é a de líder, ou "mestre", e a função natural do hemisfério esquerdo é a de "emissário", ou (em minhas palavras) a de servo ou implementador.

Tente isto!
Equilibre os lados esquerdo e direito do cérebro

1. Sente-se calmamente, com as costas apoiadas e a cabeça ereta. Inspire e expire de maneira fácil, lenta e profunda. Sinta o cérebro dentro de sua cabeça.
2. Imagine os dois hemisférios do cérebro e observe se um lado parece maior do que o outro. Talvez um lado pareça mais duro e o outro, mais macio. Ou um pareça mais escuro e o outro, mais claro. Limite-se a observar.
3. Imagine que existe uma divisão entre os dois lados. Estenda uma "mão" imaginária e puxe a divisória. Agora não há mais empecilhos e os lados do cérebro podem se comunicar livremente entre si.
4. Deixe a energia do lado maior, mais leve e mais suave fluir para o lado menor, mais escuro e mais duro. Deixe o lado maior preencher o lado menor, integrando-o e alterando-o de alguma maneira. Em seguida, faça o inverso, deixando a energia do lado menor, mais escuro e mais duro fluir para seu parceiro. Cada vez que você fizer essa troca, deixe os dois lados do cérebro falarem e trocarem informações um com o outro (você não precisa saber que informações são essas). Mantenha o vaivém até que ambos os lados do cérebro lhe pareçam iguais e equilibrados.
5. Agora, observe seus olhos e ajuste-os em sua imaginação até que eles também se sintam igualmente sensíveis e livres de qualquer tensão. Faça a mesma coisa com os ouvidos até que eles se sintam igualmente abertos e alertas.
6. Sorria e sinta os lados esquerdo e direito da boca e dos músculos faciais. Ajuste-os para que fiquem igualmente relaxados e seu sorriso pareça uniforme.

Quando o cérebro se equilibra e se integra horizontalmente, várias coisas acontecem. O lado esquerdo relaxa lentamente a vigilância e se lembra de sua verdadeira função como assistente do lado direito. Ele encontra um propósito novo e mais saudável na vida, fazendo o que deveria fazer como organizador, comunicador e implementador de visões e sabedoria. Aliviado de seu papel de chefe, o ego se reduz. Um processo de integração vertical do cérebro também ocorre nesta fase, já que o fluxo dos hemisférios superiores, agora integrados, reorganiza e educa o mesencéfalo e o cérebro reptiliano logo abaixo. Os processos ascendentes e descendentes da consciência se harmonizam. Descrevi esse processo no Capítulo 3. O que realmente ocorre aqui é o começo da fusão entre os mundos físico e não físico.

> A expressão "poder da mente sobre a matéria" certamente representa algo que acontece e tem importância. O princípio é simples: cada energia superior tem o poder de organizar as inferiores. [...] A consciência pode organizar a sensibilidade.
> **J. G. Bennett**

Com a integração, você passa a sentir o coração

A integração do cérebro permite que você sinta a interseção, ou ponto de cruzamento, dos fluxos horizontais e verticais. *A viv*ência do centro é um *avanço evolucionário para além da polaridade.* Esse ponto de cruzamento no centro da cabeça é um lugar em que o conhecimento vem de todas as direções e sua clareza e perspectiva são grandemente aumentadas. Você se sente um recipiente de sabedoria e consegue reconhecer essa integração de maneira experimental, pois ela traz consciência inspirada e prática, palpável e óbvia, expansiva e motivadora, tranquila e sem esforço, elegante e perfeitamente adequada às situações em questão. Quando a consciência se equilibrar dessa maneira, você entrará em um estado silenciosamente poderoso e sem conflito que o libertará do ataque dos outros e promoverá a harmonia e o fluxo irrestrito.

O interessante é que, uma vez que se sentir equilibrado e conseguir centrar a si mesmo e olhar por trás de seus olhos com presença plena, você mudará quase que de imediato para o centro de seu coração, que se abrirá e revelará uma experiência diferente do eu. O coração é considerado pelos místicos como o centro da consciência de unidade, amor e compaixão da alma. Agora, você sentirá compaixão e amor dentro de si. *A mudança poderosa do centro da cabeça ao centro do coração leva a todas as outras experiências autocentradas.* Ela põe em movimento uma ressonância poderosa e oscilante – como se um grande sino ou um gongo tivessem soado – e todos os centros começam a vibrar em comunhão sutil.

Você poderá levar a ressonância para outros centros, independentemente do tamanho ou localização, e poderá compreender, sentir-se interligado e ter compaixão por todos e tudo – de coração para coração. Poderá visitar o coração da Terra, o centro de uma célula em seu corpo, o coração das pessoas que morreram, ou o centro de uma obra-prima criativa. Talvez o coração seja de fato uma espécie de "nave espacial mágica", capaz de nos transportar sem esforço através do tempo, do espaço e de outras dimensões sem realmente ir a lugar algum. Certamente ele é um fator-chave da percepção na Era da Intuição.

Você descobre que seu coração é um cérebro!

Costumamos dizer coisas como: "Isto alegrou meu coração", ou "O que seu coração diz?", ou "No fundo do coração, eu acho [...]". É como se sempre soubéssemos de maneira intuitiva que nosso coração está no comando das grandes decisões da vida. Em tempos recentes, neurocardiologistas descobriram que há literalmente um cérebro no coração – ou seja, o próprio coração é um *cérebro*! Eles chegaram à conclusão de que uma quantidade incrível de 50 a 65% das células do coração são células neurais como as do cérebro. Estas células se aglutinam em grupos, ou gânglios, assim como os agrupamentos neurais do cérebro, e os mesmos neurotransmissores funcionam em ambos os locais. Graças a essas conexões, ocorre um diálogo – ou ressonância – direto e ininterrupto entre a cabeça e o coração. Além disso, os gânglios do coração se conectam a muitos outros gânglios minúsculos, ou "cérebros não localizados", espalhados pelo corpo.

Parece que o coração mantém uma relação especial com o hemisfério direito do cérebro. Quando você passa da ênfase no órgão físico para a experiência não física do "coração", consegue sentir que a percepção do coração é aberta e orientada para o sentimento, mas funciona numa frequência mais alta que o instinto de sobrevivência do cérebro reptiliano ou até mesmo a afeição do mesencéfalo. Na verdade, ela se relaciona com a vibração da *alma*. O coração é o lugar de origem para o que chamei de "frequência original" e produz a experiência da empatia e da compaixão – uma experiência de amor altruísta, imparcial e generoso que pode abarcar do entendimento pessoal ao universal. O coração também gera alegria, bênção e êxtase – estados emocionais que conectam você com sua alma, o campo unificado e a dimensão do sagrado.

> Figurativamente falando, nosso cérebro, com suas extensões de gânglios pelo corpo todo, é um instrumento do coração. Nosso coração, por sua vez, é um instrumento ou representante da função universal da própria vida. [...]
> Cérebro e corpo têm a conformação necessária para traduzir, a partir do campo de frequência do coração, as informações capazes de construir nossa vivência de mundo única e individual.
>
> **Joseph Chilton Pearce**

Poderíamos dizer que o centro cardíaco não físico e a contraparte física dele – o coração que está sempre batendo – são expressões das qualidades essenciais da alma. Juntos, eles são o cerne do amor da alma no corpo e servem para retransmitir a motivação da alma para que você se transforme e evolua até chegar à sua personalidade terrena. *O coração é um local de transformação.* Ao meditar, sempre experimentei o coração como sendo algo totalmente neutro. Ele proporciona a compreensão do que é justo, "exatamente certo" e em perfeita harmonia com as leis universais e as motivações inatas da alma. Ele não gera o tipo de amor piegas que os românticos associam a ele. Eu tenho percebido que, quando deixamos, o coração inocentemente "engole a dor" e transforma o sofrimento em uma clara luz diamantina – porque na verdade ele não *conhece* a experiência da dor. Jogue um pouco de dor no coração – aquele caldeirão de luz diamantina e amor ferventes – e a dor se esvairá! Alguns podem chamar isso de cura espiritual ou perdão. O amor do coração abrange os amantes e a própria harmonia.

Mas e o desgosto, aquela experiência humana comum, perguntaria você? Minha intuição é que, quando temos problemas no coração como "corações partidos" ou ataques cardíacos, é porque bloqueamos o fluxo de nossa alma e nosso profundo desejo de sermos amorosos. A percepção antiga pode dizer: "Tenho o coração partido porque perdi um ente querido". Mas a verdade é que o lado esquerdo do cérebro está fixado no que está faltando, em vez de permitir que a alma, por meio do coração, continue experimentando e expressando a continuidade do amor infinito. Perder alguém que você ama não significa que tenha de parar de amar o ente querido ou qualquer outra pessoa. Quando a percepção-e-energia se fixam no lado esquerdo do cérebro, você perde o contato com a alma e o coração dói; talvez esta dor seja simplesmente a alma pedindo atenção: "Olá, lembra-se de mim?". Se a atitude contraída de dar atenção às ideias de desamor continuar por tempo suficiente – se continuarmos a investir atenção no desgosto, na raiva ou no ressentimento –, o coração físico poderá desenvolver problemas sérios.

> O verdadeiro poeta é uma pessoa amável. Ele acolhe em seus braços
> até mesmo as coisas frias e inanimadas e se alegra em seu coração.
> **William Wordsworth**

Seu coração abre a percepção esférico-holográfica

O coração é um veículo para uma nova percepção esférico-holográfica. Você se lembra de que a experiência de estar no ponto central do coração catalisa a experiência de estar em outros pontos centrais simultaneamente?

Ao conhecer um coração, você conhece todos os corações: cada centro cardíaco contém a experiência de todos os outros centros do coração, e todos eles contêm a experiência do todo. A percepção do coração, então, tem a capacidade de expandir você por todo o campo unificado – e neste momento, você sabe o que é ser qualquer partícula, qualquer planeta, qualquer pessoa, qualquer objeto, qualquer processo, qualquer campo de consciência ou energia. *A percepção esférico-holográfica do coração significa que toda pessoa centrada no coração é o centro do Universo.*

Isso também significa que você consegue acessar a consciência celular, a cooperação entre os muitos centros minúsculos do eu que compõem o corpo físico e contêm a vibração do coração. Jill Bolte Taylor menciona isso na descrição de sua consciência alterada depois de ela sofrer um derrame cerebral: "Cada célula do nosso corpo [...] contém exatamente o mesmo potencial molecular da célula zigótica original. [...] O lado direito do meu cérebro entende isso. Sou o poder da força vital dos cinquenta trilhões de potenciais moleculares que criam minha forma!".[2]

Quando você consegue se sentir como a consciência de suas células, também consegue se sentir como a consciência de qualquer órgão do corpo – experiência que leva a de fato "estar em seu corpo como seu próprio corpo". *A consciência do corpo em sua plenitude pode transformar totalmente sua experiência da realidade física, tornando-a pessoal e acolhedora.* Essa é uma chave fundamental para o surgimento de uma nova percepção. Você não entenderá isso pensando com o lado esquerdo do cérebro; terá de fundir-se com os vários centros de seu corpo para conhecer essas verdades.

Além disso, cada ponto central – ou coração – é como uma semente que contém um modelo interno do que ele é capaz de irradiar e materializar. A bolota de carvalho contém o projeto da árvore adulta, o coração da *Pietà* mostrou a Michelangelo* como esculpir sua obra-prima, e seu coração

---

* A *Madonna della Pietà*, esculpida por Michelangelo (1475-1564) em 1498-1499 e exibida atualmente na Basílica de São Pedro, no Vaticano, retrata a Virgem Maria com o corpo de Cristo morto estirado em seu colo. (N. do T.)

contém os planos para sua própria realização magnífica. Seu coração recebe esse modelo de suas próprias dimensões superiores e, em seguida, retransmite-o com precisão para o mundo físico. Por que desconfiaríamos ou desejaríamos interromper o fluxo de sabedoria dessa abertura?

Tente isto!
Sinta a essência esférico-holográfica de seu coração

1. Acalme-se. Respire com facilidade e regularidade. Esteja totalmente presente em seu corpo e no momento presente. Em seguida, desloque a atenção para o centro do coração, o espaço energético ao redor do coração físico. Mergulhe nele e esteja lá, olhando e sentindo em todas as direções a partir daquele ponto de vista.

2. Observe que seu coração abriga uma calma sabedoria. Não há agitação ou emoção negativa, apenas uma conexão desimpedida com sua alma e frequência original. Não existe polarização, só compreensão compassiva. Aqui, seu destino está codificado. Esse é o lugar de compreensão onde seu desdobramento mais harmonioso se origina. Mergulhe e relaxe no conhecimento de que existe um modelo interno claro para você.

3. Agora, pense no centro do coração de outra pessoa. Vá visitá-lo em sua imaginação e alie-se a este coração. Observe que ele é semelhante ao seu. Agora, pense no coração de uma árvore. Vá visitar o centro do coração dela e mergulhe nele — sinta isto. O padrão da árvore está codificado lá, e lá a consciência da árvore pode ser conhecida. Você pode sentir um grande amor pela árvore e sentir o amor da árvore pelo mundo. Agora, pense no centro do coração de uma das células em um dos órgãos de seu corpo. Vá visitá-lo e fundir-se com ele. Sinta a força vital e o padrão perfeito de seu funcionamento — o amor que ele transmite ao viver.

4. Veja se consegue sentir a frequência mais alta de percepção-e-energia alimentando, criando e motivando todos os centros do coração. Sinta a experiência do amor comum e da compaixão compartilhados por todas as formas de vida.

Joseph Chilton Pearce, em seu livro *The Biology of Transcendence*, descreve muitas coisas intrigantes sobre o funcionamento do coração e o campo de energia ao seu redor. Vou parafrasear um pouco desses pensamentos aqui. Ele descreve como as células cardíacas pulsam. Quando uma única célula cardíaca é isolada, seu pulso regular entra em fibrilação e morre. Mas, quando duas células cardíacas são aproximadas uma da outra, o pulso em ambas permanece forte, e elas entram num estado de atração ou coerência – uma ressonância sincrônica uma com a outra – e continuam a viver. Não é esta a essência do amor? Mas há mais.

Teu coração é o coração de todos; não é uma válvula, não é uma parede,
não é uma interseção existente em qualquer lugar na natureza.
É um sangue que flui ininterruptamente,
uma circulação sem fim através de todos os homens, como a água do globo
forma um grande mar e, observando bem, sua maré é uma só.

Ralph Waldo Emerson

As células do coração não pulsam apenas – elas irradiam um sinal forte. São como pequenos geradores e, quando trabalham juntos, produzem uma corrente que tem amplitude de quarenta a sessenta vezes maior do que ondas cerebrais. A frequência do coração é forte o suficiente para ser medida até quase um metro longe do corpo e pode formar um campo eletromagnético de até quatro metros e meio ao redor do corpo – um campo esférico e holográfico também. Em cada ponto dentro do campo do coração, cada frequência de vibração do coração está presente. Curiosamente, o campo eletromagnético da Terra funciona da mesma maneira; é uma versão macrocósmica de nosso próprio campo do coração. Todo o seu funcionamento pode ser verificado a partir de qualquer ponto da Terra.

Por fim, concentre-se em sentir e tornar-se o campo

Por causa do campo eletromagnético radiante do coração, você conseguirá fazer naturalmente a próxima mudança para a integração da nova percepção – o movimento para além de sentir-se como um ponto central, vivenciando a si mesmo como um campo expandido de percepção-e-energia. Esta é a parte "esférica" da nova consciência, porque os campos são esféricos por natureza. Concentre a atenção na energia que envolve o corpo – aura ou campo pessoal de vibração – e você poderá sentir que ela irradia igualmente em todas as direções, criando uma "esfera" de energia. Você conseguirá sentir que o centro de seu coração explodiu realmente como um balão, expandindo-se para se tornar o campo de percepção-e-energia que você ocupa. Você também poderá experimentar simultaneamente que o campo aglutinou o coração físico como seu ponto central. Você é uma esfera de percepção-e-energia com frequência vibratória. Seu tom, ou sua frequência original, são padrões de sua vida.

O biólogo Rupert Sheldrake propôs a teoria de que existem campos mórficos compostos de hábitos e padrões de vida de entidades similares. Estes campos ressoantes sobrevivem, por exemplo, depois que as plantas de uma determinada espécie morrem, atuando como um tipo de "repositório de memória". A memória preservada nos campos permite que novas plantas se formem mais facilmente e façam adaptações, e assim os campos mórficos contribuem para a evolução. Os campos mórficos são semelhantes ao que Carl Jung chamou de *inconsciente coletivo*, ou o que os *Vedas* chamam de Registros Akáshicos,* a biblioteca ou banco de memória do planeta composto de tudo o que cada indivíduo ou cada espécie já vivenciaram. Podemos também pensar nos campos mórficos como modelos internos que transmitem seus conhecimentos através de uma vibração sutil, que Sheldrake chama de *ressonância mórfica*.

Quando você ocupa pessoalmente, funde-se e torna-se a consciência de um campo, você pode vivenciar os muitos tipos de consciência que

---

* Os *Vedas*, livros religiosos hinduístas escritos a partir de aproximadamente 2.000 a.C., mencionam os Registros Akáshicos, que seriam um compêndio de todos os eventos, pensamentos, palavras, emoções e intenções humanas que já ocorreram no passado, no presente ou no futuro. (N. do T.)

contribuem para a existência dele. Muitos seres individuais se unem para formar um campo e você começa a entender conceitos como consciência coletiva e a mútua inclusão e criação coletiva de todos os seres e coisas. Isso vale quando você se concentra em seu próprio campo individual ou no campo de uma espécie, nação ou planeta. Você entende que é ao mesmo tempo um indivíduo *e* uma consciência coletiva. Você tem ancestrais, é influenciado por professores, construiu seu corpo com muitos tipos de alimentos e é até mesmo o resultado das muitas vidas de sua alma. Uma planta é o resultado de gerações de plantas e muitas condições climáticas. Uma nação é ela mesma e todos os seus habitantes. Um planeta é uma entidade conectada a todos os outros corpos celestes e todas as formas de vida em sua superfície.

Essa nova percepção expandida, derivada de campos experimentais, lhe dá uma noção direta de por que princípios como a Regra de Ouro existem em todas as religiões do mundo, e por que estes princípios são a marca registrada da percepção da Era da Intuição. Quando você compreender que tudo está verdadeiramente interconectado, sentirá que negar ou ferir qualquer parte do campo unificado fere todas as outras partes dentro do campo – inclusive você. Um novo sistema de ética refinada surge como resultado, e uma nova cooperação intimamente interconectada torna-se normal.

> O Universo é construído de acordo com um plano cuja profunda simetria está de alguma forma presente na estrutura interna de nosso intelecto.
> **Paul Valéry**

Os estágios da nova percepção da Era da Intuição progridem sequencialmente, desde a consciência mais contraída até a mais expandida. O processo começa com o hemisfério esquerdo do cérebro e seu senso errôneo de domínio universal e move-se para a abertura do hemisfério direito, passando então pela integração das polaridades no cérebro para a verdadeira centralidade e a consciência do coração. Então, sua percepção cresce para revelar a centralidade múltipla e a experiência de ser vários campos de percepção-e-energia. Mais cedo ou mais tarde, você terá condições de vivenciar a consciência do campo unificado. Todo esse processo pode acontecer durante sua vida graças à aceleração do mundo e ao aumento da frequência. No próximo capítulo, refinaremos as nuances da passagem pelos estágios mais difíceis do processo de transformação usando uma percepção nova e habilidosa.

Só para recapitular...

A Regra de Ouro ao redor do mundo

Budismo: Não prejudiques outras pessoas de maneiras que tu mesmo acharia prejudiciais.

Cristianismo: Tudo o que vós quereis que vos façam os homens, fazei-o também vós a eles.

Hinduísmo: Esta é a essência do dever: não faças a outras pessoas o que te causaria dor se fosse feito a ti.

Islamismo: Nenhum de vós é um crente se não desejar para seu irmão aquilo que deseja para si mesmo.

Judaísmo: O que é odioso para ti, não o faças a teu semelhante. Esta é a lei; tudo o mais é comentário.

Povos americanos nativos: Respeito por todas as formas de vida é o fundamento.

Siquismo: Não cries inimizade com ninguém, pois Deus está presente em todas as pessoas.

Figura 5-1

Para reconhecer e começar a mudança para uma nova percepção da Era da Intuição, você precisará perceber os limites que a percepção antiga lhe impõe e decidir conscientemente expandir-se para além do que é tão familiar. Para entrar neste novo território, primeiro você precisa mudar do hemisfério esquerdo do cérebro para o direito – mudança que será mais fácil se você entender os diferentes tipos de experiência que os dois hemisférios geram. O hemisfério esquerdo é analítico e definitivo, reduzindo a experiência a significados separados em categorias. O hemisfério direito se caracteriza pelo fluxo livre, não verbal, intuitivo e integrativo. Depois de mudar para o hemisfério direito, equilibre e integre seus dois hemisférios, e você experimentará mais clareza e estabilidade. Em seguida, sinta e perceba mais e, finalmente, abra seu coração e experimente a compaixão de sua alma.

O coração é realmente uma espécie de cérebro. Ele gera uma onda eletromagnética de radiação que é esférica por natureza. Quando você sentir seu coração, começará a entender a percepção esférico-holográfica. Seu coração ressoará com todos os outros corações, todas as outras almas e todos os outros pontos centrais. Por estar dentro do coração, você poderá conhecer a experiência central de qualquer outro ser ou realidade – e poderá conhecer a si mesmo como todo o campo unificado.

Com a percepção esférico-holográfica, o coração se expande espontaneamente para se tornar um campo esférico de consciência-e-energia ao seu redor. E, ao vivenciar a percepção esférico-holográfica, você terá uma visão sobre o funcionamento da consciência coletiva e uma compreensão do motivo por que a Regra de Ouro existe em todas as culturas.

6

Navegue pelos meandros da transformação

Aprender, desaprender e reaprender requerem uma distração refinada, pois enquanto nos concentrarmos no objeto que já conhecemos, iremos ignorar o novo objeto que precisamos ver. O processo de desaprender para reaprender exige um novo conceito de conhecimento não como uma coisa, mas como um processo, não como substantivo, mas como verbo. [...] Ele requer uma atualização de seu navegador mental.

Cathy N. Davidson

Às vezes você sente que um grande *tsunami* está desabando sobre você? Que você está sendo carregado por um rio inundado, cheio de árvores, baús, carros e partes de casas quebradas? Isso é certamente o grau de perigo que o processo de transformação pode representar quando as ondas de aceleração crescem intensamente. Neste capítulo, quero ajudá-lo nos estágios de transformação mais desafiadores, ressaltando os problemas e bloqueios que surgem comumente e como restabelecer o Fluxo.

Desaprendendo e reaprendendo

Em grande parte, o processo de transformação consiste em limpar a barafunda que interfere com sua alma entrando em seu corpo e sua vida. A maior parte deste processo implica em desaprender e dissolver hábitos de percepção antigos. Mas desaprender hábitos antigos e estabelecer novos não é mais difícil do que aprendê-los pela primeira vez. Aqui vão algumas diretrizes para você se libertar da natureza automática de seus hábitos de percepção antigos.

- **Decida o que você quer e o que não quer e reivindique o direito de ter o que deseja –** *agora.* Nada irá acontecer até que você saiba o que deseja e ponha em movimento o processo de mudança, dando permissão para que ele ocorra. Para saber o que você quer, analise seus hábitos de percepção antigos para entender por que eles não funcionam. A insatisfação é um grande fator de motivação! Como você poderia se sentir no melhor dos mundos possíveis? Se conseguir sonhar com isso – e amá-lo –, isso virá até você.

- **Peça ajuda.** Tudo no mundo não físico é cooperativo, orientado para determinados serviços e baseado em processos de tipo "ganha-ganha-ganha". Com uma nova percepção, quando você melhorar sua realidade, melhorará a realidade de outras pessoas também, e eles ficarão felizes em ajudá-lo. E há muitos seres não físicos prontos para ajudar. *Não fazemos nada sozinhos, pois estamos conectados a todos os seres e eventos através do campo unificado.* Você só precisa pedir ajuda para recebê-la.

- **Mantenha sua atenção no que você deseja, mas sem se esforçar.** Mantenha sua realidade ideal – como ela se parece e os sentimentos que desperta – em sua mente e ao seu redor, como um filme vivo que ainda não se "solidificou". Ame-o e "massageie-o" suavemente com atenção suave. Não se esforce demais. *Seu modelo interno cria sua realidade física; quanto mais você o mantiver no* *momento presente e o sentir como algo real, mais rápido ele irá se materializar.*

- **Crie um novo conjunto de critérios para fazer escolhas.** Observe que muitos de seus critérios antigos têm relação com hábitos de percepção do cérebro reptiliano e do hemisfério esquerdo do cérebro. Estes hábitos antigos geralmente estão associados a palavras como "deveria", "não posso", "seria preciso", "nunca" ou "sempre", e giram em torno do autossacrifício, da autoproteção e da sobrevivência. Em vez de decidir automaticamente, pese cada escolha: Isso me permite vivenciar minha frequência original? Isso mantém minha intuição aberta? Isso me deixa mais amoroso? Isso cria uma situação do tipo "ganha-ganha-ganha" para todos? *Esses novos critérios validam a Regra de Ouro e a ideia de que a verdade da alma é libertadora.*

Acho que a noção de simplicidade voluntária (fazer uma coisa de cada vez
com presença total) me mantém atento ao que é importante,
a uma ecologia de mente e corpo e mundo na qual tudo está
interconectado e cada escolha tem consequências de longo alcance.
Jon Kabat-Zinn

- **Trate de observar a si mesmo em ação.** Tente surpreender a si mesmo quando você está preso em um círculo vicioso negativo, ou quando você reage (experiência passada) em vez de se abrir (*insight* do momento presente). Testemunhar-se a si mesmo com ou sem propósito ajuda você a medir suas ações em comparação com seu ideal. *A honestidade leva à liberdade.*
- **Escolha a maneira como deseja se sentir – e depois escolha de novo e de novo.** A mente se move o tempo todo; ela se desvia e fica presa em turbilhões e redemoinhos. Apesar disso, agora você é um organismo autocorretivo. Pode simplesmente retornar à sua frequência original em vez de ficar imobilizado. *Aquilo em que você presta atenção ganha vida.*

Escolher é realmente concentrar sua atenção em algo. Portanto, preste atenção no que você ama em vez do que o arrasta para baixo. Imagine que você conectou seus fones de ouvido na porta errada. Basta puxar o plugue e conectá-lo à porta que está transmitindo sua frequência original. Você poderá precisar de um breve momento – uma pausa de alívio – em que dará oportunidade a si mesmo de lembrar a escolha que realmente deseja fazer.

- **Monitore sua fala interior e exterior.** Observe o tom de sua conversa interior. Ele é negativo ou positivo? Você está reclamando de algo? Ou está dizendo a si mesmo o quanto sua atividade atual é interessante? O que você está dizendo em voz alta? Está fazendo declarações negativas do tipo "Nunca mais tentarei isto!"? O que você diz em pensamento ou em voz alta pode bloquear e reter um padrão. A linguagem, uma das funções do hemisfério esquerdo do cérebro, pode atrapalhar – ou ajudar – significativamente seu esforço de desaprender e reaprender. Lembre-se de que *sua palavra é lei em seu mundo*.

- **Valide seus sucessos.** Observe as ocasiões em que você consegue modificar seus pensamentos e ações com sucesso. Dê um tapinha em seu ombro e agradeça a seu corpo. Diga em voz alta: "Parabéns, conseguimos! Maravilha!". Pratique um diálogo interior positivo: "Mudei meu humor!"; "Vi que não estava conseguindo nada a partir do sentimento de vingança e livrei-me dele."; "Para mim é fácil perceber o que desejo fazer.". *Atos físicos de validação fazem com que o hábito novo se torne real para o seu corpo.*

- **Repita as etapas sempre que possível.** Seja paciente. Reaprender não é difícil; a repetição é suficiente para consolidar o comportamento novo. Como recomenda com frequência o oráculo do *I Ching*: "A perseverança cria avanços". Com efeito, às vezes é preciso repetir algo três vezes antes que aquilo se registre como algo real. *Quanto mais você torna o processo consciente, mais rápido ele se estabiliza.*

Que escolha você irá fazer?

Percepção antiga
(Baseada no MEDO)

Nova percepção
(Baseada no AMOR)

Percepção antiga (Baseada no MEDO)	Nova percepção (Baseada no AMOR)
Reativa	Compreensiva
Preventiva	Gosta de explorar
Tende ao confronto ou à fuga	Comunicativa, envolvente
Voluntariosa	Tem boa vontade
Tende à negação ou a juízos de valor	Receptiva, de mente aberta
Tende à preocupação e à dúvida	Tende à sorte e ao otimismo
Estressada, deprimida	Animada, tranquila
Inquieta, entediada	Paciente, interessada
Sente-se limitada ou retraída	Sente-se abundante, generosa
Isolada	Conectada
Parcial, incompleta	Íntegra, completa
Inconsciente, errante	Alerta, atenta
Apegada	Desapegada
Imobilizada (não para nem começa), inflexível	Fluida, adaptável
Tende a culpar ou punir	Compreensiva, disposta a perdoar
Tende ao papel de mártir ou tirana	Capaz de receber e dar apoio
Focada no passado ou no futuro	Focada no momento presente
"Eu deveria ser assim"	"Tudo bem do jeito que está; tudo bem se mudar"
"Não consigo fazer, não consigo ter..."	"Tenho o direito de fazer e ter qualquer coisa"
Sem tempo, sem espaço	Todo o espaço e tempo necessários
Eles concordam comigo, eu concordo com eles	Há espaço para todas as opiniões

Figura 6-1

- **Lembre-se de quem está comandando o processo de desaprender e reaprender.** É você – sua alma! Você está no comando de sua personalidade, sua mente e sua realidade. *Conhece-te a ti mesmo!*

Tudo é uma questão do silêncio correto na mente e da abertura correta
à Palavra que está tentando se expressar – pois a Palavra está lá,
já formada naqueles planos interiores onde nascem todas as formas artísticas.
Sri Aurobindo

Facilitando os desafios da transformação

Esbocei vagamente as etapas e os sintomas do processo de transformação no Capítulo 1. Agora, eu gostaria que avançássemos pelo processo para ver como podemos facilitar as partes difíceis.

Você se torna ultrassensível

Nas primeiras fases do processo, você pode se sentir irritado, excitado demais, ou mesmo fisicamente superaquecido. Pode se tornar ultrassensível a distúrbios ambientais e emoções, sentindo que as coisas estão fora de controle ou que está sob uma pressão que não diminui. Pode sentir-se continuamente sobrecarregado e exausto, experimentar dor e desconforto, ficar doente mais do que o habitual ou não conseguir dormir.

Os problemas surgem quando você define o aumento da vibração como algo desconhecido e, portanto, perigoso e ameaçador. Isso acontece quando você não está centrado e atento, e então é fácil opor resistência ao Fluxo da energia acelerada. Reagindo a esses sintomas com hábitos de percepção antigos, tente se distanciar do desconforto ou abrandá-lo. Mas lembre-se: se você tentar afastá-lo para longe, ele repelirá você com força redobrada.

Diretrizes para desaprender e reaprender: um resumo

- Determine o que você realmente quer sentindo o que não quer. Então, imagine seu melhor cenário possível. Anime-se com isso e reivindique o direito de tê-lo agora. Dê permissão para que ele ocorra.

- Peça ajuda para outras pessoas tanto no mundo físico quanto no mundo não físico.

- Mantenha viva sua visão ideal de maneira atenta; viva em sua imaginação no momento presente.

- Crie um novo conjunto de critérios para fazer escolhas que se alinhem com sua frequência original.

- Passe a observar-se em ação. Faça disso um jogo para surpreender a si mesmo em um hábito de percepção antigo. Quando isso ocorrer, não se culpe. Desista de dar atenção ao hábito de percepção antigo. Faça uma pausa e fique centrado. Lembre-se do que você realmente deseja.

- Determine de novo o que você realmente quer. Realinhe-se com o estado de sentimento de sua frequência original. Você está voltando sua atenção ao que deseja; está conectando seu fone de ouvido na porta correta.

- Monitore suas falas interna e externa para que elas se alinhem com seu desejo, ao invés de bloqueá-lo.

- Orgulhe-se por escolher corretamente – por rejeitar os hábitos de percepção antigos – e aja com base na nova percepção expandida.

- Continue pacientemente. Repita os passos com frequência até que a nova realidade se torne uma segunda natureza.

- Lembre-se de que você é sua alma! Cuidado para não se enfraquecer identificando-se com só uma de suas partes, como a personalidade, o cérebro reptiliano, o hemisfério esquerdo do cérebro ou realidade física.

Figura 6-2

Por exemplo, Joan ficou ultrassensível e se sentiu esmagada pela negatividade das notícias, pela grosseria das pessoas no supermercado e no posto de gasolina e pelo nível caótico de poluição sonora que encontrou em todos os lugares. Ela desenvolveu alergias ambientais leves e uma fobia sutil quanto ao ato de dirigir. Quando era forçada a lidar com o público, se enfurecia com frequência e voltava para casa exausta. Ela não entendeu que estava experimentando os estágios iniciais da transformação.

> Haverá muitas vezes em que não pareceremos bem – para nós mesmos ou qualquer outra pessoa. Precisamos parar de exigir que isso aconteça. É impossível melhorar e parecer bem ao mesmo tempo.
>
> **Julia Cameron**

Por outro lado, sem resistência, a energia de alta frequência e a ultrassensibilidade podem levar você a um novo nível de funcionamento. Jake é um bom exemplo disso. Sua situação no emprego estava desmoronando. Vários colegas seus haviam sido demitidos e ele estava suportando o dobro de sua carga de trabalho normal. A pressão era terrível e parecia que todos ao seu redor estavam se queixando e ficando doentes. Certo dia, Jake também foi demitido. Em vez de se preocupar, ele sentiu uma grande sensação de alívio. Interpretou a demissão como um sinal de que não se encaixava naquele emprego, que precisava se aproximar de pessoas em seu "comprimento de onda". Ele pensou sobre o que realmente queria fazer a seguir e decidiu criar um negócio de consultoria *freelance* em seus próprios termos que provou ser um sucesso.

Tente isto!
Afaste a ansiedade e a energia depressiva

1. Quando você achar que está tendo um ataque de ansiedade, de depressão ou um tipo de energia que faz você querer sumir do mapa, faça uma

pausa antes de agir de maneira precipitada. Sente-se com aquela vibração e respire completa e lentamente por pelo menos dez vezes, parando entre a inspiração e a expiração.

2. Feche os olhos e desloque a atenção para dentro da pele, para seu corpo. Sinta o zumbido, ou a vibração surda, ocupando o mesmo espaço que seu corpo. Observe se a vibração está localizada em alguma área de seu corpo em particular.

3. Dirija sua atenção à vibração e mergulhe nela. Torne-se a vibração e imite os efeitos que ela exerce. Dê permissão à sua frequência para ela ir aonde quer ir e fazer o que quer fazer. Você pode sentir a vibração se espalhando para outras partes do seu corpo, ou talvez ela se concentre em uma única área e aja como uma "britadeira", quebrando um bloco. Observe se a vibração está tentando dizer algo: seria uma mensagem para você?

4. De dentro da vibração, imagine que você está aumentando o tom de sua frequência para uma oitava mais alta, deixando a vibração mais refinada e suave. Ou talvez você possa vê-la passar da opacidade para a transparência ou da escuridão para o brilho. Deixe sua frequência aumentar até ela atingir um efeito extremamente confortável e calmante. Deixe seu corpo, suas emoções e sua mente se aclimatarem a esta vibração ideal e absorva o máximo de boa energia que for necessário.

O medo subconsciente vem à tona

À medida que você acelera em seus progressos, memórias negativas, medos antigos e crenças limitantes – coisas que você pensou ter eliminado com sucesso – retornam à sua mente consciente e sua realidade diária. Eles tendem a reencenar o passado, confrontando você com dramas e traumas do pior cenário possível. Você poderá experimentar emoções extremas e uma desestabilização de coisas que costumavam manter-se em equilíbrio. Escândalos, tabus, maus-tratos e esqueletos no armário poderão ser revelados em público, e você não saberá dizer se o que está sentindo é seu próprio problema ou o de outra pessoa.

> Tudo em sua vida existe como veículo para sua transformação. Use-o!
>
> **Ram Dass**

Se você reagir com hábitos de percepção antigos, será fácil sentir-se paralisado ou explosivo. Conflitos e polaridades se intensificarão, paciência e tolerância estarão em baixa e os juízos de valor estarão em alta. O comportamento de Graham resume isso. Em sua infância, a mãe deixou o pai – e a ele – para ficar com outro homem. Graham suprimiu a dor do abandono, mas então, já em idade adulta, a própria esposa o deixou em situação semelhante. Ele encontrou um novo relacionamento, mas passaram-se só seis meses antes que ela também o deixasse por outro homem. Ele começou a falar mal das mulheres para os amigos e colegas e tornou-se intensamente amargo. Suas memórias negativas pareciam imobilizar Graham em um padrão crônico.

> Não podemos escapar do medo. Só podemos transformá-lo num companheiro
> que nos segue em todas as nossas aventuras emocionantes. [...]
> Corra um risco por dia – um ato pequeno ou ousado que
> fará você se sentir bem depois de praticá-lo.
>
> **Susan Jeffers**

Se você acolher essa abertura da caixa de Pandora* como uma oportunidade para padrões negativos claros, interpretará as situações de maneira diferente. Quando Kelley espalhou fofocas a respeito de uma amiga e a amiga soube disso, um drama irrompeu. Sua amiga se afastou e disse que não queria vê-la novamente. Kelley sentiu-se castigada e envergonhada, mas não permaneceu naquele estado contraído. Em vez disso, ela usou a experiência como oportunidade de crescimento, perguntando a si mesma: "Por que eu deveria me sentir tão ameaçada por minha amiga a

---

* A caixa de Pandora é um objeto da mitologia grega que, uma vez aberto, liberta todos os males que assolam a humanidade (doenças, guerra, mentira, ódio etc.). (N. do T.)

ponto de menosprezá-la?". A resposta que lhe ocorreu foi a seguinte: sua amiga era estilosa e bonita e Kelley a invejava. Mas, na verdade, a amiga de Kelley nunca tivera tempo para ela. Kelley percebeu que estava com raiva porque se sentia magoada e desvalorizada. Viu que havia arquitetado todo o cenário de rejeição como uma forma de acabar com algo que no fundo não era realmente uma amizade. A relação fora unilateral e isso a estava arrastando para baixo havia muito tempo. Ela enviou uma nota para a amiga desculpando-se e desejando-lhe tudo de bom. Depois disso, não pensou mais no assunto.

Esse estágio de transformação enfatiza as oposições. Você pode se afastar de impasses ao entender que "o que está em você de alguma maneira também está em mim". Encontre o problema subjacente que é idêntico em você e na outra pessoa que você julga ou à qual resiste. Por exemplo, você pode estar lidando com um problema mantendo-o sob controle, enquanto a outra pessoa o evita, mas no fundo os dois estão lidando com o mesmo problema. Com Kelley e sua amiga, o problema era a falta de confiança. Kelley estava jogando o papel mais passivo, duvidando de si mesma porque não estava recebendo atenção, enquanto sua amiga agia com excesso de confiança, não admitindo suas dúvidas e exigindo atenção. Quando se evidencia o problema comum subjacente, o conflito se dissolve e a energia represada pode se movimentar novamente. Todo problema é uma oportunidade para criar mais clareza e amor.

> O encontro de duas personalidades é como o contato entre duas substâncias químicas: se houver uma reação, ambas se transformam.
> Carl Jung

Mau funcionamento e falha de estruturas antigas

Perto do final do processo de limpeza, você alcançará algumas das grandes crenças e conexões no centro de sua visão de mundo que estão desalinhadas com a nova percepção. Isso pode ter relação com seu conceito de como a sociedade deveria funcionar; ou daquilo que você acredita ser certo e errado, bom e ruim, ou do que você acha que deveria fazer para sobreviver. Neste ponto, muitas coisas que você julgava importantes e significativas tornam-se inúteis ou enfadonhas comparadas ao que é "real" em um nível mais profundo. Portanto, você as abandona. Métodos antigos falham em produzir resultados. Instituições antigas entram em colapso. Você identifica mentiras e histórias vazias, ou sente-se desiludido. Pode ter pouca certeza sobre quem você é, por que está aqui e em quem pode confiar. Pode ser forçado a parar, talvez por fracassos, perdas ou feridas.

> Sempre sabemos quando a transformação ocorre porque ela nos surpreende. [...]
> Quando você se abre fazendo perguntas empoderadas e
> mostrando-se disposto a ser mais do que jamais pensou que poderia ser,
> você se surpreende com a profundidade do que está dentro de você!
> É tão potente! É como uma queda livre.
> **Michael Bernard Beckwith**

Marina é um exemplo de como muitos de nós tendem a "entrar em parafuso" devido a pensamentos negativos durante a fase de transformação. Ela tinha alcançado um ponto no qual se sentiu sufocada por seu trabalho como corretora de valores. Analisou os prós e contras de desistir e mudar de profissão, mas descobriu que perderia uma grande soma de dinheiro vendendo sua casa em um mercado imobiliário em baixa – se é que *iria* vendê-la. Além disso, não sabia para onde ir; todos os lugares que cogitou tinham alguma falha. E, na idade dela, como começar um novo negócio em um lugar novo?

O mundo de Marina se estreitara, ela estava exausta e perdera quase toda a autoestima. Já que não parecia disposta a mudar qualquer variável em sua situação, era provável que uma ou várias de suas estruturas básicas – emprego, segurança financeira, casa, saúde – se rompessem e *forçassem* uma mudança.

Se você permitir a dissolução de algumas coisas de que não precisa durante essa fase de transformação, descobrirá que segurança, estrutura e regras externas não são tão necessárias – você estará sendo direcionado pela sabedoria interior para descobrir um caminho melhor. Mudará naturalmente do hemisfério esquerdo para o direito do cérebro e fatos aparentemente casuais se materializarão para libertar você como que por mágica da estagnação. A partir disso, novas formas surgirão de forma natural, trazendo uma sensação de autoexpressão expandida.

A situação de Clare era parecida com a de Marina, mas Clare enfrentou os desafios acolhendo as mudanças. A sensação de tédio com sua carreira publicitária era um sinal de que ela não podia mais lidar com esse tipo de trabalho. Aprendera o suficiente e queria seguir em frente, mas não tinha certeza para onde. Apesar do mercado em baixa, ela decidiu vender a casa e conseguiu dinheiro suficiente para se mudar para um estado no qual podia comprar um lugar comparável e mais barato. Concedeu a si mesma "férias sabáticas" do trabalho, frequentou aulas de arte, escreveu um livro para mulheres em transição na casa dos 50 e terminou com uma atividade de seminários viável. A decisão de Clare de fluir com a energia nova permitiu que as mudanças em sua vida ocorressem sem atrito ou luta.

Pare, fique quieto e encontre sua alma

Quando nada parece funcionar, você finalmente chega ao "fundo do poço" ou vive um momento místico e esclarecedor. Qualquer dos dois acontecimentos pode revelar a verdade. Fazer mais não vale a pena porque nada há para alcançar. Você adentra o momento presente e abriga sentimentos de simplicidade, amplitude, serenidade, liberdade e paz – embora, quando experimenta esse estado pela primeira vez, ele possa parecer um vazio. Ao deixar as coisas acontecerem, você vivencia o próprio *ser* – a sensação autêntica da vibração da alma – e sente-se completo. De repente, você sabe quem é com todo o seu corpo!

Quando me atrevo a ser poderoso – a usar minha força a serviço de minha visão –, torna-se cada vez menos importante o fato de eu sentir medo.

Audre Lorde

Se você permanecer neste estado, o cérebro se integrará. Você se concentrará em aceitação e confiança e se sentirá bem – fantasticamente, até – tal como é, não importa o que aconteça. Você logo descobrirá que mudou para o centro da cabeça e do coração. Agora está saturado com a frequência da alma e recebe sinais claros, porém sutis, diretamente de seu núcleo. Você se sente conectado ao mundo e nutre compaixão por todos os seres vivos. Lembra-se de verdades sobre si mesmo e obtém grande compreensão, muitas vezes tudo de uma vez. À medida que a experiência de estar "em casa no centro" se tornar rotina, você se dará o direito de preferir seu novo eu e sua nova realidade. Esse é o ponto de virada crucial em que fica claro que você realmente é a alma. Você escolhe intencionalmente esta identidade e o tipo de mundo em que deseja viver. Conhecer sua frequência original filtra sua realidade e a converte em forma. A maré vira e sua vida, saúde e felicidade melhoram.

Acredite ou não, nesse estágio ainda é possível resistir ao Fluxo e abandonar sua experiência direta da verdade! O hemisfério esquerdo do cérebro pode recuar para o modo cético, do tipo "sim, mas...", citando mil razões que levam você a pensar que está sendo iludido por otimismo exagerado, ou porque o mundo é realmente muito mais poderoso e negativo, ou porque está ignorando informações importantes que irão refutar sua experiência direta. Pode ser necessário que você observe esses pequenos deslizes.

A doença de Lyme[*] forçou Lillian a viver no momento presente para enfrentar seus problemas mais profundos e cultivar seu eu interior, mas ela não entendeu a mensagem. Perdeu força muscular e sua mente ficou extremamente confusa. Ela mal conseguia trabalhar ou manter contato com os amigos. Ouviu médicos e tomou antibióticos, mas, após um período inicial de sucesso, os sintomas voltaram. Os médicos não tinham mais soluções, então ela se resignou a uma realidade limitada e perdeu contato com sua frequência e alma naturais.

---

[*] Doença infecciosa causada por bactérias do gênero *Borrelia* transmitidas por carrapatos. (N. do T.)

Por outro lado, Craig, que também tinha a doença de Lyme, percebeu que aquela era sua chance de lidar com o autoritarismo e o abuso que sofreu na infância; ele encarou a doença como um símbolo de sua crença subconsciente de que sempre seria invadido por forças hostis. Trabalhou diligentemente em centrar e sentir sua frequência original, em expulsar as bactérias invasoras com sua própria energia e elevar sua vibração para além da vibração da doença. Craig teve uma recuperação gradual, mas surpreendente – auxiliado por medicina alopática, por uma dieta e por outros meios. Ele se envolveu com o momento e sua própria alma e deixou a energia fluir através dele, em vez de interpretá-la de maneira negativa e afastá-la. Com isso, ele conseguiu um resultado muito diferente do de Lillian.

Depois de passar por essas fases desafiadoras do processo de transformação, você terá estabelecido um comportamento positivo de saudar e acolher o que o Fluxo traz para você. Demonstrará a si mesmo que algo que inicialmente parecia negativo continha na verdade um dom sob medida para você, e que tudo ocorreu para que pudesse adentrar uma evolução plena e consciente.

Mais algumas dicas para suavizar seu caminho

Listarei abaixo vários erros de percepção que todos tendemos a cometer quando estamos mudando nossos hábitos perceptivos. Observá-los pode ajudar você a evitar empecilhos desnecessários.

- **Interpretar causas e soluções muito superficiais.** É fácil observar a ideia que está em sua mente e achar que ela é a causa de – ou uma solução para – seu desconforto. É importante "sentir para dentro" das coisas mais à fundo. Por exemplo, você pode pensar que ganhar muito dinheiro é a solução para seu problema de insegurança, mas o verdadeiro dilema pode ser o medo de ficar sozinho, e a verdadeira solução pode ser aprender a meditar.

- **Apressar-se em julgar.** Quando você não se detém diante de uma situação problemática por tempo suficiente, é fácil reagir de modo emocional e voltar atrás em memórias subconscientes do que funcionou no passado. O hemisfério esquerdo do cérebro tem experiências anteriores e lições catalogadas, prontas para serem atribuídas de maneira lógica a qualquer nova situação semelhante. No entanto, as situações que surgem em cada momento presente são únicas, e é o hemisfério direito do cérebro que realmente sabe o que fazer. Se você for muito ágil em seu processamento mental, é provável que terminará com uma reutilização do conhecimento antigo que pode ser totalmente inapropriada.

- **Culpar os outros ou encarar as coisas pelo lado pessoal.** Quando um medo vem à tona e você se sente contraído, magoado ou ansioso, surge uma tendência a renegar aquele sentimento atribuindo-o a outra pessoa. "*Você* me fez sentir assim. *Você* causou minha dor." É igualmente fácil identificar-se com a dor ou o problema e dizer: "Sou uma pessoa terrível porque sou intolerante com os outros". Ou: "Sou imperfeito porque não consigo sentir intimidade". Dos dois jeitos, você não se envolve com o padrão que está tentando superar e bloqueia o fluxo.

- **Querer que a vida seja de um jeito só.** É fácil esquecer a natureza oscilante da consciência – às vezes você sente clareza e às vezes está confuso, às vezes seu amor irradia e às vezes é seu medo o que irradia. Quando você se desvia ou experimenta algo negativo, pode culpar e julgar as coisas, criar uma contração da percepção-e-energia e bloqueá-la com afirmações negativas. Isso é seu hemisfério esquerdo do cérebro preso a um hábito defensivo, limitador e típico da percepção antiga. Lembre-se de que você é uma joia com muitas facetas e contém toda a gama de comportamento da humanidade, do infame ao sublime. Você tem o direito de vivenciar tudo isso! Não deixe o hemisfério esquerdo do cérebro se tornar um tirano.

- **Permitir que a corrente do medo domine e paralise você.** Sua mente subconsciente está se abrindo como a caixa de Pandora e liberando seus pequenos "demônios". Na verdade, a mente subconsciente de todo indivíduo está se abrindo, assim como as mentes subconscientes coletivas de países, governos, igrejas, corporações, bancos, militares e populações de pessoas com experiências e campos mórficos semelhantes (por exemplo, mulheres e crianças que sofreram abusos, soldados, anciãos desrespeitados e maltratados e assim por diante). Você está nadando num vasto esgoto de emoções negativas e, quando não estiver centrado e alerta, será fácil confundir a negatividade dos outros com a sua própria.

- **Deixar o ego enganar você.** Durante a fase em que os hemisférios esquerdo e direito do cérebro estão se equilibrando e se integrando, você se sentirá abalado pelo hemisfério esquerdo dominado pelo ego, resistindo à ideia de abrir mão do controle. O ego pode passar por um verdadeiro "filme" de comportamentos inteligentes para conseguir o que deseja, da sedução ao raciocínio, à dominação, à intimidação, ao ataque direto, ao abandono, e de volta à passividade e a autoanulação. Ele irá dirigir esses comportamentos narcísicos a você e aos outros, mas não cometa o erro de acreditar nele ou identificar-se com o ponto de vista dele.

- **Não deixar o ego "morrer".** À medida que o ego abrir mão do controle, você poderá entrar em um período marcado por um "nivelamento" estranho. Poderá sentir que está numa espécie de limbo – que nada mais importa e talvez você vá morrer em breve, e pouco importa. Você não se sente deprimido ou triste, só vazio. Nem sequer se sente apático. Na verdade, está se "desintoxicando" ou desembarcando de uma vida vivida pela força de vontade. Sem a força de vontade, quem você é? Sem superioridade e a sensação de ser especial, quem você é? Sem esperteza e manipulação emocional, quem você é? Esse é outro truque do ego. Continue apenas *sendo* e veja o que emerge de cada momento novo. Ao deixar que o hemisfério direito do cérebro seja o mestre e esquerdo seja o assistente, seu mundo se iluminará de uma nova maneira.

Visão penetrante unida à permanência calma
erradica totalmente os estados aflitos.
Shantideva

Você pode ser um Sol radiante!

Agora, todos estamos nos tornando ultrassensíveis e nosso nível de telepatia está aumentando. Sem perceber, você poderá igualar a frequência das vibrações turvas e pensamentos emaranhados flutuando logo abaixo da superfície no mundo não físico – e perguntar-se por que seu humor muda de repente de alegre para sombrio. Você poderá "ler" as pessoas melhor do que nunca antes e até sentir seus sentimentos. Isso significa que será mais fácil assimilar o mau humor ou o estado de preocupação ou agitação de alguém quando você passar por ele ou ela na rua. Você poderá observar dramas negativos prestes a ocorrer e sentir a vida de outras pessoas prestes a se abrir, muitas vezes sem entender o que está assimilando. Também poderá sentir a "estrada principal" e conectar-se com o potencial de todos e de tudo. O bom humor será contagioso também. Você terá uma escolha, constantemente, sobre qual frequência lhe parece melhor.

É útil praticar a centralidade ao longo do dia, retornando à sua frequência original e ajustando com frequência seu melhor eu. Seus novos critérios se destinam a ajudar você a classificar suas experiências. Como você prefere se sentir? Um comportamento ou sentimento específicos permitem que sua energia flua na direção ideal? Apesar da enorme quantidade de negatividade vindo à tona no mundo, seu lugar no centro de si mesmo pode transformá-lo em um sol que irradia luz brilhante. Você pode ser uma força do bem – um campo que elimina a dor ao não se envolver com ela.

Quando você conseguir ver através da confusão emocional da atual mudança de consciência e tornar-se um especialista em navegar pelo complicado emaranhado de hábitos perceptivos antigos, estará pronto para se estabilizar na nova realidade da Era da Intuição. Os capítulos da próxima parte do livro examinarão habilidades de atenção específicas que serão normais na realidade transformada e que poderão ajudar você a unificar sua nova maneira de ser.

A pressão se torna tão grande, a intensidade da pergunta se torna tão poderosa, que algo na consciência muda. Em vez de estar de fora olhando para dentro, você está dentro. E, no momento em que você está dentro, tudo sem exceção muda completamente.

Sri Aurobindo

Só para recapitular...

Desaprender velhos hábitos de percepção não é realmente mais difícil do que aprendê-los pela primeira vez. Existem diretrizes que você pode seguir para se manter motivado, agir com uma imaginação e uma fala positivas e concentrar sua atenção no que você realmente deseja. A cada etapa desafiadora do processo de transformação, você poderá resistir com os hábitos de percepção antigos para tentar preservar sua velha realidade, ou poderá abraçar o processo, limpar a desordem que se tornou desnecessária e abrir-se mais para a orientação de sua alma. Quando você se tornar claro e amoroso, a percepção nova e transformada se expandirá em você passo a passo, em um ritmo natural.

Parte 3

Novas habilidades de atenção para a Era da Intuição

7

Pratique o conhecimento direto

> O conhecimento é curiosamente substituído por algo que não tem nada
> a ver com o pensamento e cada vez menos com a visão, uma espécie de
> ordem superior que é um novo tipo de percepção: você simplesmente sabe. [...]
> Sim, é uma percepção global: visão, som e conhecimento simultâneos. [...]
> Ela substitui o conhecimento. Uma percepção muito mais verdadeira,
> mas tão nova que você não sabe como expressá-la.
> **Mirra Alfassa, "A Mãe"**

Você passou pela soleira da porta! A Era da Intuição dá as boas--vindas a você, com sua nova visão de mundo e seu novo modo de funcionamento. Agora, há maneiras diferentes de pensar e fazer as coisas. Do outro lado da porta, há uma experiência imediata de sensibilidade e intuição aumentadas. Você está aprendendo a deixar o hemisfério direito do cérebro liderar e o esquerdo segui-lo; não está tão preso ao ego e às fixações. Você é mais capaz de comunicar-se sem palavras e "ler" informações de energia diretamente do ambiente. A primeira nova habilidade de atenção na percepção da Era da Intuição *lida com o conhecimento direto*, que é uma versão expandida da intuição.

Elevando-se para uma nova velocidade de percepção

Quando a consciência se transforma, você não se *desintegra*, dissolve-se em uma explosão de luz e ascende ao céu! Você ainda está aqui neste mundo, mas é um mundo físico diferente e você é um tipo diferente de ser humano. Percebe cada coisa física como algo repleto de percepção-e--energia e sensível ao pensamento. Consegue saber sobre qualquer coisa voltando a atenção para ela e penetrando nela.

Na Era da Intuição, o saber é direto e imediato. Seu processo de aprender e encontrar significado se transforma em algo que ocorre num milissegundo, proveniente de todos os centros no campo unificado e transmitido telepaticamente para todos os centros dentro de seu eu pessoal. Você *sabe* em cada partícula de seu ser ao mesmo tempo – via ultrassensibilidade e sentimento –, de maneira tão elevada e refinada que sente instantaneamente se algo é capaz de ocorrer ou por que não, ou se algo está prestes a ocorrer e sua probabilidade considerando-se um conjunto complexo de resultados e repercussões.

Você é capaz de compreender o modelo interno de uma realidade e a mecânica de seu processo de materialização e vida útil, ajustando as variáveis dela em sua mente para moldá-la perfeitamente para qualquer necessidade imediata. Sente a impressão sutil de um amigo pensando em você ou de alguém que precisa de algo, e sabe que cabe a você dar o que a pessoa precisa – e então entra em ação. Quando você deveria estar sabendo de algo, o conhecimento simplesmente aparece. Você descobre que a vida responde com mais rapidez e precisão ao amor e à compaixão. E isso é só um vislumbre de como o conhecimento direto funciona. Há mais a ser revelado à medida que você evolui!

> Na consciência ordinária existe uma espécie de eixo e tudo gira
> ao redor deste eixo. [...] Se ele se mexer um pouco, nós nos sentimos perdidos. [...]
> Agora, para mim não há mais eixo. .[...] A consciência pode se mover para cá ou para lá,
> pode ir para trás ou para a frente, pode ir a qualquer lugar — mas o eixo não existe mais.
> **Mirra Alfassa, "A Mãe"**

Conquistar sua própria atenção começa com a intuição

O instinto e a intuição são os primeiros níveis de conhecimento direto – ambos o ajudam a apreender o mundo da percepção-e-energia. O instinto tem relação com a sobrevivência física (pense nisto como um tipo de intuição de frequência mais baixa focada no cérebro reptiliano), enquanto a intuição traz orientação da alma. A intuição se implanta num segmento de sua consciência de cada vez – sua audição ou visão ou sensibilidade tátil, por exemplo. O conhecimento direto, em comparação, é uma intuição elevada que traz inspiração, orientação e sabedoria através de todos os seus canais e centros de uma só vez. Não há necessidade de passar por um processo de decodificação; seu conhecimento é imediato. Vamos examinar a intuição primeiro, para que você entenda como ela funciona e o que ela pode fazer, para então explorar a habilidade de atenção expandida do conhecimento direto.

A intuição é não linear, não fragmentada, fluida e espontânea. Ela se abre naturalmente no minuto em que você muda a atenção do hemisfério esquerdo do cérebro para o direito, e se torna normal (e prevalente) quando seu cérebro se integra e você se percebe como um centro conectado através da ressonância a inúmeros outros centros em todo o campo unificado. Isso é como deixar aquele quarto mofado que mencionei antes e cruzar a porta para vagar livremente em meio a uma paisagem vasta e deslumbrante.

Todos os dias você usa a intuição, ou percepção do hemisfério direito, mas nem sempre está ciente disso. "Por que usei vermelho hoje?" "Por que deixei minha casa para ir a uma reunião um pouco mais cedo, depois entrei num engarrafamento e ainda consegui chegar na hora?"

"Por que de repente decidi que não quero ingerir bebidas alcoólicas?" "Por que liguei para minha mãe logo depois que ela teve uma queda grave?" Essas escolhas não são aleatórias; são baseadas em dados de seu mundo interior, não físico. Quando você percebe a intuição agindo pela primeira vez, geralmente trata-se de coisas banais. A intuição lubrifica as rodas da rotina diária, ajudando você a resolver problemas, ser mais criativo e sentir sua vida espiritual interior. Quando você torna conscientes os pequenos usos da intuição ao reparar neles, passa a ver a intuição em ação com questões maiores e mais complexas. Como saber se você está sendo intuitivo? Talvez seja mais fácil descrever o que é a falta de intuição.

- Se você acha que não está sendo intuitivo, tem razão! Você está no hemisfério esquerdo do cérebro, pensando e analisando em vez de sentir. O hemisfério direito – o lar da intuição – não apreende o que não existe.
- Se você disser "Não sei", "Vou ter que pensar sobre o assunto" ou "Explique-se!", estará no hemisfério esquerdo do cérebro; caso contrário, já saberia as respostas.
- Se você estiver ciente do ato de falar, com sua fala interior ou exterior, estará no lado esquerdo do cérebro. A intuição funciona na pausa, no silêncio e na amplitude.
- Se você achar que disse a si mesmo para usar vermelho ou sair mais cedo para uma reunião, estará no hemisfério esquerdo do cérebro. Com a intuição, o Fluxo orienta suas escolhas e ações e você simplesmente se envolve sem seguir instruções.
- Adiar o conhecimento, precisar de desculpas e razões para saber ou fingir ignorância são sinais de que você está no hemisfério esquerdo do cérebro e fora do contato com a intuição. A intuição é destemida.
- Se houver segurança, mas não diversão, alegria ou criatividade real, não se trata de intuição. A intuição é inspirada e totalmente positiva e incentiva o crescimento.

O rapaz estava começando a entender que a intuição é realmente
uma súbita imersão da alma na corrente universal da vida,
onde as histórias de todas as pessoas estão conectadas, e que nós
somos capazes de saber tudo, pois está tudo escrito.

Paulo Coelho

A percepção intuitiva é fluida e generosa

A intuição não tem agenda nem objetivos. Não é preciso mudar nada nem melhorar nada. Tudo está bem; a abundância reina. A vida está funcionando e você está funcionando em perfeito alinhamento com o que é melhor para todos. Você está diretamente imerso no Fluxo da consciência coletiva e no sentimento e na sensação. Está vivendo em um mundo maior e mais harmonioso e pacífico. Entende como as dimensões superiores funcionam.

Pergunta e resposta existem juntas em cada momento e tudo é dado livremente – nada é negado. Não há medo, não há bloqueios. A orientação perfeita se manifesta quando você percebe que precisa dela ou a deseja. Você sintoniza a mente para a imaginação e as possibilidades ilimitadas da criatividade. Consegue fazer a mudança do hemisfério esquerdo do cérebro para a intuição, afirmando e sentindo a verdade em cada uma das seguintes afirmações:

- O que desejo saber ou ter estará disponível para mim assim que eu pedir.
- Já sei alguma coisa sobre a resposta à minha pergunta.
- Não preciso remediar ou mudar nada.
- O Fluxo traz tudo de que preciso para executar a próxima tarefa.
- Confio no que vier porque é sempre "a coisa certa".
- Posso relaxar e me divertir. Posso sorrir, me alegrar e me sentir entretido.
- Observo o que estou percebendo e ajo quando o Fluxo me impulsiona.

A percepção intuitiva ocorre no agora

Quando você estiver focado na consciência do hemisfério esquerdo do cérebro, que é agudamente crítica e orientada para objetivos e ações, estará ligado ao passado e ao futuro por meio de suas próprias memórias e objetivos. Assim que abrir a consciência do hemisfério direito, que é mais branda e orientada para o ser, estará no tempo presente. Toda memória, todas as possibilidades e toda sabedoria serão acessíveis, pois tudo estará no agora com você.

Enquanto estiver no hemisfério esquerdo do cérebro, você sentirá que resolver um problema é confuso e difícil – vai demorar muito para fazer a pesquisa, analisar todas as opções, levar em conta as agendas de todas as outras pessoas e pesar os resultados projetados contra as desvantagens. Não há nada direto nesse tipo de conhecimento! Com a intuição, todos esses processos são feitos instantaneamente para você pelo grande "computador" do momento presente e do campo unificado. Faça uma pergunta, e pronto! Você terá sua resposta. Pergunta e resposta sempre existem juntas e se moldam uma à outra. Se quiser saber mais, faça outra pergunta. Até as perguntas vêm por meio da intuição – é a maneira com que a alma semeia orientação na mente consciente.

***

Tente isto!
O que você já sabe?

1. Pense num problema, pergunta ou questão com a qual você esteve preocupado por um tempo. Feche os olhos, concentre-se e respire fácil e profundamente.´

2. Traga a situação ou pergunta para a frente da mente. Então, sinta o desejo por uma resposta, *insight* e compreensão. Pergunte a si mesmo: "O que já sei sobre essa situação?". Lembre-se de que a pergunta e resposta existem ao mesmo tempo e estão imbricadas.

3. Escreva o que vem à mente em seu diário sem pensar ou monitorar sua resposta. Se a escrita parar, pergunte novamente: "O que mais já sei sobre isso? O que precisa ocorrer para que todos saiam ganhando? Qual é o melhor momento? Quem mais pode precisar estar envolvido? O que preciso saber antes que as coisas progridam? O que estou aprendendo com essa experiência?".

A percepção intuitiva é silenciosa e compreensiva

O hemisfério esquerdo do cérebro é barulhento. Ocorrem várias conversas, como várias estações de rádio ligadas simultaneamente, e muitas vezes as conversas são conflitantes. Vários "especialistas" internos estão competindo por destaque e embaixo há estática, como o som que acompanha a "neve" na tela de sua televisão.

> A coisa mais real era a densa escuridão da noite. [...]
> A noite em que tudo se perdeu
> foi estendendo a mão, para além das estrelas e do Sol.
> **D. H. Lawrence**

Com a intuição, tudo é pacífico e tranquilo. Há uma sensação aveludada de silêncio que lhe permite expandir sem fim, que lhe permite descansar e encher-se com a verdade de quem você é enquanto ser de alta frequência. Com a intuição, uma percepção clara ocorre de cada vez, e esta percepção pode integrar milagrosamente todos os seus sentidos, as realidades de outras pessoas e a compreensão de uma variedade de caminhos prováveis para determinados resultados. O silêncio é necessário para você mudar para o lado direito do cérebro e a intuição. Aquiete a "mente de macaco" – o lado esquerdo hiperativo e falante do cérebro. Acomodando-se ao momento e à simplicidade, volte a atenção para a gratidão e a experiência de estar com o que existe e apreciar a vida do jeito que ela é. É como se você abençoasse as coisas simplesmente estando com elas desse modo. E, enquanto faz isso, o que você precisa saber é transmitido sem esforço e de maneira graciosa.

A percepção intuitiva leva à comunhão

A intuição é a percepção baseada na unidade e na conexão – ou seja, na comunhão. Quando a intuição está aberta e você dirige a atenção para uma árvore, ou para um problema, ou para as células dos pulmões, você imediatamente se funde com o objeto da atenção e conhece-o por dentro de sua própria realidade. Você se sente conectado através da simplicidade da percepção, e com isso consegue *vivenciar* diretamente – não pensar sobre – seus padrões de vida e seus potenciais. Por meio dessa comunhão, você conhece a consciência do corpo, células, coração e a força vital dentro de cada forma e cada campo em sua realidade. Você é esses vários focos de consciência. Você está em cada célula, apreendendo o mundo como a célula.

Mirra Alfassa (1878-1973), conhecida como "A Mãe", foi parceira espiritual de Sri Aurobindo, e na última parte de sua vida empreendeu uma incrível jornada interior em seu corpo que ela chamou de "yoga das células" – uma jornada que a levou a uma experiência que ela chamou de "a grande passagem", a descoberta do que significa tornar-se uma nova espécie de ser humano. Um de meus livros favoritos, *The Mind of the Cells*, de Satprem, que foi secretária de Mirra Alfassa, documenta as observações de "A Mãe" à medida que aprendia a viver diretamente em sua consciência celular e em uma espécie de percepção que ela chamou de "o Outro Estado" ou simplesmente "Aquilo". Mirra tratou de dissolver o medo e o controle do lado esquerdo do cérebro de seu corpo e das próprias células para se fundir com a mente vibracional superior que percorre tudo.

Ela descreve o Outro Estado, aquilo que poderíamos chamar de conhecimento direto: "A consciência flutua nessa (ondulação) com uma sensação de paz eterna. Mas não se trata de uma extensão, a palavra está errada: é um movimento ilimitado em um ritmo muito tranquilo, vasto e harmonioso. E esse movimento é a vida em si. Ando pelo meu quarto e é o movimento que está andando. E ele é muito silencioso, como um marulhar de ondas, sem começo e sem fim; tem uma condensação assim (*gesto vertical*), e uma condensação assim (*gesto horizontal*) e move-se por expansão (gesto de um oceano pulsante). Ou seja, ele se contrai e se concentra, depois se expande e se espalha".[1]

Tente isto!

Pratique o conhecimento direto como as células

1. Dirija a atenção para as células do corpo e imagine-as como uma comunidade, uma consciência de grupo. Todos elas trabalham juntas, comunicam-se de modo vibracional e apoiam-se mutuamente sendo elas mesmas de maneira autêntica, dando e recebendo livremente e mantendo-se saudáveis. Você é suas células.
2. Imagine visitar e fundir-se com vários grupos de células ao longo do corpo: células cerebrais, cardíacas, musculares, ósseas, sanguíneas. Sinta-se fazendo parte desses vários grupos, vivendo e trabalhando juntos — você está dentro do campo de consciência, ou mente grupal, dessas células. O que você percebe sobre a coesão, o funcionamento, o fluxo e a nutrição dentro de determinado grupo? E entre esse grupo e outros tipos de agrupamentos de células?
3. De seu ponto de vista dentro da consciência celular, o que você sabe sobre (a) como as células permanecem saudáveis; (b) por que algumas células se tornam cancerosas; (c) como as células se lembram de funcionar da maneira correta? Torne seus *insights* intuitivos conscientes descrevendo-os na primeira pessoa do plural em seu diário; fale como as células (por exemplo, "nós nos mantemos saudáveis por [...]").

O que me agrada especialmente no experimento pessoal de "A Mãe", usando a si mesma como uma espécie de cobaia, é que ela viajou direto para a densidade, infundiu seu corpo com consciência de alta frequência e transformou a própria natureza da consciência e da matéria celulares. Ela demonstrou o processo de transformação que ocorre à medida que a fase de imersão muda para a fase de evolução da consciência.

Abra o conhecimento intuitivo e direto

- Faça uma pausa no que está pensando e mude do lado esquerdo do cérebro para o direito.

- Pare o que está fazendo e desça da cabeça para o corpo a fim de *tornar--se* seu corpo. Ajuste o conhecimento ao que seu corpo sabe, como um simples animal segue seu instinto.

- Dirija toda a atenção para o momento presente. Você pode dizer a si mesmo: "Estou aqui e estou 100% presente e alerta".

- Interrompa seu diálogo interior e sinta ativamente o silêncio; imagine-o como uma textura e mergulhe nele – junte-se a ele.

- Na calma silenciosa, observe o que você está percebendo. Observe-se apenas sendo e observe tudo o mais apenas sendo no mesmo momento.

- Esteja com tudo em seu ambiente sem precisar fazer ou mudar nada. Tudo está bem tal como está.

- Aprecie cada coisa, cada qualidade. Sinta-se grato pela forma de vida e pelo conhecimento únicos de cada coisa.

- Encontre semelhanças entre você e qualquer coisa ou pessoa que notar. Sinta objetos, pessoas e lugares e sinta a energia e modelo interno. Observe que a mesma presença e consciência estão em você.

- Concentre-se em entrar em seu coração e vivenciar o mundo diretamente de seu núcleo. Sinta sua frequência original. Você pode se concentrar na ressonância que tem agora com todos os outros centros do coração. Repare que, quando você ama alguma outra coisa, ela ama você. Deixe que essa comunhão seja um veículo para o conhecimento direto.

Figura 7-1

E, enquanto ela vivia em seu estado intuitivo do lado direito do cérebro, descreveu de maneira articulada as várias progressões em seu processo de aumentar a consciência com o lado esquerdo do cérebro; ela lidou simultaneamente de forma iluminada com seu cérebro, coração, corpo e campo pessoal, todos integrados. Ela deu um bom exemplo de como se mover para o conhecimento direto.

Confie em seu Observador Interior

Há uma parte da consciência que faz que você perceba o que percebe, e ela existe só no aqui e no agora. É a porção da mente que faz o papel de guia, professor ou mensageiro – sua "voz interior". Você pode chamá-la de Espírito Santo, o eu superior, o mestre consumado ou o guia espiritual. Eu a chamo de *Observador Interior*. Talvez ele exista na ponte entre os lados direito e esquerdo do cérebro. Essa função da consciência transmite a intenção, a direção e o plano da alma para a personalidade – na verdade, ela distribui percepções em uma sequência perfeita para que uma mensagem ou lição possa se tornar consciente, assimilada e integrada.

Você e um amigo podem percorrer o mesmo caminho numa floresta e cada um notaria coisas diferentes, em uma sequência diferente, apreciando o caminho cada um do próprio jeito – e cada um de vocês receberá o que precisava da experiência. Então, a qualquer momento, você pode se perguntar: "O que meu Observador Interior está me ensinando? O que ele quer que eu perceba agora, e por quê?".

Anos atrás, decidi manter um relacionamento ativo com meu Observador Interior. Converso com ele como se ele fosse uma pessoa sábia, faço perguntas e recebo *insights*. Confio em minhas percepções implicitamente – a ordem em que aparecem, seus agrupamentos e semelhanças – e interpreto essas percepções do mesmo modo que interpreto meus sonhos. Por exemplo, notei que uma variedade colorida de pássaros entrou de repente no meu quintal depois de uma calmaria. Nos dias seguintes, tive uma erupção de clientes de países estrangeiros, e depois disso algumas pessoas me mandaram presentinhos pelo correio. A sequência teve um efeito de alento, mostrando-me que eu estava conectada globalmente através do campo unificado e essa abundância e generosidade fluíam livremente. Foi como se minha alma estivesse dizendo: "Viu? Está tudo bem. Basta lembrar que tudo se conecta, que as coisas acontecem no momento certo e que a vida pode ser divertida".

Lidar com o Observador Interior pode ser uma maneira simples de manter a intuição aberta e ativa. Se você praticar o contato constante com o Observador Interior ao acordar, ao longo do dia e pouco antes de dormir, criará o hábito de mudar para o lado direito do cérebro a fim de sentir qual é a mensagem, e depois para o lado esquerdo a fim de tornar o *insight* consciente, então de volta para a intuição para perceber

---

Perguntas a fazer a Observador Interior

- O que estou tentando mostrar ou dizer a mim mesmo ao perceber isso?
- Ao perceber isso, que experiência minha alma quer que eu tenha que ainda não notei?
- Estou tentando mostrar a mim mesmo um caminho ou um lugar onde minha energia não está fluindo?
- O que já sei sobre essa ideia, situação ou pessoa?
- Estou mostrando a mim mesmo algo relacionado a uma ação que preciso praticar?
- Essa situação diz respeito ao próximo passo em direção a meu destino?
- Que sentimento ou estado de energia a percepção disso gera em mim?
- Perceber isso alimenta um processo criativo no qual estou envolvido? Deveria fazê-lo?
- Qual é o ensinamento superior relacionado com essa situação que estou vivendo?

Figura 7-2

o padrão do que está ocorrendo, e assim por diante. Logo o processo se tornará rápido e automático. Ele é também uma maneira de desenvolver a prática da consciência plena – o processo de trazer atenção total para qualquer coisa você esteja fazendo no momento presente.

Ao dialogar com o Observador Interior, você se torna ainda mais consciente do que está acontecendo ao seu redor. Você pode perguntar a ele: "Por que estou percebendo que a música parece muito alta nesse restaurante?". Imediatamente, você poderá entender que estava se sentindo conflituoso e perturbado devido a muitos estímulos externos fragmentados – pois você estava fora de contato com seu núcleo. Talvez você precise meditar mais ou fazer um passeio na natureza. Mas então você continua prestando atenção no restaurante e observa algumas moças conversando animadamente em uma mesa próxima. "Por que estou notando essas garotas?", pergunta você. Agora você está no lugar de seus sentimentos e um *insight* vem até você: aqui está uma qualidade de união entusiástica com amigos, um sentimento de validação mútua com o outro, uma experiência real do fluxo de ideias e energia entre as pessoas – e isso é algo que você gostaria de cultivar em sua própria vida. Quanto mais você percebe, tanto mais você aprende.

É importante cultivar o estado de sentimento de confiança na prática da atenção plena, pois, se não confiarmos em nossa capacidade de observar, de estarmos abertos e atentos, de refletirmos sobre a experiência, de crescermos e aprendermos observando e presenciando, de conhecermos algo profundamente, dificilmente iremos perseverar em cultivar qualquer dessas habilidades, e elas só murcharão ou ficarão adormecidas.

Jon Kabat-Zinn

Passando da intuição para o conhecimento direto

À medida que o corpo aumentar a frequência, você será capaz de captar mais informações sobre o que está acontecendo ao seu redor e o que sua alma deseja fazer. Esses *insights* surgem sob a forma de informações energéticas diretamente através da vibração. A orientação espiritual não é mais camuflada em palavras; ela é entendida no momento presente graças à sua sensibilidade altamente sintonizada. A informação energética é registrada em todas as partes do cérebro ao mesmo tempo, em todas as partes do corpo – em suas células, órgãos e tecidos, bem como no campo de energia pessoal, ou seja, sua aura. A intuição, que já é rápida por si mesma, torna-se conhecimento direto, que é *instantâneo*.

O conhecimento direto permite que você use sua ultrassensibilidade como um veículo de percepção. Você se percebe um ser vibratório de percepção-e-energia em um mar de frequências sem limites em nenhum lugar. Todo saber está disponível nessa experiência de imersão e comunhão, e a questão passa a ser como discernir o que você precisa saber sem ser inundado com informações desnecessárias. Como entender as informações energéticas pertinentes o mais cedo possível, para que você possa traduzi-las em ação enquanto permanece no Fluxo?

Felizmente, o Observador Interior regula o fluxo de informações pertinentes que transitam do enorme campo unificado para seu campo pessoal, passam para seu corpo e lado direito do cérebro e, mais cedo ou mais tarde, para o lado esquerdo a fim de se tornarem oficialmente conscientes. Se você praticar centralidade e diálogo com seu Observador Interior, criará o hábito de saber o que precisa saber exatamente quando precisa saber. Quanto à compreensão de informações energéticas em seu ponto mais inicial, começa a ocorrer quando o equilíbrio entre os lados esquerdo e direito do cérebro alcança a integração horizontal. Os dois lados de seu cérebro atuam então em parceria harmoniosa, acessando, registrando e compreendendo ao mesmo tempo.

Trata-se, aqui, de tornar o processo perceptivo consciente e mais instantâneo. À medida que aprende a viver na Era da Intuição, é importante que se considere uma pessoa conscientemente intuitiva, florescendo na plenitude de tudo o que o conhecimento direto oferece. Agora, você está evoluindo de maneira consciente. O conhecimento direto traz *insights* para monitorar o processo de evolução, tornando você consciente do que o está bloqueando, se sua energia flui bem, como e por que você sabe coisas e o que deseja que aconteça mais naturalmente em qualquer momento.

Compreendendo a informação energética

A primeira chave para lidar com informações energéticas é ser capaz de reconhecer a sensação de um fluxo de superfície ou entrada. Existe algo a saber ou não? Para descobrir a resposta, você pode usar sua sensibilidade crescente para sintonizar os estados sutis de seu corpo. Você se sente relaxado, aberto desimpedido e em paz? Pode não haver nada urgente que precise saber agora mesmo. Ou se sente impaciente, ligeiramente distraído ou levemente pressionado? Esse é muitas vezes o sinal de um *insight* que bate à sua porta, pedindo para entrar. Um fluxo de informação energética que chega pode parecer uma impressão tátil sutil, como algo que empurra você suavemente. Também é comum que um fluxo recém-chegado ative um de seus outros sentidos. Você poderá ouvir uma voz, uma batida ou um tilintar; sentir calor, frio ou um zumbido; ver um brilho ou a imagem fantasmagórica de algo; ou mesmo sentir o cheiro de algo que não está fisicamente próximo.

Quando você não percebe o fluxo de entrada de informações energéticas, a pressão aumenta e mais informações são adicionadas ao Fluxo, como um céu repleto de aviões esperando para pousar. É comum então sentir-se sobrecarregado, irritado, ou mesmo triste. Às vezes, a informação energética recebida é emocional e você acolherá a vibração, pensando que ela lhe causa um sentimento de desânimo, frustração ou entusiasmo. Você também poderá captar informações sobre estados físicos, como quando sua sobrinha quebra o braço, sua amiga tem um filho ou seu avô morre. Até você processar essas informações, poderá ter sintomas semelhantes, embora mais simbólicos, e sem saber por quê. Talvez seu braço ou barriga comece a doer, ou você sinta que pode estar perto de sofrer um acidente perigoso.

Quando não traduzir essa informação energética pré-verbal em compreensão e a pressão aumentar por trás do fluxo de entrada, você poderá protestar contra sua crescente capacidade empática, dizendo: "Assim é demais!", e retirar-se para sua caverna. Você poderá decidir inconscientemente que não quer saber de nada. Esconder a cabeça na areia não vai ajudar, porém, pois as informações continuam chegando. É melhor aceitar as mensagens e descobrir o que seu Observador Interior está tentando lhe mostrar. Se inconscientemente você sentir medo de ser dominado por coisas que não quer sentir, poderá querer mudar sua atitude acolhendo a informação e entendendo que você só percebe o que precisa observar. *Pense na ultrassensibilidade como uma forma de se tornar mais esperto.* A resistência só o impede de aprender.

O controle da consciência determina a qualidade de vida.
Mihaly Csikszentmihalyi

A próxima ideia a ser assimilada é: *não existe informação ruim sobre energia. Tudo está a serviço de sua transformação e evolução.* Deixe seu Observador Interior ajudá-lo a encontrar as mensagens e significados subjacentes no que você percebe – mesmo que sejam coisas terríveis e difíceis de encarar. Seu Observador Interior pode revelar o propósito positivo dessa informação e por que você está percebendo isto agora. Quanto mais você deixar que os significados internos venham à tona e se tornem conscientes, mais será capaz de decifrar as informações energéticas no momento, na hora, e sem perder tempo remoendo e adivinhando o que haveria por trás. Em breve você tomará conhecimento das coisas diretamente.

Imagine que você está no supermercado, de bom humor, quando de repente é atingido por uma onda de ansiedade. O que foi? Você se esqueceu de trancar o carro? Alguém que conhece está ferido? Você examina o ambiente e avista uma mãe e um filho pequeno. A mãe está mal-humorada e acaba de punir a criança por pegar um item atraente de uma prateleira. Você se dá conta de que está sentindo as duas pessoas! A tensão é aliviada quando você decide que a ação não é necessária.

À medida que se tornar mais experiente, você notará tipos mais sofisticados de percepções. Pode ser informação da ondulação de um evento passado ou futuro; um aviso sobre um padrão oculto no corpo emocional de outra pessoa que pode sabotar um processo ou ser perigosa; uma compreensão das consequências de um determinado caminho de escolhas e ações; ou o sentido do que você precisa fazer (ou não fazer) para se cruzar com uma pessoa ou um evento necessários para seu crescimento.

O que a nova consciência quer é: chega de divisões.
Ser capaz de compreender a extrema natureza espiritual, bem como a extrema natureza material, e encontrar o ponto de encontro de ambas, onde [...] elas se tornam uma força real.
Mirra Alfassa, "A Mãe"

Conforme você lida intencionalmente com o conhecimento direto, ganha compreensão de significados e *insights* múltiplos e simultâneos de cada coisa que seu Observador Interior detecta. Sua percepção está integrando vários pontos de vista. As formas mais elevadas de conhecimento direto são semelhantes à revelação e à inspiração – elas o levam a um nível de sofisticação e saber holístico que dificilmente você poderia imaginar antes. Você pode ter súbitos *insights* que parecem não ter um gatilho específico. Aqui vão alguns exemplos:

- Uma lembrança de uma vida passada que explica e remove um comportamento de longa data.
- Uma visão de uma possível realidade que você sabe que vai ocorrer e como ocorrerá.
- Uma compreensão de como funciona um processo de energia complexo e como ele pode ser aplicado à inovação em ciência e tecnologia.
- Uma revelação de como uma tendência social afetará a economia e a política.
- As mudanças que precisam ser feitas – e em que ordem – para afetar a cura física imediata.

- Uma compreensão de seu processo de crescimento ao longo do tempo e de seu atual propósito e lições de vida.

> Uma pessoa encara a vida como algo separado do
> resto – uma espécie de ilusão ótica da consciência.
> Nossa tarefa deve ser nos libertar dessa prisão autoimposta
> e, graças à compaixão, encontrar a realidade da Unidade.
> **Albert Einstein**

Administrando sua habilidade empática

Mais cedo ou mais tarde, sua intuição e ultrassensibilidade levam à *empatia*, a habilidade de "sentir com" alguém ou alguma coisa, ou seja, conhecer outra forma de vida pelo ato de transformar-se nela de forma experimental. Com a empatia, você pode conhecer a experiência do coração de outra pessoa estando totalmente centrado em seu próprio coração. Longe de fazê-lo se sentir sobrecarregado, a empatia leva à compaixão, o modo de conhecimento da alma. Ela permite que você experimente mais unidade e simplicidade, em vez de fragmentação e caos.

Enquanto você der atenção à dificuldade, à dor e ao sofrimento, alimentará estes estados e ajudará a torná-los reais. Claro que às vezes nos machucamos, mas não é nosso estado natural como almas. Não precisamos empregar tanto esforço para evitar a dor; é muito mais eficaz investir atenção em permanecer no estado de frequência original e de coração aberto. Se validarmos inconscientemente o horror da dor e do sofrimento, ou apenas "sentirmos para dentro" da superfície da realidade física, poderemos pensar erroneamente que a empatia é esmagadora e debilitante. Mas se escolhermos amparar o estado da alma no corpo e sentir todo o caminho até o âmago das pessoas, coisas e situações, a empatia se torna uma forma extremamente elevada de conhecimento direto.

Com empatia, decodificar as informações energéticas é simples. Em primeiro lugar, dirija sua atenção à sensação da vibração, então funda-se de maneira temporária com a vibração e pergunte ao Observador

Interior o que está sendo transmitido. Permaneça silenciosamente no estado intuitivo enquanto a impressão é registrada em seu campo, corpo, coração e cérebro integrado. À medida que o significado toma forma, como névoa evaporando para revelar uma visão deslumbrante, permita que o lado esquerdo do cérebro o descreva enquanto você mantém conexão com o estado vivo do conhecimento direto.

As pessoas costumam perguntar: "Não preciso de limites?". Até você desenvolver o hábito de viver em seu centro e frequência original, é comum ser inundado com os conteúdos temerosos das mentes subconscientes individuais e coletivas que se esvaziam. Você pode ficar confuso com a multiplicidade de mensagens conflitantes e desorientado pelos dramas alheios. Erigir uma cerca ou parede pode parecer uma boa ideia para se proteger, mas isso só aumenta a realidade da separação e reforça a ideia de que o mundo está lá fora, maior do que você, e perigoso. Manter essa visão de mundo força você a recuar para a percepção do lado esquerdo do cérebro e bloqueia imediatamente o conhecimento direto.

Aqui vão algumas dicas para ajudar você a gerenciar o conhecimento direto, a capacidade empática e a ultrassensibilidade:

- **Quanto às funções de conhecimento direto no momento presente e em cada momento, há apenas uma coisa a saber.** O próprio momento se torna uma força reguladora, trazendo-lhe *insights* digestíveis que você é totalmente capaz de processar um por um. Eles dizem: "A vida nunca lhe traz mais do que você pode suportar", e é por isso que você consegue processá-los.
- **O Observador Interior sabe o que está fazendo.** Se você notar algo desagradável ou perturbador, poderá ser tentado a reagir com base num hábito de percepção antigo e perder sua neutralidade. Mas aí você perde a lição que a alma quer que você aprenda. Se você permanecer centrado e perguntar ao Observador Interior o que ele está tentando lhe mostrar, saberá pôr a percepção em sua devida perspectiva. Mesmo se você reagir negativamente, haverá sempre uma lição útil para você.

- **Você pode visitar outros pontos centrais e obter outros pontos de vista, mas, entre cada incursão, volte para seus pontos centrais.** Ao dirigir sua atenção para alguém ou alguma coisa – "sentindo para dentro" de objetos, ideias, lugares e campos –, você se tornará um com eles e os conhecerá de seu ponto de vista. Esses serão dados valiosos unicamente se você retornar a seu próprio centro e permitir que o lado esquerdo do cérebro dê sentido à informação: *Qual é a utilidade disso para mim? Desejo fazer algo com esse* insight? Se você ficar enredado com o que está explorando e esquecer-se de voltar a seu centro, perderá o contato com a orientação de sua alma e se sentirá esgotado.
- **Ninguém, nem nada, pode ocupar seu espaço se você estiver totalmente presente.** Quando você permanece totalmente centrado no corpo e campo pessoal, saturando tudo com sua frequência original, nada poderá deslocar ou impedi-lo de permanecer conectado com sua alma. Você não precisa de escudos para se proteger, pois você é a sua própria segurança.
- **Lembre-se de que empatia envolve compaixão, não necessariamente emoção.** Quando você envolver o centro do coração no processo de conhecimento direto, ganhará uma perspectiva muito mais elevada sobre qualquer coisa que perceber. Sentirá que o que está percebendo se encaixa no esquema das coisas – pois recebe e transmite percepção-e-energia e evolui nesse processo. As coisas não são boas ou ruins, elas apenas são o que são.

A cortina de fumaça do mundo se levanta. Tudo está interligado dentro de uma vibração grande e jubilosa. A vida se torna mais vasta, mais verdadeira, mais viva; pequenas verdades cintilam por toda parte, sem palavras, como se cada coisa contivesse um segredo, um sentido especial, uma vida especial. Um banho num indescritível *estado de verdade*, sem entender nada sobre isto – pois é algo que simplesmente é. E é de fato, maravilhosamente. É leve, vivo, amoroso.

Sri Aurobindo

Tente o seguinte: pare de ler quando terminar este capítulo e observe o que seu corpo estava processando anteriormente e o que ele está percebendo exatamente agora. Verifique todos os seus sentidos. Verifique sua intuição. Deixe a sensação do conteúdo do capítulo se espalhar em você e faça conexões por conta própria. Detenha-se nisso. Observe quando parece certo passar para outra coisa.

Só para recapitular...

O conhecimento direto é uma forma elevada de intuição que resulta da integração entre o cérebro e outros centros de percepção. Ele usa sua ultrassensibilidade crescente como um veículo de percepção para encontrar *insight* em informação energética que vem diretamente pela vibração. Isso ajuda a reconhecer e usar a intuição, primeiro nas coisas pequenas e gradualmente nas questões mais complexas. A intuição é fluida, aberta, vive no momento presente, é quieta, compreensiva e interconectada. Quando você praticar a validação da intuição, o conhecimento direto aumentará.

Existe uma função na consciência que eu chamo de Observador Interior – alguns o chamam de "voz interior". Ele o ajuda a perceber o que você observa e entender por que está percebendo isto. Ao dialogar com seu Observador Interior, você entenderá mais facilmente seus *insights* intuitivos e poderá entender as informações energéticas que vêm diretamente do campo ao seu redor.

À medida que a transformação ocorre, a intuição se aprofunda para direcionar o conhecimento, e você rapidamente percebe tudo de uma vez, em todo o corpo. Os hemisférios esquerdo e direito do cérebro operam em parceria cooperativa. Mas ser capaz de captar informações energéticas pode ser opressivo se você não reconhecer quando um fluxo de informações está surgindo, ou se resistir a identificar certos tipos de *insights* que o lado esquerdo do cérebro categorizou como ruins. A ultrassensibilidade levará você a se tornar empático. Isso o conduzirá então à compaixão, ao conhecimento da alma. Longe de ser algo negativo, a empatia é um tipo sofisticado de conhecimento direto que permite que você experimente grande amor e unidade.

8

Pratique a realidade esférico-holográfica

> Sonhei com o céu – a felicidade plena e perfeita
> que espera o espírito numa esfera maior
> e, olhando para cima, encontrei nisso o bastante
> para realizar a visão arrebatadora aqui!
> **Alice Cary**

Um dos maiores ajustes que precisamos fazer na Era da Intuição é mudar nossa fundamental *geometria da percepção*. A maneira como vemos as coisas segue um modelo ou padrão interno baseado em uma determinada geometria. Esta geometria subjacente determina a maneira como a percepção-e-energia podem fluir, e isso, por sua vez, influencia a maneira como vemos a realidade. Até agora, nossa geometria da percepção tem sido linear. Com base nesse padrão, encaramos o funcionamento interno do cérebro como linear (os fluxos ascendente e descendente da consciência), e também identificamos o funcionamento externo de realidade como linear; tempo e espaço são organizados em linhas. Nossa percepção é condicionada por "linhas de pensamento" e "linhas do tempo", percorrendo a distância mais curta entre dois pontos no espaço. Nessa percepção, dimensionalidade e potencialidade são limitadas.

Neste capítulo, discutiremos a próxima nova habilidade de atenção na Era da Intuição: *a capacidade de você reconhecer e começar a viver na realidade criada pela percepção esférico-holográfica*. Para mim, a percepção esférico-holográfica é composta de duas experiências relacionadas. A primeira experiência é a "percepção esférica". Ela começa quando você concebe a si mesmo como o ponto central em um campo esférico de percepção-e-energia, e sente-se como o ponto central e o campo simultaneamente. Com a percepção esférica, você nunca sai do centro; a esfera – que é sua realidade – simplesmente se expande e se contrai ao seu redor como um balão, inflando ou contraindo dependendo de sua frequência, foco e desejo.

Quando a esfera se expande, você abrange uma parte maior do corpo de conhecimento que é o campo unificado – você vibra em uma frequência mais alta (o que não é necessariamente melhor). Quando a esfera se contrai, você se concentra em uma parte menor do campo, ou vibra em uma frequência mais baixa (o que não é necessariamente pior). Sua realidade está sempre dentro da esfera e você não consegue sair dela. Conhecemos intuitivamente esse tipo de percepção; frequentemente falamos de "esfera de influência" ou "esfera de interesse".

A segunda experiência é a parte holográfica da nova percepção. Ela surge quando você percebe que, como ponto central, ou como coração de sua esfera, está naturalmente conectado a todos os outros pontos centrais – todos os outros corações – do Universo graças à ressonância. Cada ponto está dentro de sua esfera, disponível para você. Isso significa que você pode desviar a atenção para qualquer outro ponto central e conhecer qualquer outra realidade como se ela fosse sua. Além do mais, de qualquer ponto central, pode se conhecer como todo o campo unificado de percepção-e-energia, pois com hologramas cada pedacinho do todo contém a inteireza do todo. Portanto, a esfera e o holograma são experiências ligeiramente diferentes, mas elas se confundem perfeitamente.

No Capítulo 5, descrevi uma série de mudanças de consciência no cérebro e no corpo que ajudam a levar você da percepção linear antiga para a nova percepção esférico-holográfica. Também descrevi muitos efeitos dos dois tipos diferentes de percepção. Neste capítulo, quero destrinchar essa mudança com mais detalhes para ajudar você a entender como trabalhar e viver dentro da realidade esférico-holográfica resultante.

O processo e a realidade do pensamento linear

Já que é útil poder comparar claramente o antigo e o novo, vamos mergulhar brevemente de volta à percepção linear para refrescar nossa memória sobre o efeito que ela tem sobre nós e a realidade. A percepção linear tem muitas limitações que fazem com que você perceba as coisas em uma frequência bastante baixa. Isso pode gerar medo e fazer a vida parecer funcionar em câmera lenta. A percepção linear também pode interferir em sua capacidade de experimentar a realidade não física. Dê uma olhada mais de perto e você verá por que, quando começamos a nos transformar, a realidade linear parece agora tão antiquada e lenta. Aqui explico como pensamos em um mundo linear:

- **Há um limite entre mim e a vida. Eu me sinto isolado e sob o efeito do grande mundo "lá fora".** Sempre sinto uma linha imaginária em torno de mim – a experiência de onde o "eu" termina – e há espaço vazio para além disso. Estou separado do resto da vida espacial e temporalmente. O mundo pode parecer tão grande, tão indiferente, tão perigoso, tão contra mim em todos os sentidos... temo ser vencido ou engolido pela vastidão. Sou pequeno e temo perder minha identidade individual. Tampouco consigo me lembrar de quem *realmente* sou, porque minha alma está em algum espaço distante muito acima de mim, chamado "céu".
- **Eu quero isso, mas agora não posso tê-lo ou saber algo a esse respeito.** Estou aqui e você está "ali". Minha realidade-dos-sonhos-no-melhor-cenário-possível está "lá fora" também. As soluções

para os problemas estão no futuro, e assim não consigo conhecê-las agora. As pessoas, os lugares e as posses que quero ter, e as ideias que quero compreender, estão em outro lugar, adiando minha satisfação. A cenoura fica para sempre suspensa na frente do burro, e nunca será alcançada.

- **Para alcançar e manter o que desejo, tenho de usar a força de vontade.** Para chegar ao que desejo, tenho de cruzar a fronteira e o espaço vazio (as lacunas) entre mim e o que desejo. Para obter sucesso, tenho de usar a força de vontade e a esperteza; preciso de um plano. Inicio uma ação (causa) e ela precisa passar por etapas para ocorrer (efeito). Isso leva tempo e o progresso é lento.

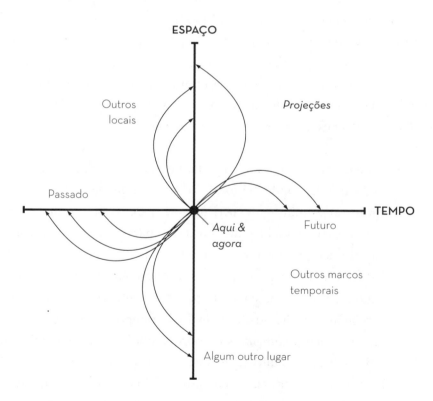

Figura 8-1: Com a percepção linear, sua mente projeta linhas no futuro ou no passado, ou em outros locais. Ao fazer isso, você cria lacunas imaginárias entre você e seus objetivos.

Tenho de manter minha motivação, manter minha energia "no pico" e sustentar ambição e uma atitude positiva – tudo depende de mim! A vida é dura e ninguém quer me ajudar de fato; se eu relaxar, as coisas desmoronarão. Quando eu conseguir um resultado, tenho de usar a força de vontade para mantê-lo.

- **Os espaços vazios que percebo limitam minha velocidade. As linhas que devo seguir limitam minha dimensionalidade e minhas possibilidades.** Sou especialista em projetar minha mente para a frente e para trás ao longo das linhas do tempo e das trilhas no espaço. Quando faço isso, inadvertidamente crio espaços vazios entre onde estou e o que desejo ter; minha mente sempre vê espaço em branco entre o ponto A e o ponto B. Uma vez que defino as lacunas como vazias, não experimento a informação que reside nelas e não consigo vivenciar a parte de mim que vive nestes espaços. Portanto, as lacunas criam grandes "ocos" no Fluxo de minha percepção-e-energia, "emperrando" a mim e à minha vida.

Devo permanecer na linha do passado, do presente e do futuro e fazer as coisas nesta ordem. E tenho de viajar daqui para lá ao longo de uma linha lógica; se quiser que o processo funcione, não posso pular nenhuma etapa. A vida é tão física! Explosões descontroladas de intuição e criatividade selvagem e imaginativa são desaprovadas. Verifico as probabilidades antes que elas ocorram, pensando como serão, valendo-me da experiência do passado e projetando essas ideias no futuro. Não entendo por que o presente parece ter seu próprio curso autônomo e por que não consigo controlar a vida com minha mente e minha força de vontade.

> Não olhemos para trás com raiva ou para a frente
> com medo, mas ao redor em estado de alerta.
> **James Thurber**

- **Caio facilmente em pensamentos negativos.** A lentidão, os espaços em branco, a exaustão (pelo uso excessivo da força de vontade) e a solidão (por pensar tenho de fazer tudo sozinho) me levam a fazer suposições errôneas sobre a vida e sobre quem sou. Eu reforço estados emocionais negativos e acho que provavelmente sou falho, indigno, condenável, ignorante, incompetente, fraco e não disciplinado o suficiente para levar uma vida melhor. Facilmente sinto-me frustrado, zangado, amargo, sobrecarregado, esgotado, deprimido, desmotivado, fatalista e enfadonho. Eu me defino pelo que *não* sou.

Como você pode ver a partir dessa pequena progressão de pensamento, a percepção linear cria um mundo baseado nas experiências de separação, medo, força de vontade, obstáculo e sofrimento. Não é uma descrição bonita! Na próxima parte, irei fornecer um modelo que pode ajudar você a imaginar e sentir a mudança para a consciência da Era da Intuição.

A realidade linear é como uma rosquinha* e seu buraco vazio

Com a percepção linear, tendemos a nos projetar para longe do centro – o aqui e agora e nosso corpo –, olhando e sentindo em direção a outros tempos ou outros locais (incluindo as realidades de outras pessoas) e negligenciando nosso próprio núcleo. Se você se lembrar do Capítulo 5, o que dá início à transformação para a percepção esférico-holográfica é a experiência da centralidade. Com a percepção linear, no entanto, estamos em todos os outros lugares exceto "em casa", em nosso centro e em nossa frequência original. A vida parece "fora de nós" ou ao nosso redor, e o que queremos está fora de alcance ou teve de ser adiado. De muitas maneiras, a realidade linear começa a se assemelhar a uma rosquinha e seu buraco vazio.

Na Figura 8-2 na página a seguir, você vê a rosquinha e seu buraco vazio centrada no eixo do tempo e do espaço. A interseção, ou ponto

---

* O termo usado no original é *donut*, que não é exatamente uma rosquinha, e sim um pequeno bolo em forma de rosca com cobertura doce e colorida. (N. do T.)

central, no aqui e no agora (o pequeno círculo preto no centro da ilustração), é onde você está com seu corpo, sua personalidade e seu acesso à alma e ao mundo não físico. Esse ponto central é como uma porta para dimensões da consciência de frequência mais alta.

A rosquinha representa o espaço no qual reside a maior parte de sua atenção – em algum outro lugar, ou no passado ou no futuro. Se sua atenção estiver concentrada na rosquinha, você não conseguirá perceber o que está acontecendo no buraco do meio e, portanto, não conseguirá acessar esse ponto central mágico que o abre para sua alma, sua vida não física e a realidade da Era da Intuição.

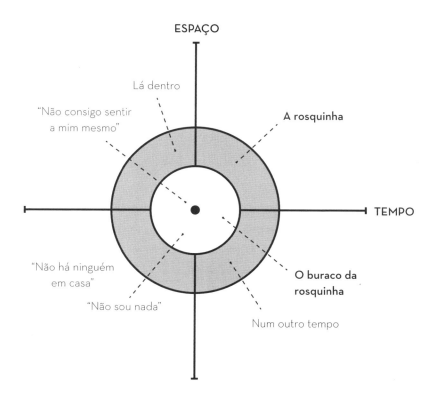

Figura 8-2: Ao projetar sua mente em outros tempos e espaços e ao encarar o mundo separado de você, a vida se torna uma espécie de rosquinha fora de seu alcance.
Seu corpo, sua personalidade e sua alma existem no buraco vazio.
É natural pensar que você não é "nada", pois não consegue se sentir.

Uma vez que você está procurando em outro lugar o que deseja, para a validação de quem você é e para o significado da vida, não vivencia seu verdadeiro eu no centro. Pode se sentir "desatento" ou "fora de si". A consciência "deixou seu corpo" para ocupar outros pontos no tempo e no espaço – com efeito, "não há ninguém em casa". Você mesmo se tornou um espaço em branco! Não é fácil, então, sentir o corpo, as emoções ou as verdadeiras motivações, ou ter uma noção clara do que é real e do que você quer ou necessita. Quando a mente consciente não está no aqui e no agora, você não consegue perceber o que precisa perceber, e não reconhece a orientação intuitiva que constantemente invade a realidade graças ao Observador Interior. Para se conectar com a alma, a verdade e o destino, sua percepção-e-energia tem de estar totalmente centrada no momento presente, em seu corpo.

Tente isto!
O que você projeta ou adia?

Acalme-se e, com seu diário, faça uma lista de respostas para as perguntas abaixo. No próximo exercício, faremos mais perguntas com respostas.

1. O que deixei de fazer? Adiei aquilo pensando em quê? Adiei ter alguma coisa? Adiei alguma experiência?
2. Quais dos meus objetivos coloquei no futuro?
3. Que ideias do passado limitam a maneira como consigo fazer ou saber algo hoje?
4. Do que tenho saudades?
5. Que outros lugares imagino visitar?
6. Em quem eu me concentro tão fortemente que consigo sentir como é viver a vida dele?
7. Que problemas não consigo resolver porque acho que a solução está distante demais?
8. Onde em minha vida sinto que devo usar a força de vontade? Ou que eu não posso parar, caso contrário tudo irá por água abaixo?

Quando você mora no centro oco da rosquinha, é normal associar o vazio ou a negatividade com quem você é – achar que não é nada, ou não é boa pessoa. Muitos de meus pacientes que sofreram maus-tratos quando criança me dizem que sentem que têm um "buraco psíquico" no meio do corpo. Eles tentam preenchê-lo de várias maneiras – com comida, sexo, fama ou emoção explosiva, por exemplo –, mas o "buraco" sempre fica vazio de novo. Quando você está com medo de seu corpo, ou "fora de seu juízo", especialmente de maneira repetida, esse fenômeno do buraco vazio ocorre com frequência. *Muito do que os psicólogos chamam de falta de autoestima é simplesmente falta de viv*ência *de si mesmo.* Como você conseguiria vivenciar seu verdadeiro eu quando sua atenção está criando uma realidade fora de você e separada de você?

> Não há necessidade de correr para fora para enxergar melhor, nem de espreitar de uma janela. Em vez disso, permaneça no centro de seu ser, pois, no momento em que você o deixa, você aprende menos.
> **Lao-Tzu**

Transformando a rosquinha em uma esfera

Para transformar e encontrar a percepção da Era da Intuição, você precisa assumir seu lugar de direito no centro do aqui e do agora e dentro do corpo – começando com os pontos centrais na cabeça e coração. Você precisa sentir sua frequência original – a alma no corpo e sua personalidade – como seu estado normal de ser e de se conectar profundamente com o que deseja que esteja ocorrendo no momento presente. À medida que essas condições se alinham, você se torna extremamente ciente da vivacidade de seu campo pessoal, percebendo que ele se estende ao seu redor de forma esférica em todas as direções, e que o que está dentro da esfera é sua realidade do momento presente. Se você pudesse se ver energeticamente, veria um balão de luz brilhante.

Na Figura 8-3 a seguir, você pode observar que, para se transformar, você retira todas as suas projeções da rosquinha e recolhe-se para o centro para ficar quieto e silencioso – para vivenciar a unidade no momento presente. É como se você houvesse lançado milhares de linhas de pesca no mundo e agora estivesse puxando-as de volta para seu núcleo. É quando você faz a "pausa que refresca", chega ao fim do progresso, relaxa a força de vontade e fica consigo mesmo e sua realidade do jeito que elas são. Lembre-se, porém, que assim que você parar e centrar-se, a vida poderá parecer bastante vazia. Você poderá se achar louco. Mas, se continuar "apenas sendo", sua experiência mudará magicamente e você se sentirá pleno.

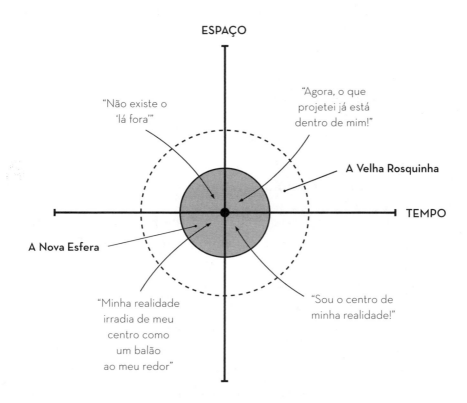

Figura 8-3: Você retira suas projeções da rosquinha e puxa tudo para dentro de si. Agora, todos os seus sonhos, objetivos e soluções existem dentro de seu momento presente e não há mundo exterior! A esfera é sua realidade.

Em nosso modelo, à medida que você desvia a atenção da rosquinha, ele drena sua energia, entra em colapso e se dissolve. Conforme você retrai suas projeções, trazendo todas elas de volta para dentro do buraco vazio, essa experiência centralizadora gradualmente traz a vivência de seu verdadeiro eu de volta à realidade, de volta ao foco. O buraco antes vazio torna-se um centro vivo e ativo, preenchendo-se com percepção-e-energia e transformando-se em uma esfera radiante.

Agora você se expande lentamente, como uma fruta redonda amadurecendo, através e além do espaço que a rosquinha costumava ocupar. Você percebe que seu conhecimento, seus objetivos, outras pessoas, outros lugares, outros tempos – até mesmo outras dimensões – estão todos contidos dentro de seu campo pessoal esférico, que também é um momento presente muito expandido. Agora você está consciente de conter sem esforço muitas ideias, coisas e frequências, e enquanto isso você reside pacificamente no coração de seu grande balão de realidade.

Tente isto!
Reabsorva o que estava anteriormente em sua rosquinha

1. Acalme-se, traga a atenção para dentro da pele e, em seguida, concentre-a no centro do coração. Deixe um balão de luz irradiar de dentro do coração até tornar-se uma grande esfera ao redor do corpo.

2. Deixe esse campo pessoal do coração ressoar com a vibração da frequência original ou estado preferido – o jeito como você realmente gosta de se sentir. Deixe-o expandir até que tudo o que você conhece caiba dentro da esfera.

3. Com seu diário, revise suas respostas às perguntas do exercício anterior, "O que você projeta ou adia?". Traga cada pergunta de volta para dentro de sua esfera a fim de sentir isso como parte de seu momento presente, sua realidade viva. Relate como isso muda sua percepção de cada resposta e o que você quer fazer agora sobre cada coisa.

Como funciona a realidade quando você é uma esfera

Depois de passar da percepção linear para a esférica (a primeira etapa da percepção esférico-holográfica), a realidade funciona de maneira diferente. Para começar, *não existe mundo exterior!* Tudo está dentro de sua esfera com você, interligado por um campo de percepção-e-energia sem separação de fronteiras. E tudo é pessoal, altamente eficiente e ampara-nos amorosamente. O que anteriormente era importante em sua vida ainda está lá, mas tem um teor de realidade aumentada.

Você se torna um eu multifacetado e multidimensional que nunca sai de sua frequência original. Você não precisa ir a lugar nenhum para saber e ter o que deseja. Só precisa dirigir totalmente a atenção para uma ideia e ela aparece em seu campo pessoal, materializando-se como que por milagre com a ajuda oferecida livre e generosamente por outras pessoas. O processo é bastante rápido, pois tudo está no momento presente. Você não está mais oco por dentro, mas alegremente "cheio de si mesmo", e é capaz de saber qualquer coisa porque as respostas estão agora dentro de você. Você é a fênix recém-nascida e ressuscitada.

> Quando nos envolvemos numa recuperação da criatividade,
> entramos num processo de abstinência da vida como a conhecemos. [...]
> Nós mesmos somos a substância que acolhemos,
> e não da qual nos abstemos, enquanto puxamos nossa
> energia criativa estendida demais e extraviada
> de volta ao nosso próprio núcleo.
> **Julia Cameron**

Seu campo esférico é sua realidade

Na condição de esfera, você sempre experimenta sua realidade de dentro. Você não consegue sair de si mesmo. Seu campo esférico é seu momento presente, sua mente consciente, sua realidade e seu senso de identidade – mas ele não é estático; pode expandir e contrair sua frequência para acessar mais ou menos do campo unificado, dependendo do escopo de sua atenção. Você pode ser um foco de consciência pequeno e estreito, ou um foco de consciência grande e expansivo. Pode conhecer a realidade de uma partícula, ou de todo o campo unificado. Quando se concentra no mundo físico, tem a sensação de abranger mais ou menos tempo e espaço. Quando está focado no mundo não físico, pode sintonizar-se com frequências – e dimensões – inferiores da percepção-e-energia. Você tem liberdade de se mover para qualquer lugar do campo unificado e experimentar tudo. E, no entanto, não há nada fora de sua esfera de experiência. Sei que isso não é fácil de entender quando estamos limitados à percepção linear!

Aqui reside a parte capciosa: na percepção esférica, quando você tem um novo pensamento, ele não está vindo de fora de sua esfera, mas de uma nova frequência dentro de sua esfera. A ativação de frequências e a movimento da percepção-e-energia dentro de sua esfera é uma função do Fluxo, de sua alma e de seu Observador Interior. Pensamentos de frequência mais alta produzem a experiência de viver numa esfera maior e mais expansiva. Quando você acha que existem mais coisas a saber, fazer ou ter, sua esfera já focou os novos pensamentos em uma frequência na qual você consegue acessá-los e torná-los conscientes. Se você sentir a tentação de ver "mais" (isto é, para além de você) no tempo, no espaço ou em outra dimensão – isso significa que regrediu para a percepção linear.

Sua esfera abriga frequências ilimitadas

Quando você vive a partir do centro de sua esfera, torna-se consciente de uma vasta gama de frequências que coexistem em seu interior. Você verifica que frequências diferentes correspondem a realidades diferentes – que existem muitas dimensões de experiência disponíveis. E você brinca com o ato de mudar a vibração pessoal para mudar a realidade, descobrindo que a esfera se expande ou se contrai para corresponder à nova vibração.

Mudar de frequência é tão fácil quanto focar a atenção de maneira diferente. Se você se concentrar em trocar a bateria de um relógio, por exemplo, sua esfera será relativamente pequena. Se, no meio dessa atividade, você pensar nas férias de seus sonhos e no entusiasmo que sentiria se estivesse lá, sua frequência aumentará; sua esfera se expandiu para abranger a visão e torná-lo consciente disso. Se você meditar sobre a compaixão e sentir que seu coração se conecta a todos os outros corações, a frequência de sua esfera se expandirá ainda mais.

Dentro da sua esfera, a vida é naturalmente segura

Se o que você percebe está em seu interior, é algo familiar. Intimamente, você sabe disso – e o que você percebe também conhece você. *Tudo dentro de você é cooperativo, pois em tudo trata-se do mesmo eu com um único objetivo – a evolução.* Não existe oposição; ela entrou em colapso com a dissolução do mundo exterior. Se você tiver um desejo, ele se materializará facilmente porque quer se materializar – porque ele é "você" de outra forma. Quando seu mundo é familiar e você está focado em sua frequência original, sua realidade se torna favorável e do tipo "ganha-ganha-ganha", e sua percepção-e-energia cria segurança, amor e alegria, ao invés de medo e perigo.

"Mas isso não é ingênuo?", perguntaria você. "E se, enquanto eu estiver seguindo alegremente por este caminho, alguém me assaltar? E se meu chefe me demitir? E se eu vir um aranha e minha fobia for acionada?" Em primeiro lugar, se algo parecer adverso e externo, você caiu de volta na percepção linear. Em vez de se relacionar com a aranha como um ser semelhante a você e ver o mundo através dos olhos dela, você se torna o inimigo; está de volta ao buraco vazio da rosquinha, sentindo-se impotente e fora de contato. Isso pode acontecer num instante – mas você pode corrigir a situação num instante também, recentralizando-se. Então, você conseguirá ver que seu chefe não está trabalhando contra você; ela está trazendo uma visão importante de que você necessita. Talvez a aranha seja uma mensageira de seu Observador Interior.

Você logo passa a reconhecer os tipos de contrações sutis que o trazem de volta ao buraco vazio da rosquinha e, mais cedo ou mais tarde, para de reagir dessa maneira, pois trata-se de um incômodo desnecessário e você tem uma clara preferência por sentir-se melhor. Quando você estabilizar sua nova visão de mundo, estará em segurança; simplesmente não será atraído para a hora e o local onde poderá ser assaltado. Não precisará desse tipo de "lição" baseada no medo e confiará em sua intuição e no Observador Interior para guiá-lo pelo caminho de maior criatividade e crescimento.

Você pode visitar muitas dimensões em sua esfera expansível

Com a percepção esférica, você verifica que suas realidades física, emocional, mental e a da alma estão conectadas suavemente em um *continuum*. Assim como você pode tocar uma escala musical, pode deslizar por uma "escala" similar das diferentes "frequências do eu". Uma vez que tudo está conectado de forma tão fluida via ressonância, não há mais linhas de demarcação – modificar dimensões é só uma questão de modificar a vibração, ou modificar sua atenção, e isso pode acontecer instantaneamente.

Quando você medita, trabalha com a imaginação ou sonha à noite, sua esfera se expande e acolhe dimensões superiores da consciência: os reinos etérico, emocional/astral, mental e causal. A cada expansão, você conhece mais – e é mais – de sua totalidade. Quando você voltar à realidade diária, sua esfera se contrairá; ela se contrairá ainda mais se você se concentrar em uma tarefa. O que é tão divertido é que você tem liberdade total para ativar qualquer frequência e escopo que desejar, a qualquer momento, em qualquer ordem. É possível sentir que você inclui todo o planeta, o sistema solar ou qualquer galáxia dentro de sua esfera. Combine o tamanho e a vibração de sua esfera para a esfera da Terra e você poderá conhecer a Terra como a si mesmo. Contraia sua esfera para o tamanho e vibração de um átomo e poderá conhecer este átomo como a si mesmo. O mestre espiritual Neville Goddard disse: "Nós nos tornamos aquilo com o qual estamos *em contato*".[1]

Quando expande sua esfera, você também pode sentir que tem mais tempo. Isso ocorre porque você inclui mais do passado e do futuro em seu interior. Tem a estranha sensação de que o presente engoliu o que costumava ser o passado e o futuro, dando-lhe acesso a informações que costumava identificar como memória ou como *insight* de premonição. Também tem uma sensação mais vagarosa de ter "muito tempo", e observa que as coisas que costumavam levar muito tempo acontecem em um instante. *O que costumava ser o futuro é agora seu eu potencial.*

Talvez você receba uma visão sobre o destino – algo que costumava definir como acontecimento de um futuro distante e, portanto, quase imperceptível –, mas agora, seu destino estando dentro de sua esfera, parece próximo e muito mais real. É um "eu possível" ao seu alcance. *Seu destino está dentro de você numa frequência mais alta da realidade atual.* Para materializá-lo, só precisa elevar a vibração pessoal para corresponder à frequência do padrão do destino e permitir que o escopo de sua esfera se ajuste e corresponda à nova vibração. Mais cedo ou mais tarde, quando você conseguir mudar sua vibração habilmente, será capaz de materializar instantaneamente uma nova realidade. Nenhum processo gradual de criação do tipo "causa e efeito" será necessário! O "futuro", descobrirá, vai se tornando um conceito ultrapassado.

<hr />

Tente isto!
Expanda sua esfera em 50%

1. Acalme-se e sinta o objetivo de sua vida atual como se tudo de que você está ciente esteja dentro de uma realidade esférica. Observe que o espaço e o tempo estão incluídos em sua esfera; você tem uma rotina, projetos em andamento, relacionamentos, movimento, fluxos e padrões de pensamento repetitivos.

2. Agora imagine adicionar 50% a mais de energia à sua esfera, aumentando a frequência da realidade em 50% e expandindo o escopo da vida em 50%. Faça isso até que esse novo nível de consciência e atividade pareça confortável e normal.

3. Que novos desenvolvimentos podem estar ocorrendo em sua esfera expandida? O que você sabe sobre o momento presente que não sabia antes? Como se sente agora a respeito de si mesmo, dos outros e das possibilidades da vida?
4. Anote suas observações em seu diário.

Como a realidade funciona quando você é um holograma

Agora que você tem uma noção de como funciona a percepção esférica, vamos adicionar a segunda parte da nova geometria perceptiva – a percepção holográfica. Então, poderá começar a sentir como elas se fundem sem esforço para criar uma realidade transformada.

Lembre-se de que qualquer parte de um holograma revela sua totalidade. O microcosmo simboliza perfeitamente o macrocosmo, ou, parafraseando uma antiga verdade metafísica: "Assim em cima como embaixo". À medida que o campo esférico da percepção-e-energia se expande e se contrai, você aprende a perceber que qualquer foco – qualquer realidade –, por menor que seja, age como um holograma. E você descobre que o próprio Universo é um "super-holograma".

Michael Talbot, autor de *The Holographic Universe*, diz: "Assim como cada porção de um holograma contém a imagem do todo, cada porção do Universo envolve o todo. Isso significa que, se soubéssemos como acessá-la, poderíamos encontrar a galáxia de Andrômeda no polegar da mão esquerda. Também poderíamos visualizar Cleópatra encontrando Júlio César pela primeira vez. Em princípio, todo o passado e as implicações para todo o futuro também estão envolvidos em cada pequena região do espaço e do tempo. Cada célula do nosso corpo envolve todo o cosmos".[2] Sua esfera contém toda a mente universal e o campo unificado. Com a percepção esférico-holográfica, você não precisa ir a lugar nenhum para saber de tudo. Tudo está envolvido – e *codificado* – no centro do coração e em cada centro do corpo.

Você tem acesso a qualquer centro e a qualquer realidade

Ao começar a viver a vida de modo holográfico, você descobre que tem acesso à sabedoria universal a partir de qualquer ponto do campo unificado. Todos os pontos centrais se tornam disponíveis, pois eles estão em você – assim como afirma a teoria dos "muitos mundos ou multiversos" da física. Você pode deslizar para outros pontos centrais via ressonância: eles não estão separados no espaço, mas na frequência. Você não precisa sair de seu centro para ir a outro centro, basta imaginar e já estará lá – mudando apenas sua vibração.

Pense de maneira amorosa no coração de uma árvore antiga e estará lá, sentindo as vivências que ocorreram ao longo da história em que cada anel de seu tronco cresceu, conhecendo o mundo daquele ponto de vista. Sintonize o coração de um mestre espiritual e estará lá, sentindo o que ele sente e conhecendo o mundo a partir de sua perspectiva iluminada. Pense em uma realidade potencial, como conseguir um ótimo emprego novo com o dobro do salário, e poderá se sentir como esta nova pessoa. Você poderá explorar alegremente este jogo de *mudança de forma* – de fusão em vários centros para experimentar aspectos de seu eu maior.

Qualquer ponto central é a semente de uma realidade única, e cada realidade contém simultaneamente a experiência de todo o campo unificado da percepção-e-energia. Todos os pontos centrais, ou pontos de vista, são caminhos legítimos para chegar à unidade. Sou o centro do Universo, e você também. Há um modelo interno em cada ponto central. Quando você dirige a atenção para qualquer centro, conhece toda a sua forma potencial – sua expressão ideal e perfeita. Você pode se unir a qualquer coisa e conhecê-la pessoalmente por dentro. Isso lhe dá a capacidade de profundo respeito e compaixão, pois, quando conhece algo dessa maneira, percebe a importância, a magnificência e a beleza de todas as formas de vida. Se você enxergar o mundo com respeito e compaixão, poderá mudar como que por mágica para a experiência do universal, o "super-holograma" – de qualquer lugar.

A capacidade de ver o Universo de diferentes perspectivas pode ser um reflexo dos diferentes pontos privilegiados de percepção de nossos sutis veículos de expressão energéticos, como os corpos astral, mental e causal.

Richard Gerber

Lembranças e visões estão vivas, cada qual em sua própria esfera

Na realidade esférico-holográfica, toda lembrança, vida, imaginação ou visão – toda experiência já fantasiada ou vivida por qualquer pessoa ao longo de todos os tempos – ainda existem como uma frequência única, prontamente disponível para você vivenciar enquanto realidade. Muitas vezes tenho visto essas realidades em meus sonhos como bolhas transparentes flutuando no espaço, cheias de "filmes" minúsculos e vivos que, quanto mais eu mergulho neles, eles se tornam maiores e mais reais. Quando você mover a atenção para uma dessas "realidades-bolha" esféricas, notará que ela tem seu próprio centro. Junte-se a esse ponto central, iguale sua vibração com a vibração da esfera e estará nesta realidade, vivendo essa lembrança ou visão no tempo presente.

Esse é um exemplo de como o esférico e o holográfico se unem. Um ponto central pode comungar facilmente com qualquer outro ponto central; a experiência ou campo esférico de qualquer outra pessoa pode ser sua experiência, e vice-versa. E você pode conhecer o eu, o mundo e a totalidade de qualquer ponto de vista.

Estive descrevendo como funciona a percepção esférico-holográfica no mundo interior, mas lembre-se de que a transformação envolve a fusão das realidades física e não física. Na Era da Intuição, elas não estarão separadas como estão hoje. Portanto, é possível que, à medida que você se torne hábil em mudar a frequência, o ponto central e a esfera no mundo não físico, mais cedo ou mais tarde será capaz de fazer isso fisicamente. Por exemplo, viagem no tempo, teletransporte e bilocação poderão se tornar mais normais após a transformação. Discutiremos sobre isso no Capítulo 14.

Você pode se unir a qualquer grupo de mentes ou central de conhecimento

Na realidade esférico-holográfica, você pode entrar em comunhão com outras almas, grupos de almas e a imensa "alma do mundo" para descobrir o que esses tipos de consciência coletiva sabem. Nos primeiros anos em que eu estava desenvolvendo a intuição, sentia regularmente um grupo de seres sentados numa mesa redonda a alguma distância, ou frequência, acima de minha cabeça. Em meditação, sintonizei-me com essa realidade imaginando-a e sentindo-a em detalhes, e encontrei-me na sala com eles, sentada em meu lugar na mesa redonda. Durante essas "conferências", o conhecimento era transmitido telepaticamente entre todos os seres por meio do conhecimento direto. Quando a transferência terminava, eu voltava à minha realidade física imaginando-a novamente e abandonando minha vibração. Existem tipos infinitos de mentes grupais às quais você pode se juntar por *correspondência de frequência*, e cada grupo é uma esfera na qual o conhecimento dos participantes está igualmente disponível para todos.

Você está começando a experimentar a vida como uma esfera e um holograma, pois agora a frequência da Terra permite que entenda esse modo de funcionamento de alta vibração. É interessante que, à medida que a geometria de nosso modelo perceptivo vai mudando, a ciência também tem observado a natureza holográfica da maneira como o cérebro e o corpo funcionam. Nosso processo de aprendizagem e criação vai acelerar muito – com efeito, a memória fotográfica pode muito bem ser um dos subprodutos da realidade esférico-holográfica. Podemos acessar os dados já existentes e os que ainda serão documentados diretamente do campo unificado – um mecanismo de busca que é mais rápido e mais preciso do que qualquer coisa na internet hoje. Nossa tecnologia pode ser algo que logo ultrapassaremos para uma tecnologia do "novo ser humano" muito mais eficiente, construída diretamente no tecido de nosso ser.

Para ver o mundo num grão de areia
e o paraíso numa flor silvestre,
segure o infinito na palma da mão
e a eternidade em uma hora.

William Blake

Só para recapitular...

Estamos mudando nossa "geometria da percepção" subjacente de uma visão linear para um modelo esférico-holográfico, e isso muda nossa realidade. A percepção linear, que conhecemos tão bem, causa muitos tipos de limitação e contribui para a existência de dor e sofrimento. Mudar para a nova percepção esférico-holográfica e sua realidade transformada resultante começa com atingir a percepção esférica e, em seguida, adicionar a segunda parte, que é a percepção holográfica.

A percepção esférica começa com a centralidade e o aprendizado de viver no aqui e no agora, dentro do corpo. Um modelo simples para entender como essa mudança ocorre é imaginar que a realidade linear é uma rosquinha com seu buraco vazio. A mente se projeta constantemente para longe do centro, ao longo de linhas para tempos passados ou futuros e outros locais no espaço. O centro é negligenciado, o que faz você se sentir vazio, enquanto a "realidade" parece uma rosquinha, exterior e separada de você. Torna-se difícil sentir o corpo e a alma.

Você precisa abdicar de todas as projeções e afastar a atenção da rosquinha. Em seguida, ancore-se firmemente em seu centro, permitindo que o "buraco" oco se encha de novo como uma fruta que amadurece. Então, você recuperará o senso de sua verdade. A rosquinha desaparecerá e a realidade se tornará uma esfera radiante com você sempre no centro. Depois dessa mudança, você poderá expandir ou contrair a esfera em frequência para abranger qualquer extensão do campo unificado. Sua realidade se tornará extremamente fluida.

A percepção holográfica começa quando você percebe que pode ressoar juntamente com qualquer centro ou coração dentro do campo – pois a esfera contém todos os corações de todas as formas de vida que já existiram ou existirão; todas eles estão no momento presente junto com você. Qualquer centro pode levá-lo a uma experiência da totalidade do Universo. Você ganha liberdade infinita, sabedoria e respeito por todas as formas de vida nessa nova realidade esférico-holográfica.

9

Pratique a atenção indivisa

> Minha experiência é aquilo que
> concordo em presenciar.
> **William James**

À beira da Era da Intuição, a vida está se debatendo com ondas de medo, confusão e, sim, excitação também. Acolhemos com alegria novas tecnologias, ao mesmo tempo que processamos montanhas de dados, fazendo malabarismos com os componentes multiplicados de nossa vida e evitando a consciência negativa que permeia os éteres. Nós nos distraímos para longe do excesso de estímulos com novos tipos de estímulos, aprisionando nossa consciência em uma camada rasa na superfície da realidade. Estamos prontos para o desenvolvimento da próxima habilidade de atenção – *o uso consciente da própria atenção*. Neste capítulo, examinaremos o que exatamente a atenção indivisa pode fazer.

Atenção: uma mercadoria valiosa

É interessante pensar na origem das frases que usamos para falar sobre atenção. Muitas delas soam como se estivéssemos falando de dinheiro. Dizemos: *"Preste* atenção, por favor!", ou: "Estou *investindo* atenção nesta ideia (ou *retirando* a atenção desta ideia)".* Ou: "Ele só quer atenção". Ou: "Posso *ter* sua atenção?". Temos déficit de atenção nos dias de hoje, assim como temos um déficit orçamentário nacional. A atenção é obviamente uma mercadoria altamente preciosa! A origem da palavra realmente vem da ideia de "estender-se para" algo com sua percepção-e--energia. *Assistir* a um evento é colocar-se nele, é estar presente nele. *Cultivar* um jardim é trazer consciência para ele com os cuidados necessários.

A atenção é valiosa porque não é apenas um ato de focar a mente em um único ponto; é trazer a própria essência, a alma – a coisa mais valiosa que você possui – totalmente para dentro do momento, perceber com clareza. Nas forças armadas, o comando "Atenção!" é uma chamada para alerta e presença totais por motivos de segurança. Jon Kabat-Zinn, um importante mestre na prática de *mindfulness* (atenção plena) – método--chave para desenvolver atenção indivisa – diz: "*Mindfulness* significa prestar atenção de uma maneira particular: de propósito, no momento presente, sem julgamento. [...] [É] uma apreciação do momento presente e o cultivo de uma relação íntima com ele por meio de uma atenção contínua, com cuidado e discernimento. [*Mindfulness*] é o oposto exato de não dar valor à vida".[1] Quando usada de maneira correta, a atenção promove a vida e desvenda a alma, levando à evolução consciente.

A atenção revela a presença no presente

Observe a repetição nas ideias de *presença*, estar *presente* e o momento *presente*. A atenção só funciona no momento presente; na verdade, se

---

* Em inglês, *to pay attention* (literalmente, "pagar atenção") equivale a "prestar atenção". "Investir" ou "sacar" atenção também são expressões correntes. (N. do T.)

prestar atenção, o próprio ato *traz você para o presente*. Quando você está presente, tem presença – e a presença é a experiência da alma. Você pode "investir" atenção superficial ou profundamente, inconsciente ou conscientemente, colhendo benefícios na medida em que exista um foco. Quando a atenção é focada pelo lado esquerdo do cérebro, só uma pequena quantidade da presença da alma é filtrada para dentro, e o que é revelado só se encaixa no entendimento limitado do lado esquerdo do cérebro. Mas quando a atenção é totalmente focada pela alma, você descobre a pura percepção-e-energia onde quer que ela seja colocada, investida, concedida, dada, dirigida ou transformada. Esse tipo de atenção indivisível cria uma conexão ao vivo com o mundo e abre você para enxergar o mundo não físico para além da superfície da vida.

Quando a alma enxerga, tudo em que você prestar atenção aumentará a evolução e a criatividade inspirada; quanto mais profundamente você prestar atenção, mais encontrará verdade e espírito. Quando percebe que é você, a alma, quem está prestando atenção, você experimenta mais propósito e poder. Pode até perguntar-se: "Estarei criando vida ao percebê-la?". O que é interessante é que a alma só *se* enxerga ali onde focaliza sua atenção, pois é indivisa e não tem conceito de "alteridade". Portanto, se prestar atenção tal como a alma, reconhecerá uma conexão de parentesco entre você e tudo o que percebe.

Talvez você se pergunte: "Quem está prestando atenção agora?". Será o lado esquerdo do cérebro ou a alma? Observe que a alma ativa a presença, que é mais valiosa do que o dinheiro, pois quando você está saturado dela, tudo está saturado dela, e os mistérios da vida se desdobram; a sabedoria é transmitida em sua frequência. Quando o espectador e a coisa visualizada se fundem, nada pode ser escondido. Você vê a luz dentro da vida e a vida se torna sagrada.

Pessoas e lugares com presença forte têm uma energia que faz você se sentir mais consciente. Tenho certeza de que notou que quem ou o que tem presença real é autêntico, confiável, convincente, vital, magnético, universal de alguma forma, e naturalmente chama a atenção e dá atenção. Pense em pessoas como Sua Santidade, o Dalai Lama, ou estruturas como a Grande Pirâmide e o Taj Mahal, ou lugares como o Grand Canyon e o Monte Everest, ou seres como as árvores mais antigas no planeta. Quão iluminador é estar na presença deles!

Tente isto!
Ative a presença por meio da atenção

1. Com a próxima pessoa com quem você tiver algum tipo de interação, concentre a atenção totalmente no corpo e no momento presente. Lembre-se de que você é a alma, percebendo através dos olhos de sua personalidade, e realmente observe a outra pessoa sem rótulos ou julgamentos. Para conseguir isso, encontre a serenidade dentro de si mesmo. Ser um observador neutro, mas compassivo, é o começo da presença.

2. Dirija a atenção sobre, ao redor e para a outra pessoa, suave e gentilmente, como se ela fosse uma luz dourada ou diamantina. Preste bastante atenção na maneira como a outra pessoa fala e se move, em sua vibração pessoal, em quaisquer pistas intuitivas que você conseguir captar. Não replique a vibração da outra pessoa. Permaneça em sua própria frequência original.

3. Observe o que ela está dizendo e o motivo por que isto é importante para ela. Aprove o que ela diz reconhecendo que você a entende. Enquanto está prestando atenção nela, abra o coração e aprecie-a por quem ela é. Sinta a qualidade da alma dentro dela.

4. Observe se há algo que você gostaria de dizer a ela que provém de seu apreço, e diga-o. Esteja ciente de que não se trata de causar impressão ou ser aprovado; trata-se de encontrar a alma em todos os lugares do momento, gerado igualmente por vocês dois.

5. Durante esse processo, ocorre uma mudança sutil na outra pessoa? Observe se ela relaxa e se abre um pouco, ou se sorri. Talvez ela retribua sua apreciação de alguma maneira.

6. Tente praticar isso com um animal, uma árvore ou seu carro e anote o que perceber.

Medindo a atenção no tempo

A atenção é com frequência medida em critérios de tempo. Quanto tempo você consegue manter o foco ou concentração no objeto de sua atenção? O que é sua *capacidade de atenção*? Esta é uma maneira linear de encarar a atenção que pode fazer você vivenciar a atenção como uma função do lado esquerdo do cérebro. A atenção linear pode revelar diferentes quantidades de informações, dependendo de quanto tempo você mantém o foco. Quanto mais tempo você mantiver o foco e a conexão, maior a chance de vivenciar a presença. Porém, muitas vezes estes períodos de atenção são estreitos e curtos.

A atenção rápida e ágil aciona uma conclusão rápida: "Então foi aí que deixei meus óculos!". Mantenha a atenção por mais tempo e você adquirirá compreensão: "Esta planta em minha casa não está feliz neste local; ela quer mais luz". Continue com uma atenção mais penetrante e indivisa e encontrará harmonia e comunhão com o que está observando: "Agora sinto por que o cão que adotei está tão ansioso; ele foi maltratado e abandonado pelos donos. Posso sentir quando seu pânico ocorrerá e o que ele necessita para se sentir seguro". Períodos curtos de atenção podem levar a encarar a vida como uma série de percepções breves, muitas vezes não relacionadas entre si, que inadvertidamente reforçam a realidade linear e a separação.

A atenção é conduzida por seu Observador Interior

Você investe a atenção naquilo que considera valioso. O que o Observador Interior faz que perceba atrai seu interesse, e você se concentra nisto para criar ou aprender. Manter a atenção por tempo suficiente para vivenciar a presença pode ser desafiador quando você não está interessado no que está fazendo.

Quando estudei meditação pela primeira vez, tínhamos de inspirar e contar lentamente: "um, dois", depois expirar e contar lentamente: "três, quatro". E assim por diante! O que poderia ser mais fácil? Pois é! Ninguém em nossa classe aguentou muito tempo. Aprendemos em primeira mão o que os mestres de meditação chamam de "mente crescente", em que você se torna inquieto e os pensamentos saltam loucamente de uma coisa para outra, e "mente minguante", em que você perde o foco e quase adormece até que um empurrão mioclônico* no corpo o leve de volta ao tempo presente. Atribuo isso ao fato de que "um, dois, três, quatro" é um foco bastante monótono e nós ainda não havíamos vivenciado as mudanças interessantes que ocorrem quando a mente se aquieta, se equilibra e se aprofunda. Portanto, havia pouca motivação entre nós.

Mas plante seu jardim de primavera, jogue em *sites* de redes sociais ou leia um *thriller* de assassinato e você não estará contando os minutos. Você mergulhará no momento presente – no Fluxo – e quando chegar a reentrada, ou "retorno" para a autoconsciência comum, descobrirá que uma quantidade incrível de tempo se passou. Você esteve envolvido em algo que tem presença.

É essa imersão no momento presente que marca o início da vivência da atenção do ponto de vista esférico-holográfico. Interesse, curiosidade e harmonia com a frequência original podem transformar sua experiência de atenção em algo que substitui a realidade física e o conduz a uma vivência mais mística, quando sua percepção parte de todo o seu campo pessoal. Vamos explorar isso um pouco mais adiante.

> Eu não estava perdendo minha concentração,
> mas estava ficando cansada de me concentrar.
> O que eu estava focando se tornava rotineiro demais, ritual demais,
> nada que fosse interessante, novo e empolgante.
> **Picabo Street**

Cegueira e déficit de atenção

Os neurologistas (olhando através do filtro da percepção linear) concordam que um princípio básico de estruturação do cérebro é o fenômeno

---

* A mioclonia é uma contração muscular súbita e involuntária especialmente nas mãos e nos pés. (N. do T.)

específico chamado *cegueira de atenção*, em que concentrar-se em uma coisa faz que você se distraia de outras. Essa capacidade de focalizar a lente ou o feixe de luz da consciência pode ser bastante útil no mundo físico. O mundo é um lugar repleto de um número infinito de coisas a serem assimiladas, maneiras de reagir a estímulos, significados a serem entendidos e ações a serem tomadas. Se você não conseguisse estreitar o foco, seria inundado por uma enxurrada de sensações e ficaria paralisado e incapaz de escolher, agir ou conhecer a si mesmo enquanto indivíduo. Portanto, quando se trata da vida na Terra, a concentração pode ser algo positivo.

No entanto, o foco com alvo único também pode ser perigoso e enganoso, especialmente com a quantidade crescente de estímulos que brigam por sua atenção nos dias de hoje. Ao ouvir música com fones de ouvido sem captar ruídos externos, você poderá ignorar as sirenes dos caminhões de bombeiros que se aproximam. Cultive por tempo demais um sistema de crença ou metodologia e correrá o risco de se tornar obstinado e calcificado à medida que sua compreensão e criatividade diminuem. O foco com alvo único, quando aplicado por muito tempo a uma coisa, pode enfatizar demais o lado esquerdo do cérebro e deter o Fluxo. Há um provérbio zen-budista que diz: "É isto, mas se você se fixar nisto, então não será mais". O paradoxo implica que a atenção direcionada pode interromper a experiência direta e o conhecimento direto, ambos componentes da realidade esférico-holográfica.

O espírito comanda a mente.
O espírito está dentro da mente e a emprega externamente.
A mente também direciona a energia.
Empregando energia, a mente salta para fora
a serviço do espírito. Quando a mente permanece num só lugar,
a eficiência é perdida.
Portanto, é essencial certificar-se de não
manter a mente num só ponto.

Yagyu

O lado esquerdo do cérebro não consegue suportar a pressão

Grande parte do estresse atual da sociedade da Era da Informação é um sintoma da percepção linear. Geralmente, os especialistas veem a atenção como uma função do lado esquerdo do cérebro. A partir dessa perspectiva, temos uma realidade limitada, um intervalo limitado de tempo, um conceito limitado de quantas coisas podem ser assimiladas pela abrangência da atenção e um senso limitado de nossa capacidade enquanto indivíduos. Esse quadro parece um desafio intransponível para lidar com a quantidade de dados a serem processados hoje em dia – criando uma grande pressão. Assimilar uma coisa de cada vez parece algo terrivelmente inadequado.

Também são limitadas as conclusões lógicas do lado esquerdo do cérebro sobre como resolver o problema da aceleração do tempo e da proliferação de dados. *Vá mais depressa! Faça mais coisas ao mesmo tempo!* Em sua propensão para a visão negativa, o lado esquerdo do cérebro criou rótulos limitantes que atrapalham o Fluxo evolutivo: *cegueira de atenção, transtorno do déficit de atenção, transtorno de hiperatividade do déficit de atenção*. O tratamento dos "distúrbios" da atenção desorientada constitui, de fato, uma grande parte da psicologia e da educação, pois muitas "funções executivas" são afetadas – como inibição, iniciação de tarefas, esforço sustentado, recuperação de memória, planejamento, organização e monitoramento de si mesmo. Se descrevermos esses chamados "distúrbios" de maneira mais positiva e holística, não vendo aí "distúrbios", mas padrões novos e maiores do lado direito do cérebro, poderemos obter alguns avanços inovadores.

Velocidade e atividades multitarefa causam superficialidade e erros

Tentar acompanhar o ritmo de vida atual apreendendo uma coisa por vez *cada vez mais depressa* faz que entenda menos sobre cada coisa, pois você passa menos tempo com aquilo e seu foco é mais superficial e raso. Colocar mais atividade em cada momento divide a atenção e cria lacunas de percepção que de fato causam cegueira de atenção. É fácil chegar à conclusão errada ou agir com informações insuficientes. Atualmente, combinamos centenas de funções em um único dispositivo – telefones multitarefa, por exemplo, são tão viciantes que geraram a indústria de "aplicativos", que produz ainda mais estímulos e atividade para nossa atenção já dividida em seus processos.

Não estou afirmando que a tecnologia da informação seja ruim, pois ela certamente expande o que antes sabíamos ser possível. Estou dizendo que o foco com alvo único na tecnologia contribui para uma dependência que está causando atrofia de importantes habilidades humanas naturais – e estas são habilidades de que precisamos para a transformação. Nossa capacidade de atenção profunda com presença está sendo prejudicada pela velocidade e pela fragmentação. Lembra-se de quando os programas de televisão começaram a exibir anúncios na tela durante um programa? Foi algo chocante, embora fosse apenas texto. Mas agora vemos explosões por trás de palavras animadas enquanto pessoas pequenas atravessam todo o terço inferior da tela. Justamente quando estou profundamente absorta na grande atuação de um ator, aparece piscando um anúncio de um *reality show* cafona. Essa divisão de atenção causa estresse subliminar e até mesmo raiva: "Em que devo me concentrar? E por que minha percepção profunda foi interrompida?".

> Estas agressões ao nosso sistema nervoso estimulam e fomentam continuamente o desejo e a agitação, em vez do contentamento e da calma. Elas promovem reação em vez de comunhão, discórdia em vez de consonância ou concordância, consumismo em vez de nos sentirmos inteiros e completos como somos. [...] Somos levados a residir cada vez mais em nossa cabeça, tentando imaginar as coisas e ficar por dentro das coisas, em vez de sentir como elas realmente são.
> **Jon Kabat-Zinn**

O respeito e a intimidade estão em baixa?

Recentemente, vi seis pessoas reunidas para jantar num restaurante, todas com seus *smartphones* ritualmente colocados ao lado dos talheres como guardanapos. As fronteiras entre o íntimo e o profissional estão se confundindo, e parece que a intimidade e o plano interior estão em baixa por causa disso. Recebemos chamadas de "estranhos" que parecem mais importantes do que os amigos ali presentes, e que mensagem de amor enviamos? Talvez seja por esse motivo que muitas pessoas não tenham uma experiência forte e clara do mundo interior não físico; elas parecem encontrar um fac-símile projetado em computadores, televisões e telas de todos os tamanhos. Buscamos programação e conteúdo como se fossem chaves para vivenciar a alma.

Graças às mensagens de texto, bate-papo e videoconferência, nossos amigos e nossa família também estão dentro das telas. E, embora isso nos ajude a entender mais sobre a interconexão da consciência coletiva, nossa vida social é mais incorpórea. Talvez o vício da tela mostre nossa fome de intimidade e realidade interior, mas o lado esquerdo do cérebro enxerga as máquinas e lhe dá o crédito. Enquanto isso, a programação substitui habilidades de relacionamento reais e espontâneas. Onde está a experiência profunda da presença em tudo isto? Onde está o tempo necessário para ao menos sentir o próprio núcleo?

Tente isto!
Seja o raio de uma roda

1. Acalme-se e fique centrado, no interior de sua pele, no momento presente.
2. Dirija a atenção para os projetos ou temas de crescimento com os quais você está envolvido neste momento. Sinta o fluxo desses empreendimentos criativos que têm seu próprio impulso e inteligência.
3. Expanda a mente pelo campo da percepção-e-energia ao redor de você em todas as direções, imaginando que é o centro de uma roda com muitos raios convergindo em sua direção a partir de uma realidade maior.
4. Cada um desses raios é uma ideia ou um recurso que quer fazer parte do processo criativo, expressivo e de aprendizagem. Deixe a atenção incluir o lado direito do cérebro, o coração, o corpo e seu campo pessoal,

e deixe que essas ideias e esses recursos se tornem conhecidos para você. De tudo o que poderia observar, o que deseja ser observado? O que está sendo registrado?

5. Use seu diário para listar as ideias que você receber.

Distração: os prós e os contras

A distração, quando você está centrado, pode fazer parte de seu Fluxo. Ela pode ser uma interjeição de um *insight* que você precisa, algo de que pode estar sentindo falta que precisa ser conhecido agora. Mas a distração que ocorre como resultado das atividades multitarefa e da estimulação excessiva se torna uma espécie do vício – um hábito antigo – que mantém você bastante inconsciente. A ansiedade por não fazer o suficiente causa inquietação, e quando você fica inquieto e superativo por tempo suficiente, seu corpo pode criar hábitos eletromagnéticos crônicos e vícios de certos neurotransmissores que perpetuam o comportamento doentio.

Estamos nos drogando com estímulos, e não vale a pena prestar atenção em boa parte disso. Estamos tentando fazer muitas coisas ao mesmo tempo sem definir prioridades. O adolescente pisa cegamente numa faixa de pedestres, enviando mensagens de texto enquanto caminha, sem perceber que está prestes a ser atropelado por um carro. A mulher aplica maquiagem, toma café e fala no celular viva voz na faixa de pedestres da rodovia, dirigindo com os joelhos. Um executivo interrompe o Fluxo em reunião com um cliente importante porque não consegue parar de receber chamadas.

> Prestar atenção, este é nosso trabalho infinito e necessário.
> **Mary Oliver**

Todo comportamento distraído e multitarefa mascara um motivo pela qual você está obcecado por certas atividades e ignora outras. Ao examinar a base de motivações e prioridades, você conseguirá descobrir bloqueios emocionais. Isso o ajudará a descobrir a causa de comportamentos disfuncionais de atenção. Livre-se deles. Por exemplo, no fundo, o adolescente que envia mensagens de texto não quer se sentir sozinho e está mais interessado em pertencer à sua tribo – às custas da própria vida, ao que parece. A mulher apressada maquiando-se a 112 quilômetros por hora precisa de aprovação para ter uma boa aparência e não se preocupa com o perigo que representa para os outros. O executivo distraído está tão interessado em ser importante e procurado por outras pessoas que põe em risco o relacionamento com o cliente que está na sala com ele. Se essas três pessoas estivessem mais conscientes dos motivos baseados no medo, poderiam usar a atenção para encontrar maneiras mais produtivas de vivenciar o que realmente desejam: (1) amizades estreitas com limites saudáveis, (2) um senso de beleza interior e calma, e (3) autoestima alta e boas relações de trabalho baseadas no respeito mútuo.

Tente isto!
Entenda seus hábitos dispersivos

1. Em seu diário, liste as maneiras pelas quais permite que a atenção seja distraída, especialmente quando uma tarefa que você deseja concluir acabe sendo afetada por isso.

2. Liste as formas mais comuns de multitarefa. Quais delas são realmente perigosas para você e/ou para os outros? Quais implicam algum tipo de desrespeito para com os outros? Quais fazem com que você ignore informações importantes? Quais reforçam a passividade e a falta de criatividade? Liste quaisquer outras maneiras pelas quais os hábitos de distração podem ter efeito negativo ou prejudicial para a saúde geral, o bem-estar, a felicidade e seu sucesso.

3. Para cada um de seus comportamentos de distração e multitarefa, qual é sua motivação central e profunda para querer fazê-lo — ou para preferir alguma outra atividade? Que sentimento ou *insight* você poderia estar evitando?

4. De todas as coisas que você faz rotineiramente, qual é a mais útil para investir a atenção mais indivisa? Quais atividades você se comprometeria a escolher em detrimento de outras para manter a segurança e a saúde?

Uma mudança de rumos positiva

Cathy N. Davidson, autora de *Now You See It*, tem estudado a atenção e nossa consciência acelerada na Era da Informação. Ela acha que a cegueira de atenção, a multitarefa e a distração não são problemas tão grandes; afirma que a cegueira de atenção oferece uma oportunidade para desenvolver nossa capacidade de sintonizar coletivamente em empreendimentos colaborativos. Se percebermos seletivamente e, em seguida, juntarmos nossas mentes, poderemos ver uma imagem melhor. Ela aponta que a percepção antiga nos ensinou a completar uma tarefa antes de iniciar outra, e isto se presta a perpetuar a cegueira de atenção. Mas agora estamos descobrindo um novo padrão de atenção.

De acordo com Davidson, "multitarefa é o padrão ideal do século XXI, não só por causa de nossa sobrecarga de informações, mas porque nossa era digital foi estruturada sem nada parecido com um nó central transmitindo um fluxo de informações ao qual prestamos atenção num dado momento. Na internet tudo se liga a tudo e está disponível o tempo todo, a qualquer instante".[2] Esta é uma visão interessante que sugere o que vamos apreender na Era da Intuição, quando nosso centro puder estar simultaneamente em qualquer outro centro do universo holográfico.

Acho que as ideias de Davidson estão indo na direção certa – rumo a uma visão nova e mais abrangente de nossa capacidade mental e cerebral potencial —, embora ainda ache que a multitarefa e a distração podem nos impedir de sentir profundamente, vivenciar nossa alma e desenvolver nossas próprias habilidades expandidas, como "novos seres humanos". No entanto, essas novas tendências também podem ajudar a romper velhos hábitos de percepção. Davidson diz: "No final, a distração é uma das melhores ferramentas de inovação que temos à nossa disposição. [...] Sem distração, sem sermos forçados a ter consciência da disrupção e da diferença, podemos nunca perceber que estamos prestando atenção de certa maneira".[3]

Hoje em dia, estamos num processo confuso no qual muitas inovações tecnológicas estão nos ajudando a romper a hipnose da percepção linear. No entanto, de outras maneiras, elas estão impedindo nossa transformação. A solução é não difamar a tecnologia, mas descobrir nossas habilidades humanas inatas e desenvolvê-las por igual – para podermos usar a tecnologia sem sermos limitados por ela.

Tente isto!
Faça uma coisa por vez com atenção plena

1. Por trinta minutos, concentre-se em fazer só uma coisa de cada vez. Não escove os dentes enquanto ouve rádio. Não fale ao telefone enquanto almoça com um amigo. Não dirija e beba café, nem caminhe e envie mensagens de texto. Dedique total atenção a uma tarefa, e então deixe-a fluir para a próxima.
2. Observe o início e o fim de cada tarefa e o fato de que, dentro da tarefa, cada pequeno segmento flui para o próximo sem lacunas.
3. Observe que a mente pode interromper a tarefa com pensamentos de que ela é muito lenta ou enfadonha, ou sobre as muitas outras coisas que você tem de ou quer fazer. Afaste esses pensamentos e mantenha o foco de atenção.
4. Enquanto estiver focado numa tarefa, suavize um pouco a atenção e observe o que mais está acontecendo simultaneamente em segundo plano. O tempo passa, o tráfego continua fluindo na rua, o sol está parcialmente coberto por nuvens, o coração está batendo e você está respirando. Deixe outras coisas acontecerem sem voltar a atenção para elas. Sinta a atividade de segundo plano com seu corpo, e ao mesmo tempo mantenha o foco na tarefa em questão.

Percepção e atenção esférico-holográficas

Acredito que as práticas de atenção a que estamos recorrendo nestes últimos anos da Era da Informação – multitarefa, hiperatividade, cegueira de atenção, atenção dividida, busca de atenção subliminar e distração planejada – são frenéticas, mas transitórias. Elas *estão* nos liberando e preparando para a mudança para uma nova maneira de lidar com a percepção e a atenção, mais calma, mais elegante e esférico-holográfica. E, à medida que a transformação ocorrer de modo mais global, elas serão substituídas, ultrapassadas e revisadas de maneira apropriada.

A percepção linear tem um foco rígido; ela usa a atenção para se concentrar em uma coisa de cada vez, vendo o objeto de atenção como algo externo. A percepção esférico-holográfica é de foco suave; a atenção focada dessa maneira é como o sol radiante, iluminando muitas coisas ao mesmo tempo, pois todas estão no momento presente, dentro de seu campo pessoal. Com a percepção esférico-holográfica, você sabe diretamente o que apreende. Os hemisférios esquerdo e direito do cérebro estão integrados e você percebe com todo o seu ser, confiando no Fluxo e no Observador Interior para guiar a atenção e revelar o que você precisa saber. É possível, então, prestar atenção em algo caso necessário – com presença total. A atenção não exige esforço e é contínua. A inconsciência não existe.

Se você não fixar a mente em lugar nenhum, ela irá permear completamente
todo o corpo, espalhando-se por todo o seu ser, para que,
quando você precisar de mãos, ela ativará suas mãos,
quando precisar de pés, ela ativará seus pés, quando precisar de olhos,
ela fará seus olhos funcionarem. Por estar presente sempre
que você precisar, ela tornará possíveis as funções de que necessita.
Se você fixar a mente num lugar único, a mente será ocupada
por aquele lugar e, portanto, suas funções serão deficientes.

Takuan

O novo período de atenção gira em torno do escopo

Pense na atenção da Era da Intuição como algo que preenche o momento presente totalmente, abrangendo a totalidade de sua esfera. Isso permite que você perceba qualquer extensão de tempo e espaço, qualquer frequência ou dimensão e qualquer profundidade de compreensão de que precise. A atenção corresponde ao escopo de sua esfera e traz a você a compreensão de um padrão de informações complexo e holístico, apreendido de uma só vez por meio do conhecimento direto.

Com a percepção esférico-holográfica, tudo o que precisa saber já está dentro de você, em alguma frequência sua. O esforço para saber não é necessário. Por isso florescem o relaxamento, a confiança e o prazer. Você não tem pressa porque não há futuro a alcançar no qual saberá mais. Portanto, reunir várias atividades em um único momento para saber mais, mais depressa, parece tolice – um artefato de uma era menos dimensional. Em vez de se apegar a um objeto de atenção e praticar a cegueira para outras coisas, você renova a atenção continuamente, escolhendo o que é cada vez mais real e necessário de forma natural e prática. O tipo de concentração que agora consideramos trabalho árduo – o foco mantido com força de vontade e intenção – é coisa do passado. Concentrar a atenção não é uma necessidade; a compreensão simplesmente *ocorre*. E, no entanto, você pode variar o escopo de sua atenção sempre que quiser.

Quando eu estava aprendendo leitura dinâmica, não conseguia passar de uma certa velocidade sem perder a compreensão, por mais que tentasse. Então, alguém me disse para fingir que havia uma bola do tamanho de uma tangerina ligeiramente acima e atrás de minha cabeça, e imaginar que meu ponto de vista estava dentro da tangerina. Quando tentei ler a partir daí, consegui absorver mais trechos da página de uma só vez. Agora entendo que usar a força de vontade de forma linear para me fazer ler mais depressa simplesmente bloqueou meus circuitos. Compreender a partir da "tangerina" me ajudou a aumentar o tamanho de minha esfera e permitir que minha atenção se ajustasse a esse objetivo.

Embora eu pudesse compreender mais coisas de uma vez a partir do escopo expandido, a experiência foi menos física e pessoal. Decidir sobre o escopo de sua esfera depende de você – um foco menor e um pouco mais lento pode lhe dar uma sensação mais profunda de algo, enquanto um foco maior e mais rápido permite que entenda uma complexidade maior de uma só vez.

> Ver com o coração e a mente é fundamental.
> Somente quando você vê com o coração e a mente é que seus olhos captam.
> Portanto, ver com os olhos vem depois de ver com o coração e a mente.
> **Yagyu**

Atenção suave *versus* intenção

Com a percepção esférico-holográfica, mensurar a atenção não é importante. Você estará mais interessado em reagir ao Fluxo, permitindo que seu foco mude por conta própria enquanto ele permanece totalmente envolvido na experiência da presença. Você não precisa se concentrar por muito tempo, já que a consciência plena ocorre a todo momento. Portanto, não é preciso usar a intenção. *Intenção é atenção com o acréscimo da força de vontade.* Ela vem do lado esquerdo do cérebro e é desnecessária. Com a atenção esférico-holográfica, você apreende uma ideia que quer entender ou materializar sem ter de investir força especial para isso. Em vez do foco rígido da intenção, você simplesmente "convive com" a ideia suavemente. Abrigue-a dentro de si. Faça-lhe companhia. Divirta-se.

Quando uma ideia está em seu comprimento de onda, ela permanece viva em seu campo sem que você precise segurá-la para mantê-la no lugar. Se ela quiser, a ideia pode mudar. Enquanto você continuar focando nela com atenção suave e amorosa, ela revelará seu padrão de conhecimento ou se manifestará fisicamente; você não precisará se esforçar para que você mesmo ou a ideia *faça* algo. Com um foco mais suave e expansivo, perceberá que o próprio campo pessoal está prestando atenção e que a alma está continuamente prestando atenção para criar sua realidade da melhor maneira possível.

Tente suavizar e aperfeiçoar a atenção para que ela se espalhe uniformemente através do espaço em todas as direções. Sinta a consciência central permeando o corpo, os sentimentos, a mente e seu campo pessoal; deixe que ela seja ampla, direta, radiante, aberta, nem tensa nem frouxa, sem nenhuma parte dela com excesso ou deficiência de atividade. Sinta simultaneamente atração e repulsão por objetos e direções. Aonde o movimento quer ir? Libere a autoconsciência e, como diz o ditado zen-budista: "Suavize sua luz para se harmonizar com o mundo". À medida que *você usar mais sua capacidade de detecção, a atenção se tornará experiência direta e conhecimento direto*. Você andará em seu campo suave, esférico e pessoal, levando-o aonde quer que vá, e tudo dentro de sua esfera será consciente e você estará consciente disso.

Quando a atenção preencher o momento presente, poderá parecer que o tempo parou. A "velocidade" se tornará um tipo mágico de "não velocidade" em que tudo é instantâneo, coordenado e sincrônico. Guerreiros zen-budistas sabiam que o sucesso se baseava na fluidez da ação e na espontaneidade da capacidade de resposta – mas isto não era uma função da velocidade. O sucesso deles era possível graças ao imediatismo da atenção e da liberdade de espírito, em que a atenção não para nem se demora em nada, pois isso causaria uma lacuna no Fluxo, o que levaria à derrota.

Transformando o estresse da Era da Informação

A solução para curar o estresse social causado pela aceleração do tempo e pelo fim da Era da Informação reside na percepção esférico-holográfica – na atenção focada no momento presente, em nosso corpo e dentro de nós. Quando você preencher a esfera com atenção, perceberá muitas coisas ocorrendo simultaneamente e também vivenciará uma ação contínua e inspirada.

Se a atenção estiver focada de forma linear, você só perceberá uma pequena ação em um breve momento. Se isso envolver um processo, o lado esquerdo do cérebro irá decompô-lo, verá e rotulará as ações separadas que "precisam ser feitas" para atingir seu objetivo, e então ele irá desencadear força de vontade e adrenalina. O lado esquerdo do cérebro projetará a meta para o futuro, e a lacuna entre o tempo presente, as ações pequenas e o resultado final fará com que você se apresse.

Por outro lado, se você mantiver a atenção saturada uniformemente em toda a esfera e deixar o objetivo residir em você em uma frequência mais alta, irá se envolver em uma dança prazerosa com o Fluxo, confiando na irrupção de uma sequência de ideias e impulsos e reagindo naturalmente no momento certo. Você já pode sentir o resultado emergindo. Pode sentir que o desfecho se cria de fato enquanto faz sua parte feliz. Sabe que o resultado tem seu próprio momento perfeito do tipo "ganha-ganha-ganha" para todos os envolvidos.

Tente isto!
Preste atenção em muitas coisas como parte de um fluxo

(Observação: você pode fazer este exercício parado ou caminhando.)

1. Relaxe e interrompa seu diálogo interior. Deixe a atenção pousar num objeto ou ser atraída por um som, uma textura ou uma sensação física. Talvez seja uma mesa. Conecte-se totalmente com a mesa, sentindo-a existir por completo dentro de sua esfera; pode até imaginar que ela seria capaz de "falar" com você telepaticamente. Detenha-se amorosa e conscientemente nas características dela por dez a vinte segundos.
2. Deixe a atenção se mover suavemente para outra coisa, talvez ao som de um canto de pássaros lá fora. Envolva-se com a sensação auditiva de forma plena e acolhedora, novamente por dez a vinte segundos. Então, volte a atenção para a próxima coisa que quiser ser conhecida. Observe que a mudança em si mesma também é algo com que você pode conviver de maneira integral.

3. Continue movendo a atenção de uma coisa para outra, de uma experiência para outra e, toda vez que você se envolver com algo, mergulhe por completo na conexão ao vivo, mantendo a coisa observada totalmente dentro de sua esfera e dimensão pessoal.

4. Sempre que o lado esquerdo do cérebro tentar inserir uma lacuna ou um intervalo entre os itens, preencha a lacuna com mais atenção à continuidade. Mantenha o Fluxo constante sem interromper a atenção. O movimento entre "coisas" também é uma "coisa".

5. Observe que é realmente seu corpo, coração e lado direito do cérebro que estão acompanhando o Fluxo e os itens no Fluxo. Continue assim por dez minutos ou mais.

Quando estou escrevendo, se eu prestar atenção utilizando um foco preciso como um feixe de luz, poderei notar que meu dedo pressiona uma tecla e uma única letra aparece na tela. Até mesmo esta ação sucinta é composta de atos menores que também poderiam ser separados e rotulados. Se eu aumentar o raio de meu feixe, surge uma palavra. Quando eu o expandir novamente, várias palavras se organizarão a si mesmas em uma frase. Se, de repente, o hemisfério esquerdo do cérebro saltar à frente no tempo, tentando encontrar minha "linha morta" (ou prazo fatal)* da escrita (esta expressão não é típica do hemisfério esquerdo do cérebro?), eu terei criado uma lacuna entre digitar palavras e publicar um livro completo e acabado. De repente, há um milhão de tarefas para terminar, e estou agindo em modo multitarefa sob pressão. Meu lado esquerdo do cérebro está projetando um futuro potencialmente desastroso, e não estou gostando do Fluxo.

A alternativa é manter minha atenção aberta e suave, mantendo tudo no meu momento presente e sentindo um Fluxo contínuo. Digitar letras, soletrar palavras, compor frases, organizar pontos em parágrafos,

---

* Em inglês, *deadline* (que literalmente equivaleria a "linha morta") significa "prazo de entrega" ou "prazo final". (N. do T.)

criar capítulos que se unem num tema abrangente, entregar o manuscrito, trabalhar com a equipe de produção e segurar o livro acabado são todos partes de um único movimento. Não há lacunas, pois cada ação flui para a seguinte. Não há estresse, pois tudo reside no momento presente e se materializa rapidamente – *magicamente* –, sem força de vontade. Minha atenção e energia não se esgotam porque tenho reserva suficiente das duas. Minha esfera é *feita de percepção-e-energia*!

Quanto mais o lado esquerdo do cérebro deformar e dividir a atenção da alma naturalmente contínua, mais você experimentará dificuldade, pressão, limitação, carência e estímulos avassaladores. Quanto mais o lado direito do cérebro, o coração e o campo pessoal guiarem sua atenção, mais confortável você se sentirá no processo contínuo de ser, viver, pensar, fazer, criar e dissolver. Você se dará ao prazer de "brincar com" a atenção, em vez de "prestar" atenção. Escolherá fazer menos e aproveitar mais, amar a surpresa e a plenitude de cada momento. Ironicamente, embora faça menos, na verdade você realizará *mais*.

Fatores invisíveis aliviam a pressão

Com sua nova atenção naturalmente indivisa, você adquire uma noção mais forte de que as outras pessoas são parte de você. Isto promove uma sensação de que a norma é apoio mútuo, cooperação e colaboração. Então, as pessoas ajudam você e você as ajuda – e todos nós fazemos isso de modo voluntário, agindo apenas por amor. Peça e você receberá. Com ajuda, os resultados e as soluções ocorrem mais depressa.

À medida que os mundos não físico e físico se fundirem, entenderá que o campo unificado faz uma grande parte do trabalho que você costumava achar que tinha de fazer sozinho – trabalhos como a logística de fazer as coisas acontecerem ou a coordenação do sequenciamento da aprendizagem. Isso ocorre porque o campo unificado está cheio de vida consciente. Quando você trabalha de maneira não física, lida com os seres exatamente como quando trabalha de maneira física. Na Terra, os seres têm corpos físicos densos, e no mundo não físico, seus corpos são "corpos de energia" menos densos.

Existem muitos tipos de seres não físicos, desde almas que estão entre duas encarnações até os anjos, os seres intergalácticos e os espíritos de animais. Assim como o senso de apoio mútuo aumenta com pessoas físicas, o mesmo acontece com a vivência de criação conjunta com seres não físicos. Muitas vezes oramos para santos, mestres e anjos pedindo ajuda – e nós o fazemos porque estes seres existem. Eles fornecem muita ajuda suavizando os processos de criatividade, aprendizado e crescimento espiritual – porém, até agora ajuda deles não foi muito reconhecida. Lidando com a realidade não física, você verá que o que pensou serem coisas dadas por acaso pelas circunstâncias da vida é, de fato, o trabalho de muitos seres, ajudando-o nos bastidores.

À medida que a sincronia aumenta, a pressão das atividades multitarefa diminui, pois as coisas se alinham e se materializam sem empecilhos. Os resultados se materializam assim que um modelo interno claramente focado é registrado nos éteres. Tudo se torna mais suave e rápido, pois os medos ocultos foram dissolvidos e não podem mais interferir na materialização do destino da alma. Por não "tentar" saber, a cegueira de atenção deixa de ser um problema. Você percebe que agora sabe muita coisa de uma só vez, e aquilo que quiser se tornar físico se registra em sua esfera em vibrações progressivamente descendentes.

> Não há limite para minha visão – meu crânio é
> um grande olho, vendo tudo ao mesmo tempo.
> **Charles Lindbergh**

Um grande olho

Uma amiga minha morreu após uma doença prolongada e, alguns dias depois, conversei com outro amigo que é telepata. Ele disse que poderia falar com ela se eu quisesse, e aceitei sua oferta. Ele retransmitiu algumas trivialidades, e então disse: "Ela passou para a superconsciência e consegue enxergar tudo de uma vez. Ela diz que isto é fantástico!". Aquilo soava verdadeiro, e eu estremeci. Em algum lugar dentro de mim, também conheço esse estado – *todos* nós conhecemos. Mas nós nos esquecemos temporariamente dele, de tão distraídos que estamos por nossa absorção na realidade física.

Mais ou menos na mesma época, li um artigo sobre a experiência do jovem Charles Lindbergh em 1927, quando ele fez seu voo solo de três mil milhas até Paris. Ao passar da metade do caminho, ele se sentiu privado de sono e começou a entrar em estados incomuns de consciência. Primeiro notou que não conseguia distinguir entre a vida real e a vida onírica – que uma barreira entre os dois havia desabado. Ele tinha que permanecer vigilante, então começou a cochilar com os olhos abertos. Comentou: "Quando adormeço dessa maneira, meus olhos são excluídos de minha mente cotidiana como se estivessem fechados, mas então eles se conectam diretamente a esta mente nova e extraordinária, que se torna cada vez mais competente para lidar com suas impressões [...]".[4]

Lindbergh começou a sentir e ver "presenças fantasmagóricas" amigas voando com ele, e não se surpreendeu. Ele relata que podia vê-las na parte de trás do avião sem virar a cabeça, e que podiam entrar e sair pelas laterais da fuselagem como se não houvesse nada ali. Então, Lindbergh afirma: "Não tenho consciência da direção do tempo. [...] Toda noção de substância desaparece; não há mais peso em meu corpo, não há mais dureza no manche. A sensação de carne se foi. [...] Vivo no passado, no presente e no futuro, aqui e em lugares diferentes ao mesmo tempo. Estou voando num avião sobre o Oceano Atlântico, mas também estou vivendo daqui a muitos anos em locais distantes".[5]

Charles Lindbergh não é a única pessoa a descrever essa mudança para a percepção esférico- holográfica. Ralph Waldo Emerson teve experiência semelhante que ele descreveu assim: "Eu me torno um globo ocular transparente; não sou nada; vejo tudo [...]".[6] E o poeta Charles Baudelaire, ao ouvir música, sentiu-se livre da gravidade ao mergulhar em um longo devaneio no qual o espaço era "uma solidão com um *horizonte imenso* e luz amplamente difusa; em outras palavras, a imensidão sem outro cenário senão ela mesma".[7] O neurologista e praticante do zen-budismo James H. Austin diz sobre esse novo tipo de atenção: "Parece que precisamos de um grande *volume* ordenado, livre das pegajosas 'teias de aranha mentais' sempre que precisamos processar muitas operações em alta velocidade. Quando tal espaço mental *expande* [...] a consciência interior, sua abertura quase causa pruridos com todos os seus preparativos para uma iminente experiência sensorial. O resultado visual, em suas formas mais simples, é um reino que brilha com seus potenciais, infundido com encantamento ao enésimo grau".[8]

Tente isto!
O grande olho da cúpula de luz diamantina

1. Imagine um espaço aberto em algum lugar da natureza. No centro há uma cúpula de cristal transparente e cintilante. Vá até lá e coloque as mãos na parede cristalina. Sinta a vibração do cristal e eleve a vibração do corpo para que ela corresponda à frequência da cúpula. Quando você atingir a mesma vibração, suas mãos, seus braços e seu corpo passarão pela parede como se ela não existisse. Entre.

2. No interior, sinta a qualidade do ar ultrafresco e da energia limpa e observe a qualidade pura da luz diamantina. Tudo dentro dessa cúpula combina com a vibração de sua alma — sua frequência original. Mova-se para o centro da cúpula e sente-se numa cadeira ou fique de pé. Relaxe. Deixe a luz diamantina entrar e preencher você, afastando quaisquer fixações ou bloqueios. Conecte-se com os céus, a terra e tudo ao seu redor. Sinta a outra metade da cúpula que fica abaixo do chão e também vibra na frequência da luz diamantina.

3. Ninguém mais pode entrar em seu espaço, a menos que corresponda à vibração da cúpula. Tudo o que você precisa saber será filtrado por essa poderosa vibração antes que se torne consciente disso. Quaisquer visões que você receber serão, portanto, compatíveis com a vibração e verdade mais elevadas.

4. Imagine que você fechou os olhos dentro da cúpula; sinta a consciência primorosa na luz diamantina que preenche você e todo o espaço esférico

ao seu redor. Sinta como é prestar atenção esfericamente, sem foco rígido, confiando na luz para trazer todos os *insights* de que precisa. Se você se sentir confortável, imagine que seu corpo se dissolve num corpo de energia que combina com a vibração interna de sua cúpula, e então imagine que as paredes da cúpula se dissolvem.

5. Permita-se a vivência de ser feito inteiramente da luz diamantina de sua alma, irradiando um campo da mesma luz. Você é um grande olho vendo simultaneamente em todas as direções.

***

Ao acolher o pensamento de andar por aí durante o dia dentro de sua esfera de luz diamantina altamente consciente e estar nela à noite quando sonha, transmitirá a você a mensagem de que pode prestar atenção de maneira indivisa, com presença total. Você começará a praticar isso de modo consciente, recebendo informações com todo o seu ser.

> Concentrar a mente em algo não é o verdadeiro propósito
> do Zen. O verdadeiro propósito é ver as coisas como elas são,
> observar as coisas como elas são, e deixar tudo correr como está.
> **Shunryu Suzuki**

Só para recapitular...

Podemos focar a atenção nas coisas do ponto de vista da percepção linear ou da percepção esférico-holográfica. Na visão linear, medimos a atenção pelo seu alcance, vendo uma coisa de cada vez, o que nos faz vivenciar uma atenção dividida e fragmentada. Com a percepção esférico-holográfica, vemos muitas coisas ao mesmo tempo e entendemos suas interconexões sem esforço. Hoje, no final da Era da Informação, estamos tentando usar a percepção linear para processar uma quantidade crescente de dados, e assim desenvolvemos problemas de atenção que causam estresse e equívocos. Frequentemente, nossos padrões de atividades multitarefa, distração e velocidade encobrem padrões emocionais subjacentes que precisam ser esclarecidos.

Com a percepção esférico-holográfica, nossa atenção se torna refinada, revelando percepção-e-energia – e a alma – em tudo. Ela é unificada de modo a aliviar as pressões da Era da Informação; vemos que o campo unificado e os seres não físicos ajudam a fazer boa parte do trabalho que costumávamos fazer enquanto indivíduos. A atenção indivisa nos ajuda a começar a desenvolver as habilidades que a tecnologia está tentando fazer *por* nós, e aprendemos que, na verdade, somos muito mais eficazes do que as máquinas no longo prazo.

10

Pratique a atenção em fluxo

> O autoesquecimento é inerente ao autoconhecimento. Consciência e inconsciência são aspectos da mesma vida. Elas coexistem. Para conhecer o mundo, você esquece o eu – para conhecer o eu, você esquece o mundo. [...] Por si só, nada tem existência. Tudo precisa de sua própria ausência.
> **Sri Nisargadatta**

Sandy estava se esforçando à toa. Ela trabalhava numa companhia de seguros havia dez anos, mas estava se irritando; sentia-se entediada e passava seus dias na superfície da vida. Estudara fotojornalismo na escola, mas deixara a fotografia e a escrita se esvaírem diante de suas muitas responsabilidades adultas. Ela agora via essas coisas como uma possível nova direção, mas não tinha certeza se ela tinha algum talento, nunca ganhara dinheiro com aquelas habilidades e não saberia por onde começar. Ainda assim, era a única direção que conseguia pensar como uma alternativa para seu trabalho de escritório. Sandy queria recuperar uma parte perdida de si mesma, mas, se deixasse o emprego, não poderia viver por muito tempo com suas economias.

Passava horas preocupando-se, dizendo a si mesma por que nada funcionava e sentindo-se presa e incompetente; sua escolha de trabalhar com seguros certamente fora um equívoco total.

Em seu trabalho, Sandy usava o hemisfério esquerdo do cérebro quase exclusivamente e era uma analista fantástica. Mas ela tinha fortalecido demais aquela parte de sua consciência a ponto de limitar sua capacidade de fazer mudanças e permanecer no Fluxo. Esse hemisfério estava projetando ideias do passado em seu futuro, usando seu método familiar, analítico, baseado na resolução de problemas para encontrar o próximo passo. Sua geometria da percepção era decididamente linear: ela via o futuro como um ponto distante numa linha, como uma meta a ser traçada e alcançada. Para Sandy, o Fluxo era algo "avançado" que exigiria esperteza, força de vontade e muita energia, qualidades que ela não tinha certeza se tinha.

Muitos de nós estamos chegando a pontos de virada como Sandy, e é nesses momentos que nos deparamos com a necessidade de desenvolvermos a próxima habilidade de atenção da Era da Intuição: *compreendermos os princípios do Fluxo* e permanecermos envolvidos com o Fluxo, de modo que as mudanças e reviravoltas ocorram naturalmente. A experiência da estagnação é uma indicação de que estamos errando o alvo sobre isso e precisamos prestar mais atenção.

> É o envolvimento total com o fluxo, em vez da felicidade, que contribui para a excelência na vida.
> **Mihaly Csikszentmihalyi**

O Fluxo realmente não vai a lugar algum

Se você adotar a percepção linear, perceberá o Fluxo indo para algum lugar, como uma onda senoidal movendo-se no espaço; verá seu Fluxo movendo-se para o futuro ou para outro local. Mas se você mudar para a percepção esférico-holográfica, a experiência do Fluxo mudará. Agora você estará no centro de uma esfera de percepção-e-energia, e essa esfera está oscilando. Às vezes, ela desmorona até certo ponto; depois, torna-se grande e mental; então, ela se contrai para se tornar rígida e física; por fim, ela se expande e se torna vasta, coletiva e universal. Você irá alternando entre muitas frequências, dimensões e realidades – em nenhuma ordem particular e definida –, aprendendo a acessar mais e mais variações da consciência. Você pode pensar no Fluxo como o ato de "respirar" no campo unificado, obtendo uma visão de grande ângulo e, em seguida, um foco de *close-up*.

Quando está praticando uma nova percepção, o Fluxo realmente não leva você a lugar algum; você está sempre em casa, no centro de sua esfera – em seu coração –, não importa com qual realidade esteja em sintonia. *Na percepção esférico-holográfica, o Fluxo é a oscilação entre o ponto central e o campo esférico, a partícula e a onda, a realidade física e a não física.*

O Fluxo é o movimento entre o que o físico David Bohm chamada de *ordem implicada* (*dobrada/não física*) e *ordem explicada* (*desdobrada/física*). Bohm propôs que a matéria e a consciência são ambas holográficas, na medida em que ambas envolvem a estrutura do todo dentro de cada parte, e ambas estão envolvidas num processo contínuo de envolvimento e desdobramento. Ele disse: "Aqui há o germe de uma nova noção de ordem [...] na qual cada momento do tempo é uma projeção da ordem implicada total".[1] Ele afirmou que a consciência é um processo e, a todo momento, o conteúdo que antes estava implicado (não físico) se converte em explicado (físico), e o conteúdo que antes era explicado se torna implicado.

É preciso perceber que existem duas frequências principais deste Fluxo de oscilação. Existem longos ciclos que dizem respeito ao seu crescimento e processos criativos, e há a vibração real da própria matéria. Os ciclos criativos em nossa vida ocorrem em durações variadas, desde respirar fundo ou preparar o jantar, tricotar um suéter ou fazer uma viagem para um país estrangeiro, estudar para ser médico, trabalhar dez anos em uma companhia de seguros ou mesmo viver uma única vida. O tempo todo, num ciclo microscópico simultâneo, estamos piscando e apagando, ou entrando e saindo, da realidade física como uma luz estroboscópica extremamente rápida que nunca para. Nossa realidade, que só existe em nosso agora, está indo e vindo conosco – é como se o próprio momento presente estivesse respirando!

O Fluxo está inteiramente no momento presente

A experiência do Fluxo nunca abandona o momento presente. Ela não é dirigida ao futuro ou outra localidade, pois o futuro e outros lugares não estão mais "lá fora". Em vez disso, você e sua realidade se dissolvem no mundo não físico, onde você realinha e repadroniza a si mesmo para entrar em harmonia com a consciência coletiva. Então, você reprojeta a realidade ou desdobra-se no mundo físico com uma configuração diferente de variáveis para criar uma realidade ligeiramente revisada – e fica livre para escolher qualquer frequência que desejar. Se está se concentrando em tricotar um suéter, você provavelmente irá reprojetar sua realidade de forma consistente para permitir que este processo se desenvolva suavemente, momento a momento. Se você está fazendo uma grande mudança de vida, pode reprojetar sua realidade a partir de uma vibração tão diferente que se sentirá como uma pessoa totalmente nova.

O movimento do Fluxo é uma grande força coordenada. É de fato a sabedoria da consciência coletiva, que é você e todas as outras pessoas em seu nível mais alto de identidade. Essa força faz que todos os nossos mundos apareçam, desapareçam e reapareçam em suas várias sequências e frequências. Ela pode parecer aleatória em seu movimento oscilante, mas é perfeitamente coordenada para ajudar cada indivíduo a evoluir da maneira mais eficaz possível. É ela é *tão* sábia!

Você provavelmente já sabe com o que essa fluidez de consciência, com suas rápidas mudanças, se parece, pois faz mudanças semelhantes em seu mundo onírico o tempo todo. Nos sonhos, é fácil mudar a realidade em uma fração de segundo e não estranhar nada disso. Você está visitando sua tia morta e em seguida está pilotando um avião a jato para um pouso de emergência numa pista de pouso estreita. A próxima coisa que você sabe é que está em sua sala regando uma planta seca, e então acorda em seu quarto. Entre cada cena, houve um piscar rápido para o mundo não físico e um rápido desdobrar-se de volta para uma nova realidade – a diferença é que, nos sonhos, você aceita o fato de que as realidades podem mudar drasticamente num milissegundo. Quando o Fluxo muda sua realidade, você pode não estar ciente da escapada para fora e de volta; pode só notar o próximo pensamento e pular a reviravolta no Fluxo. No entanto, se você focar sua atenção no Fluxo e ficar totalmente no momento presente, sentirá que está oscilando entre realidades.

Tente isto!
Sinta a reviravolta no Fluxo

1. Preste atenção em algo que você está fazendo. Observe quando a atenção diminui e um novo pensamento surge em sua mente sobre o que quer fazer a seguir. Observe-se preparando-se para terminar a tarefa atual e começar a nova atividade.
2. Antes de começar a nova atividade, observe o que há no espaço entre as atividades. Você está se dando tempo para se sentir completo? Você realmente terminou a atividade anterior? Está se dando tempo para perceber a sensação que deseja para a próxima atividade ou como você quer realizá-la? Está se concedendo uma pausa consciente para se recompor e ficar tranquilo?
3. O que você está fazendo entre as duas atividades? Está andando de um quarto para outro? Está ligando o computador? Tomando uma xícara de café? Conversando com alguém? Esteja totalmente presente nessas atividades e sinta como uma delas flui para a próxima, e assim por diante.
4. Há alguma parte dessa transição da qual você não estava ciente? Onde estava sua consciência? Repita esse processo com a próxima rotina entre as tarefas e veja se consegue estar presente durante todo o fluxo.

No final de uma fase, como terminar de tricotar o suéter ou trabalhar na companhia de seguros, a vida não para e simplesmente desliga. Não há um vazio escancarado à espera. Você não segue uma linha em zigue-zague, com mudanças bruscas, chocantes e direcionais entre as fases do Fluxo. Portanto, não há necessidade de temer a mudança de cenário. Se prestar atenção, descobrirá que finais e intervalos entre estados estão cheios de experiências. Em vez de um final chocante, há uma curva que conduz suavemente a consciência do mundo físico para o mundo da percepção-e-energia, e em seguida de volta para o foco físico ou para outro foco dimensional, como em seus sonhos. Há uma razão pela qual chamamos isso de "ponto de virada" – pois para virar, você tem de fluir. Todo o processo está cheio de consciência e não existe vazio, nunca!

> A teia da vida é uma dança linda e sem sentido. A teia da vida
> é um processo com um objetivo em movimento. A teia da vida é uma obra de arte
> perfeitamente acabada exatamente onde estou sentado agora.
> **Robert Anton Wilson**

A sensação do Fluxo

Para prestar mais atenção à sensação do Fluxo, é sempre útil fundir-se num ritmo de oscilação e deleite das fases dos ciclos criativos da vida. Talvez a experiência de Fluxo tenha algo a ver com escolher o caminho de menor resistência. Com isso, não quero dizer o caminho preguiçoso, mas o caminho que está convidando você, o caminho que já parece ter seu tipo de frequência e ímpeto. Tente perguntar a seu Observador Interior: "O que ocorre logo a seguir? O que há de novo? O que é real? O que é mais honesto? O que está surgindo na consciência exatamente agora? O que eu mais necessito?". Às vezes você precisa de espaço e tempo para se recompor, às vezes precisa de ação e criatividade laboriosa. Então, talvez você precise de espaço novamente para aproveitar o que criou.

Um ciclo de criatividade e crescimento não flui diretamente de uma forma para outra, mas da forma para a amplidão, na qual você pode experimentar percepção-e-energia e repadronizar-se de modo apropriado. Da percepção-e-energia, o ciclo flui para a ação e *depois* para a forma. Então, ele continua por meio da liberação e da dissolução, de volta à amplidão. Pense em várias ideias e atividades em sua vida. Você está descansando em silêncio pacífico, contemplando como e quando começar? Está em ação? Já terminou de materializar alguns resultados? Você precisa "parar e cair" na serenidade?

> Conversamos secretamente, aquele sábio e eu.
> Eu disse: "Conte-me os segredos do mundo".
> Ele disse: "Shhhh, deixe o silêncio lhe contar os segredos do mundo".
> **Rumi**

Fluindo através da estagnação

Voltemos para Sandy e sua estagnação. A consciência de Sandy se tornou fixada em sua "ordem explicada" no mundo físico. Ela viu a solução para seu problema – evitar contato com seu propósito – no fato de encontrar outra forma para substituir a que ela tinha na ocasião. Ela não estava permitindo que o Fluxo real ocorresse – não estava permitindo a próxima experiência de amplidão – porque tinha medo de que ela fosse um enorme vazio que pudesse de alguma maneira destruí-la. O hemisfério esquerdo do seu cérebro estava usando força de vontade para manter sua realidade como algo físico, para dar-lhe "segurança" passando de uma forma para outra. Sandy estava num ponto de virada, mas não estava se permitindo perceber em que esta virada realmente consistia.

Qualquer virada do Fluxo estará cheia de presença assim que você entrar e prestar atenção a isso. Ao final de uma fase criativa, investir toda a atenção na virada traz a lembrança da verdade e da paz, o alegre retorno à frequência original e à alma. Você se funde à "família" acalentadora da consciência coletiva, sente alegria infantil em surpresas fantásticas e novas ideias e vivencia a renovação da motivação sincera para fazer e criar coisas novas.

Sandy pode encontrar a solução para a estagnação mudando para o hemisfério direito do cérebro, seu eu não linear, sensorial, artístico e não verbal, onde ela possa praticar o conhecimento direto no momento presente. O que oferece a solução é a amplidão do desconhecido – o reino interior da imaginação e da percepção-e-energia ilimitada. O próximo passo de Sandy não é encontrar "a" resposta imediatamente; é sentir *a si mesma*. Ao se voltar para a intuição e a empatia, Sandy pode entender e apreciar a dinâmica interna e as lições da realidade que está vivendo, e então deixar-se voltar para o centro e sua serenidade interior, para que ela possa descansar profundamente e rejuvenescer. Seu lado esquerdo do cérebro pode "tirar uma soneca".

Depois de Sandy descansar e se recompor, seus desejos infantis podem ressurgir e ela pode permitir que um novo momento com uma nova realidade se desdobre – um momento que esteja mais perto do desejo e destino de seu coração. Talvez ela queira fazer um curso de atualização de fotografia ou participar de uma oficina de escrita criativa – não porque o lado esquerdo do seu cérebro pense que isso seja estrategicamente uma "boa ideia", mas porque ela *sente* que vai ser divertido e *quer* fazê-lo! Talvez sua próxima oportunidade surgirá com um novo pensamento sobre trabalhar virtualmente de um *motorhome** enquanto ela viaja pelo país com sua câmera e seu *notebook*. Quando ela relaxar novamente, o próximo momento pode conter uma pessoa que fez exatamente a mesma coisa, para que Sandy possa sentir mais sobre como isso pode ajudá-la. O ímpeto e a motivação aumentam.

Se Sandy se permitir "não saber" e deixar-se ir – se ela conseguir parar de manter a realidade antiga no lugar ao insistir nela, e se conseguir mergulhar em seu corpo e no momento presente para sentir o que seu Observador Interior está tentando lhe mostrar, ela poderá se concentrar no que fizer, passo a passo, para mudar sua realidade sem choque ou autossacrifício. Talvez precise deixar que ela mesma se expanda e se

---

* *Motorhome* é um tipo de *van* espaçosa adaptada como uma pequena casa sobre rodas. (N. do T.)

contraia muitas vezes entre o mundo físico e não físico, trazendo a cada vez um novo sentimento e frequência de volta com ela, frequência que estará mais perto da próxima expressão superior de seu destino. Se permitir que o Fluxo informe seus novos momentos, ela poderá descobrir que a mudança de um trabalho analítico para uma vida mais criativa é saturado de reuniões sincrônicas, pistas, oportunidades e sucessos surpreendentes. Melhor ainda, pode não ter de pensar na ideia de uma nova carreira, pois alguém pode lhe oferecer isso do nada.

Tornar-se transparente empodera o Fluxo

Para saber o que o Fluxo quer fazer por você e com você, é preciso se soltar – ser capaz de mudar no meio do caminho. Isso significa afastar as fixações, acolhendo o trabalho da "morte do ego" e abrindo mão de qualquer parte de sua vida que se tornou estática, paralisada, preciosa ou protegida demais. *Esse afrouxamento e elimininação de obstáculos é o processo de se tornar transparente.*

Transparência não significa que as pessoas possam ver através de você, ou vice-versa, significa que conseguimos apreender facilmente a verdadeira natureza um do outro. Lá não há disfarces ou cortinas de fumaça; não há nada no caminho. Para se tornar transparente, você tem de liberar percepções antigas, pensamentos negativos e ideias de outras pessoas pelas quais você inconscientemente concordou em viver. Você tem de parar de reprimir e contrair sua percepção-e-energia, segurando-a firmemente, para a frente ou para fora, deixando o Fluxo livre para ir aonde precisa ir. Deixe o Fluxo mostrar a *você* aonde ir, em vez de tentar controlá-lo. A rigidez de pensamento e a emoção – o apego – interferem com a corrente. Com o apego, você pode deslizar com sucesso para o mundo não físico, mas, quando deslizar de volta, o hemisfério esquerdo do seu cérebro reafirmará sua estrutura de realidade definida e você estará de volta aonde estava quando partiu. Sua realidade não terá muita chance de mudar.

Características da imobilidade *versus* Fluxo

Imobilidade

ansiedade, desconfiança

frustração, raiva, culpa

obsessão, pressão

resistência à mudança

reclamações, preocupações, críticas

rigidez, juízo de valor

más escolhas, ilusão

força de vontade, esforço

falta de imaginação e visão

foco no mundo físico e na
segurança divisiva e isolada

concentrar-se no passado, no futuro
ou em outro lugar

pensamentos de limitação-escassez

decepções e dificuldades

soluções lógicas e comprovadas

Fluxo

relaxamento, confiança

paz, felicidade, entusiasmo

sentir-se apoiado, apoiador de
outras pessoas

abertura a novas ideias, surpresas

exploração, experimentação

discurso interior e exterior positivo

flexibilidade que permita criatividade e pensamento claro

fé e engajamento em cada momento

alta capacidade visionária

não investir em resultados, receber
facilmente

sinérgico e cooperativo

foco no presente, energia e consciência

pensamento de abundância e
liberdade

sincronicidade, sorte, facilidade

soluções da frequência original

Figura 10-1

Minha pesquisa me mostrou que, quando as emoções são expressas — o que
significa dizer que os componentes bioquímicos que são o substrato da emoção
estão fluindo livremente —, todos os sistemas ficam unidos e integrados.
Quando as emoções são reprimidas, negadas, não autorizadas a ser o que quer
que sejam, nossos itinerários pela rede ficam bloqueados, interrompendo o
fluxo do bem-estar vital e das substâncias químicas
unificadoras que comandam nossa biologia e nosso comportamento.

Candace Pert

Em uma de minhas meditações, ouvi uma voz dizendo: "Não entre num estilo de vida com pensamentos imóveis". Não muito tempo atrás, nós não dávamos muito crédito ao poder de nossos pensamentos para criar um tipo ou outro de realidade. Mas agora, quando a vida vibra mais perto do nível da percepção-e-energia, os pensamentos assumem uma nova importância e nós entendemos o adágio antigo de que "pensamentos são coisas". Os pensamentos podem ser tão sólidos e intransponíveis quanto paredes de concreto, ou tão porosos e fluidos como a luz solar. Podemos chegar a um ponto em que nem formamos pensamentos, pois eles são lentos demais. Por enquanto, já que só estamos começando a mudar para a evolução consciente, aprendemos a sentir o impacto dos pensamentos, seu papel na materialização e sua capacidade de bloquear ou liberar o Fluxo.

Tenho uma boa amiga que me faz rir, pois ela tem uma estranha gama de opiniões intensas que anuncia regularmente com entusiasmo: "Eu odeio veludo! Odeio camarão! Odeio Jack Russell *terriers*! Amo palavras cruzadas! Adoro *relish* de abobrinha!* Amo Harry Potter!". Embora esse hábito pareça inócuo, até certo ponto ele impede o crescimento. Quando minha amiga desliza para o mundo não físico e depois retorna, ela mantém uma relação negativa com o veludo que a impede de

---

* Jack Russell *terriers*: raça de cães de tamanho médio que surgiu na Inglaterra no século XIX. *Relish*: molho americano de sabor agridoce preparado com vegetais picados, açúcar, vinagre e especiarias. (N. do T.)

apreciar qualquer parte da vida conectada com esta textura. Se você permanecer aberto e solto mental e emocionalmente, sua flexibilidade permitirá que o Fluxo traga sua próxima experiência "perfeita". Haverá menos distorção do plano de sua alma para materializar seu destino.

Ser transparente também significa que você desenvolve uma forte inclinação para confiar no Observador Interior, a parte de sua consciência que revela aonde o Fluxo deseja ir. Você perde a necessidade de monitorar cada estímulo recebido ou sentimento expressivo de perigo potencial. Na verdade, quando você é realmente transparente, os desejos da alma deslizam do mundo não físico para o físico com tanta facilidade e imediatismo que o hemisfério esquerdo do cérebro não tem a menor noção de sua participação nesse processo.

Quando você se torna transparente, não precisa se lembrar de nenhuma regra ou fórmula; você faz escolhas criativas para moldar o Fluxo, ao mesmo tempo que o Fluxo molda suas escolhas. Sincronia perfeita! E outra coisa: à medida que a vida vai acelerando, se você se prender a qualquer projeção, forma, definição ou pensamento por tempo demais, vai se sentir progressivamente esgotado – com o tempo, o Fluxo forçará você a mudar de qualquer maneira, mas com mais dificuldades e embaraços. Portanto, abrace o que está por vir e libere o que está indo embora! O Fluxo faz o resto da logística para você.

Tente isto!
Torne-se transparente

1. Tranquilize-se e coloque-se em seu centro. Sinta a realidade esférica ao redor contendo tudo em sua experiência de vida atual. Sinta tudo o que esteja se movendo ou não.
2. Dirija a atenção para as áreas da vida em que o movimento é fácil e o Fluxo não parece detido por regras e regulamentos. Observe como esse ritmo faz você se sentir e anote essas sensações em seu diário.

3. Concentre a atenção nas áreas de sua vida em que há estagnação. Onde existe repetição de comportamentos e roteiros? Que hábitos você acha difícil romper? Quais problemas desencadeiam bloqueio, resistência, recusa ou hostilidade? Com quais papéis, crenças, estilos ou posses você se identifica tão fortemente que o fato de perdê-los pareceria uma ameaça? O que você "odeia" ou "ama" de maneira inflexível? Anote essas coisas em seu diário.

4. Para cada coisa à qual você resiste ou atribui um significado especial, sua energia desacelera e bloqueia o Fluxo. Imagine que você está dissolvendo a solidez desses pensamentos até haver espaço totalmente livre ao seu redor.

5. Com cada item de suas anotações das etapas 2 e 3, sinta o que o Fluxo gostaria de fazer a seguir. Ele gostaria de mudar os resultados, os processos, a profundidade de sua experiência? Imagine que você deu permissão total para que o Fluxo faça o que ele quer fazer e tenha fé no que virá a seguir. Siga os seguintes caminhos: deslize para o mundo não físico, esvazie a mente e então deixe que a realidade seja recriada a partir do ponto de vista da alma. Faça anotações em seu diário.

O próprio Fluxo evolui

O Fluxo coordena o caminho perfeito através de uma variedade de lições e situações de vida projetadas para ajudar você a evoluir para a consciência de quem realmente é. E ele faz a mesma coisa para as outras pessoas. A todo momento, cada um de nós tem um pensamento, faz uma escolha ou pratica uma ação. *Pela forma como pensamos e agimos, afetamos o que as outras pessoas pensam e fazem, embora cada um de nós tenha livre-arbítrio.* O conjunto de todas essas escolhas e movimentos muda o padrão do todo – a cada milissegundo – e modifica a próxima experiência que possa ser necessária para você.

Se em algum momento você pensar que deseja criar uma organização sem fins lucrativos para ajudar pequenas empresárias, mas outra pessoa já está fazendo isso, sua ação pode não ser necessária para o conjunto das pessoas, e no próximo momento você mudará de ideia, pois uma organização sem fins lucrativos agora lhe parecerá inútil. Voltar à universidade para obter seu Mestrado parecerá mais interessante – o coletivo de todos os seres precisa que obtenha seu Mestrado e você reage pelo desejo de fazê-lo. À medida que cada indivíduo dentro do coletivo evolui, o mesmo acontece com a totalidade, e a totalidade então influencia a maneira como o Fluxo afeta cada indivíduo.

Os Registros Akáshicos, o "plano" evolutivo da Terra e o Fluxo resultante estão em adaptação e evolução constantes. É por isso que você não deveria se fixar em metas e resultados. O modelo interno do planeta e da humanidade não são fixos. Portanto, por que desejar se fixar numa ideia e seu processo de materialização, quando algo melhor e mais apropriado para todos pode ser dado a você?

Ao confiar no Fluxo para ele fazer você deslizar da forma e voltar para a próxima realidade de que precisa, você ficará em alinhamento com a consciência coletiva, e suas próximas novas ideias e impulsos virão da mais alta verdade do momento. O que você conseguir realizar acontecerá cada vez mais facilmente. Todo pensamento bom e generoso que lhe ocorrer, toda ação sábia que você tomar e toda forma que você materializar de maneira habilidosa, bela e consciente aumentarão o ímpeto do Fluxo, facilitando os caminhos de inúmeras outras pessoas. Você poderá se tornar muito mais ciente de seu papel em influenciar e ajudar o Fluxo – exatamente agora. Se você prestar atenção, poderá testemunhar os efeitos de seus pensamentos "anônimos" e suas ações na vida das outras pessoas – e também em sua própria evolução.

> Uma pessoa em fluxo está completamente focada. Não há espaço na
> consciência dela para pensamentos difusos ou sentimentos irrelevantes.
> A autoconsciência desaparece, mas a pessoa se sente mais forte do que o normal.
> O sentido do tempo é distorcido: as horas parecem passar em minutos.
> Quando todo o ser de uma pessoa é expandido ao funcionamento
> máximo do corpo e da mente, tudo o que ela faz vale a pena,
> pois tem um sentido intrínseco; a vida se torna sua própria justificativa.
> **Mihaly Csikszentmihalyi**

Mindfulness em movimento

Existe outra sensação de Fluxo na qual poderíamos dizer que estamos "na zona" ou "no ritmo" — onde corpo, sentimentos, mente e alma se fundem e realizam um ato que parece mágico, como se o movimento na verdade estivesse movendo *você*. Pode ser um jogador de beisebol fazendo um *home run*[*] perfeito; ou um orador hipnotizando o público com falas não planejadas que espontaneamente emergem dele, ou um artista pintando uma tela com tintas que são apenas aplicadas no lugar certo, na ordem certa, da maneira certa. Enquanto você se sente nesse estado, é como se estivesse "possuído" por uma força irresistível, e geralmente há um momento em que você "cai na real" e sente que acabou de ser depositado de volta à terra depois de um passeio numa nave espacial. Na Era da Intuição, esse tipo de percepção de unidade ou estado de alerta do Fluxo se torna mais comum; com efeito, talvez ele se instale de forma permanente.

Observei certa vez um amigo meu, habilidoso praticante de artes marciais, reunir sua energia e consciência e colocar-se numa postura estática, com as mãos para cima e ligeiramente separadas à sua frente, perfeitamente equilibrado num pé e com o outro pé levantado e flutuando facilmente no ar. Ele continuou nesta postura por um período de tempo conhecido apenas por ele. Então, o pé levantado mostrou o caminho e ele mergulhou num rio de energia. Eu quase podia ver aquele jato de fluidez, aquela corrente de fogo líquido. Ela o envolveu, movendo-se através de seu corpo com a velocidade da luz e guiando-o numa sequência complexa de movimentos mercuriais muito suaves. Ele era um tigre, depois um pássaro aquático, depois uma cobra. O Fluxo o consumiu por inteiro, e quando finalmente o soltou e se moveu em outra direção, meu amigo se sentou no chão, quase tonto, enquanto sua personalidade se restaurava lentamente.

---

[*] No beisebol, *home run* é uma tacada na qual o rebatedor é capaz de circular correndo todas as bases, terminando na base inicial, sem que o adversário consiga trazer a bola de volta. Equivale a um gol no futebol. (N. do T.)

Minha fórmula para a grandeza de um ser humano é o *amor fati* [amor ao destino].
Esse ser humano não quer que nada seja diferente, nem para a frente,
nem para trás, nem em toda a eternidade.
Não só [para] suportar o que é necessário [...], mas [para] amá-lo.

Friedrich Nietzsche

Mais tarde naquela noite, enquanto passávamos ao lado de uma cerejeira retorcida, meu amigo parou. Silenciosamente, ele olhou para o tronco bifurcado e os galhos retorcidos. Então, suas mãos e braços começaram a serpentear pelo ar, girando de maneira graciosa e sensual. "Costumo fazer isso como parte da minha prática", disse ele. "Entro no fluxo da árvore e sigo o caminho de seu crescimento." Depois de sentir o poder de seu foco e quase ver as verdadeiras correntes de energia que meu amigo conseguia acionar, tornei-me mais consciente dos caudais de ação e do fluxo de qualquer processo em que entro.

Onde quer que você esteja agora, também está num fluxo. A corrente de seu Fluxo está levando você para novas experiências – movendo-se através de você, possuindo-o, informando-o. Se você estiver presente e confiar na sabedoria de cada momento, sua expressão poderá ser inspirada, bonita e sem esforço. E, no entanto, você não irá a lugar algum. Muitas vezes, quando eu estava viajando, tive a sensação de que na verdade estava parada e a realidade que eu estava atravessando na verdade estava atravessando a mim.

Se você já praticou uma "meditação caminhando", como no budismo, sabe que deve se concentrar em "levantar, posicionar, pisar, levantar, posicionar, pisar", sentindo o calcanhar sair do chão, depois os dedos dos pés, depois o pé se levanta e se dobra à medida que o calcanhar procura um novo local para pousar, e o resto do pé o segue em pequenos incrementos. Uma etapa se funde na seguinte. Então, você se conscientiza de que ambos os pés estão fazendo diferentes etapas do ciclo para se fortalecerem um ao outro, e que os joelhos ajudam os pés, os quadris ajudam as pernas, e assim por diante. O Fluxo absorve você e tudo funciona tão intimamente em conjunto que não pode mais ser separado em etapas. Você está andando, mas o que está fazendo você andar? Mesmo quando você interrompe a meditação, sente-se fluindo perfeitamente para a próxima ação, e para a próxima – como beber um copo d'água e depois começar a próxima etapa de lavar o copo. Onde está a linha de demarcação entre as tarefas? O que fragmenta o Fluxo são só os rótulos do lado esquerdo do cérebro.

Tente isto!
Meditação de continuidade

1. Tente isso por dez minutos (você pode acionar um cronômetro a fim de liberar a mente para a tarefa): Comece a se mover para algum lugar ou inicie uma tarefa. Sinta as partes do corpo trabalhando juntas e em sequência para ajudar você. Concentre-se nos dedos e nas mãos cooperando entre si, e nos pés, pernas e quadris cooperando um com o outro. Observe, à medida que você se move para uma tarefa que sua mente define como uma coisa única, como guardar um prato ou lavar o rosto, que na verdade existem muitos passos para cada tarefa. Sinta cada passo e como eles se misturam para o próximo movimento, e depois para a próxima tarefa. Onde terminou uma tarefa e a outra começou? Onde o pensamento que iniciou o movimento começou e terminou?

2. Deixe seu corpo ir para onde ele deseja ir da maneira que quiser, evitando que o lado esquerdo do seu cérebro lhe diga o que fazer. Observe o Fluxo movendo seus pensamentos e impulsos — e como os pensamentos podem ir e vir sem que você os controle. Quando você decide agir seguindo um impulso, como isto acontece?

3. Observe os espaços. Se você mover ou guardar um objeto, sinta o espaço que ele ocupava e o novo espaço que agora o contém. Quando seus pensamentos se dissolvem, quem é você?

4. Quando você percebe momentos individuais? Quando está num Fluxo, consegue notá-los? Anote suas observações em seu diário.

Interrupções em seu Fluxo

O que acontece quando você está imerso no estado de Fluxo e sua mente de repente dá um salto ou se afasta e o trem em que você está sai dos trilhos? Imagine que esteja criando um novo *site* fantástico, a todo vapor, absorto no Fluxo. Antes de perceber o que aconteceu, você está de pé na frente da geladeira aberta em busca de um lanche gostoso. Algo fez com que você se desviasse de sua experiência de absorção, e pode ser interessante descobrir o que era. Uma dissociação repentina pode ser causada pela ativação de um medo subliminar, por exemplo.

Pense bem. O que você estava fazendo momentos antes? Ah, sim. Você estava escrevendo seu currículo e pensando na foto que usaria. Preste mais atenção ao que estava acontecendo naquela parte do Fluxo. Você encontrou um "Sim, mas...", "Eu poderia dizer que sou especialista nesta área, *mas* será verdade mesmo? Não estou sendo egocêntrico?", ou ainda: "Eu poderia usar esta foto, mas ela não me faz parecer uma pessoa cativante; não quero que as pessoas tenham uma impressão errada de mim. Talvez eu não seja tão atraente". Se você prestar mais atenção, poderá descobrir um sentimento subjacente de insegurança. Em vez de encobrir o medo comendo alguma coisa, volte para sua frequência original. Peça ao seu Observador Interior que ajude você a decidir o que fazer para recuperar seu verdadeiro senso de identidade.

Seu eu ultrassensível também pode estar captando informação de energia sutil. Talvez haja um evento traumático pessoal ou mundial iminente. Lembro-me de como eu estava distraída no dia em que meu pai morreu inesperadamente, a quase cinco mil quilômetros de distância. Minha mente não conseguia manter a concentração em minha escrita de jeito nenhum. Em retrospecto, vejo que meu Observador Interior estava tentando chamar minha atenção, mas a ideia de que minha distração poderia ser causada pela morte de meu pai – bem, aquilo estava tão longe do que pensei ser possível que literalmente eu não podia conceber tal coisa. Interrupções também podem ser causadas por coisas mais inocentes, como um amigo pensando intensamente em você, o que então faz você pensar nele; é como um telefone telepático tocando logo abaixo da superfície de sua consciência.

Interrupções em seu Fluxo fazem parte do Fluxo. Cathy N. Davidson, autora e professora da Universidade Duke, afirma: "Quando nos sentimos distraídos, algo está acontecendo. A distração é realmente outra palavra para dizer que algo é novo, estranho ou diferente. Devemos estar atentos a esta sensação. A distração pode nos ajudar a identificar áreas em que precisamos prestar mais atenção, em que há uma discrepância entre suas reações instintivas e o que é necessário na situação em questão".[2]

Se você fizer um acordo consigo mesmo para confiar em seu Observador Interior e prestar atenção nas boas razões para perceber o que você percebe, poderá permitir distrações e interrupções para estimular seus processos de criatividade e crescimento. Isto já aconteceu muitas vezes quando escrevo: acho que sei o que devo inserir no parágrafo em que estou trabalhando, quando de repente eu me levanto num estado de espírito confuso e acho que talvez eu deva procurar uma citação em um livro de referência. Pego o livro e folheio-o só para encontrar um argumento importante que precisa ser incluído no meu parágrafo para conectá-lo melhor com outros argumentos. As distrações podem ser simplesmente sua esfera mudando para um novo rumo que contém algo de que você precisa.

> Oh, a única Vida dentro de nós e no exterior,
> que encontra todo movimento e se torna a alma dele,
> uma luz no som, um poder sonoro na luz,
> ritmo em todos os pensamentos e júbilo em todos os lugares.
> ### Samuel Taylor Coleridge

O Fluxo fixa sua atenção em você constantemente. Ele se ajusta a você momento a momento, tentando mantê-lo sintonizado com o modo de evolução mais eficiente da humanidade e do planeta. Com efeito, ele escolhe um caminho recomendado de pensamento, motivação e ação para você, e sabe o que está fazendo! Portanto, cabe a você ficar alerta e responder às instruções recebidas, que podem vir na forma de algo que o fascina, um pensamento que não sai de sua cabeça, uma situação que se repete várias vezes ou a coisa mais óbvia em seu campo de visão. *Escolha o que está escolhendo você!* Siga o Fluxo com um sorriso no rosto. Junte-se a ele. Há algo relevante esperando para se tornar consciente.

Só para recapitular...

Quando se usa a percepção linear, o Fluxo parece estar indo para algum lugar, através do espaço ou rumo ao futuro, num movimento semelhante ao de uma onda senoidal. Usando a percepção esférico-holográfica, você vê que na verdade o Fluxo não está indo a lugar algum. Ele simplesmente oscila entre a realidade física (a ordem explicada e "desdobrada") e a realidade não física (a ordem implicada e "dobrada"), dissolvendo-se e regenerando-se sempre de novo. Quando você "vai com o Fluxo", você desliza para o mundo não físico e, se quiser, pode renovar-se a partir de uma nova imaginação e frequência. Depois disso, deslize novamente e retome sua vida física. Você não está preso a um processo de criação do tipo causa e efeito. O Fluxo nunca catapulta você bruscamente para o Vazio, mas gira gradualmente em ciclos, revelando a vida em cada estágio.

O Fluxo é a consciência em constante evolução de todas as almas e todas as formas de vida. Ele fornece ideias e oferece suas criações para outras pessoas que precisam delas, e assim todos nós evoluímos da maneira mais eficiente e amorosa. O Fluxo também pode ser uma experiência de alinhamento e unificação do corpo, da emoção, da mente e da alma por meio de uma ação – até o ponto em que você não consegue mais dizer se está se movendo ou se algo maior está movendo você. Interrupções e distrações também fazem parte do Fluxo; elas podem nos ajudar a romper as fixações do lado esquerdo do cérebro, trazendo descobertas criativas e *insights* súbitos, bem como apontar bloqueios subjacentes, recalcados e baseados no medo.

11

Pratique a atenção de campo unificado

A física quântica estabeleceu que a existência física também é estruturada hierarquicamente em "camadas", desde o nível elementar [...] passando por níveis moleculares, atômicos e subatômicos mais abstratos, até chegar aos campos quânticos subjacentes. Embora os objetos físicos apareçam como discretos [...] a teoria quântica de campos mostrou que [...] [eles] podem ser mais apropriadamente entendidos como flutuações de campos subjacentes.
Charles N. Alexander

Imagine se você pudesse mudar sua percepção um fio de cabelo para a esquerda ou para a direita e o mundo da forma se dissolveria em um mundo de luz e energia. Você começaria a vagar por aí encontrando densidades variadas de energia e níveis de luz que reconheceria como seu carro, ou uma pessoa feliz, ou um cão doente, ou uma pancada de chuva. Você estaria andando em energia um pouco mais densa que reconheceria como chão, através de uma energia porosa que conhece como ar. Sentiria as ondas de uma próxima reunião ou evento muito antes de se envolver nele.

Se dirigisse sua atenção para uma ideia, ela dançaria e se expandiria e interagiria com você bem na sua frente, como um desenho animado que se tornasse real. Se você sentisse amor por alguém ou alguma coisa, o Sol brilharia pelo campo de maneira extraordinária, para todos verem. A luz se espalharia mais longe do que você pensaria razoável, afetando outras áreas no campo para que elas também vibrassem mais rápido e irradiassem com mais brilho e intensidade. Se alguém pensasse em você, você sentiria imediatamente uma espécie de formigamento suave – um chamado para certo tipo de atenção direta.

Se você conseguir imaginar esta realidade, estará no caminho certo para ativar a próxima habilidade de atenção da Era da Intuição: *praticar a atenção do campo unificado*. Neste capítulo, iremos explorar a experiência de encontrar a verdade da unidade, primeiro no mundo não físico, depois no mundo físico. Se você centralizar a si mesmo e vivenciar este tipo de comunhão como seu estado natural, muitos outros aspectos da realidade transformada se abrirão para você.

Seus mundos estão se fundindo

Estamos na "virada" de um fluxo; a involução se transformou em imersão e agora está se voltando para a evolução. Você se lembrará de sua identidade como uma alma – como pura percepção-e-energia –, e isso não valerá só para algumas pessoas: é um processo planetário. As frequências espirituais mais altas estarão saturando a matéria, e as realidades interna e externa se combinarão entre si em vibração e fusão. Quanto mais você perceber que não há separação entre os mundos, mais rápida será sua transformação e evolução.

O cenário que descrevi de viver em um mundo de energia-e-luz está realmente acontecendo agora, numa frequência um pouco acima da que você conhece como "vida real". À medida que os mundos se fundirem e se integrarem, você terá mais facilidade para enxergar a luz (ou consciência) na matéria e sentir a informação energética pela vibração. Percebendo o mundo da percepção-e-energia, você vivenciará a abertura – não existirão limites ao redor e entre nós, as outras pessoas e as coisas. É um campo unificado de percepção-e-energia. E, como diz a metáfora, somos ondas do mar, nunca deixando o mar. Somos seres de energia movendo-se num mar de energia, com nossa realidade física aparecendo para fora do mar e desaparecendo de volta no mar – o mar do campo unificado. Não há demarcação entre interior e exterior, o pessoal e o impessoal, a vida e a morte. A realidade física só aparece separada porque não fomos capazes de sentir e ver a energia-e-consciência dentro dela.

O espaço externo é totalmente aberto e desimpedido, assim como o espaço interno de *rigpa* (consciência inata) também é aberto e desimpedido.

Chökyi Nyima Rinpoche

Corpos e campos

Os físicos estão chegando a conclusões que confirmam o que os místicos vivenciaram diretamente há milhares de anos – o fato de que o mundo interior é na verdade um campo unificado de percepção-e-energia. E o mundo físico da matéria se aglutina a partir desse campo unificado por meio de subcampos ou entidades intermediárias (padrões de percepção-e--energia) que ainda fazem parte do campo unificado. Rupert Sheldrake chama isso de *campos mórficos*, e eu o chamo de *modelos internos*. Os físicos também sabem que as forças não são transmitidas diretamente entre os objetos, pois elas se movem primeiro através desses campos de mediação. Norman Friedman diz: "Todos os *gestalts* [padrões] da matéria são, na verdade, porções manifestas de campos de matéria quântica. [...] Toda matéria, biológica ou não, é uma manifestação de seu próprio campo. As implicações disso são surpreendentes. Não somente um elétron é uma explicação de seu próprio campo, como também uma célula humana pode ser encarada de forma semelhante e, em princípio, também os seres humanos. Nosso corpo como um todo é uma manifestação de seu próprio campo de matéria".[1]

Muitos místicos sempre souberam que os seres vivos estão rodeados por um campo de energia que pode ser visto como uma luz, ouvido como um som, ou sentido como variações de texturas ou temperaturas. Nos últimos anos, esses campos puderam ser fotografados. Embora pareça que o organismo físico esteja emitindo o campo, na verdade o campo está emitindo sua contraparte física. *Não somos tanto corpos com campos, e sim campos com corpos.* Seu campo pessoal é na verdade um instrumento criativo para sua alma, assim como a argila para o oleiro. Lidar com o próprio campo de energia pessoal, ou modelo interno, é o primeiro passo para encarar sua natureza expandida como todo o campo unificado. *Seu campo pessoal é sua interface com o campo unificado.*

> Qualquer pessoa com alguma percepção ou sensibilidade pode sentir uma aura, mesmo quando na verdade não a vê.
> **T. Lobsang Rampa**

Seu campo pessoal é seu modelo interno

Todos os mundos e criações possíveis já existem no campo unificado, esperando para serem convocados. Por exemplo, sua alma abriga o padrão ideal de destino para sua vida como um campo espiritual e ressoante de percepção-e-energia. Padrões mentais com pensamentos correspondentes se formam nessa frequência para criar o campo mental – o corpo mental. Então, a frequência desses padrões diminui, criando o campo emocional – o corpo emocional. Por fim, chega-se ao próximo campo mais lento que modela minuciosamente a forma física – *o corpo etérico (energético)*. Os clarividentes a enxergam com frequência esse corpo de energia eletromagnética como uma réplica do corpo sutil feito de luz ou energia etérica. Essa também é sua aura, seu campo pessoal ou seu modelo interno. Seu corpo físico, vida e destino fundem-se a partir dele. O mesmo processo vale para qualquer projeto, situação ou objeto que você desejar materializar ou possuir.

O que você faz enquanto ser físico – os pensamentos que pensa, as escolhas que faz, as emoções que sente, as ações que pratica – alimenta de volta seu sistema de campos ressoantes, ou "corpos". Qualquer contração da percepção-e-energia com base em pensamentos e emoções de medo pode atuar como um distúrbio e distorcer o Fluxo nesse sistema de campos, bloqueando a capacidade de sua alma de transmutar seu padrão de destino em forma.

Costumo pensar neste sistema de campos como uma peneira: os buraquinhos servem para você eliminar o medo e praticar o amor e a unidade; a verdade da sua alma atravessa estes locais facilmente. As áreas sólidas da peneira são onde você mantém o medo ou cria lacunas de percepção. Então, você experimenta pontos cegos, distorção e negatividade nestes locais. Quando você elimina – ou adiciona – contrações ou fixações, o sistema de campos muda de frequência para combinar com as mudanças e o corpo físico e a vida se ajustam rapidamente para combinar com o modelo interno.

Cada doença física, por exemplo, irrompe em seu corpo em função de uma contraparte em seus campos mental, emocional e etérico. Talvez você tenha tido um número excessivo de entes queridos que morreram em período prolongado. A contração que chamamos de "luto" se aloja em seu campo emocional, e crenças contraídas da mesma frequência ("Nunca mais verei estas pessoas", ou: "A vida é injusta e eu também posso estar condenado") se alojam em seu campo mental. Então, seus corpos etérico e físico ecoarão esta frequência e problemas pulmonares e cardíacos poderão se manifestar, pois essas são as áreas-alvo para a dor e o pesar no corpo. No entanto, se você eliminar a emoção bloqueada e as crenças fixas, expandindo sua visão para identificar as falácias em sua percepção, as doenças físicas poderão ser curadas, muitas vezes de maneira espontânea. Uma porção maior da verdade de sua alma poderá agora fluir através dos buraquinhos expandidos na peneira.

Quanto mais você escolher vibrar no nível de sua frequência original, mais claro seu campo se tornará. Também será mais fácil confiar que sua vida está se fundindo com a visão mais elevada ou padrão de destino de sua alma, e que você enquanto indivíduo não precisa fazer tudo acontecer. Quando seu campo estiver transparente, a intuição acontecerá sem esforço, as visões e criações se materializarão e você apenas se deparará com as oportunidades de que precisa. Você capacitará seu campo e o deixará crescer, como o broto encontra seu caminho natural para sua forma específica de planta adulta.

[A pesquisa do professor Harold Burr descobriu que] o campo elétrico em torno de um broto de planta não tinha a forma da semente original. Em vez disso, o campo elétrico ao redor se assemelhava à planta adulta.
Richard Gerber

Sentindo os campos pessoais

Você pode sentir facilmente a qualidade dos campos pessoais de outras pessoas. Assim como todo mundo, você tende a corresponder à frequência das pessoas próximas, o que permite que assimile a qualidade do campo delas em seu próprio corpo e campo, como se você fosse um diapasão ressoando com outro diapasão. Perto de uma pessoa perturbada, você poderá se sentir nervoso e impaciente. Perto de uma pessoa radiante e calorosa, poderá sentir vontade de rir e ser generoso. Você poderá temer uma pessoa medrosa ou sentir raiva de uma pessoa raivosa. Perto de alguém com mania de perfeição, poderá sentir falta de confiança ou cometer erros bobos, pois é disso que eles têm mais medo. Outras pessoas farão a mesma coisa com você. Se elas não o reconhecerem, talvez você esteja retendo sua energia. Se você estiver sendo repetidamente mal interpretado, poderá estar enviando mensagens confusas sobre o que deseja. Se estiver limpo e de coração aberto, aqueles ao seu redor se sentirão mais fortalecidos e aceitos por quem eles são. Todos estamos lendo constantemente os campos uns dos outros.

Tente isto!

Leia os campos pessoais

1. À medida que você se move pelo mundo, fique muito atento às pessoas que encontra – crianças, adultos e idosos. Observe suas primeiras impressões, primeiro a distância e depois quando se aproxima. Veja como seu corpo se sente com esse contato, sem ler expressões faciais ou interpretar a linguagem corporal. Você sente certas intensidades, qualidades emocionais ou níveis de luz? Ouve sons? Percebe cores?
2. Preste atenção ao caminhar pelos campos de outras pessoas e quando elas caminham pelo seu. Informações sutis são trocadas? O campo delas está confuso ou claro? Elas estão em seus corpos ou estão dispersas?
3. Experimente ajustar a vibração de seu campo enquanto interage com outros. Às vezes, você pode afetar os campos de outras pessoas com os seus; tente "iluminar-se" e veja se as outras pessoas reagem da mesma maneira.
4. Agora, veja se você consegue sentir os campos de plantas e árvores. Algumas delas lhe parecem realmente saudáveis e outras, não tão vibrantes?

Quanto mais você corresponder às frequências variadas de outras pessoas sem retornar a seu próprio centro e frequência original, mais confuso – e confuso igualmente para os outros – você se tornará, pois não estará sendo coerente. Seu corpo de energia estará dizendo uma coisa, mas você assumiu a sobreposição do padrão de outra pessoa que pode não ser natural ou verdadeiro para você. Se prestar atenção quando captar sinais mistos dos campos de outras pessoas, poderá perceber que isso o faz se sentir discordante ou tenha uma impressão desconfortável de não ser confiável ou ser incompetente – basicamente, você deseja evitar aquelas pessoas.

Quando você reage a um campo com baixa vibração e se sente pior fazendo isto, a ação pode ser inconsciente, mas não deixa de ser uma escolha sua. O mesmo vale para as pessoas que você gostaria de ajudar ou salvar. Você não precisa se sentir mal porque alguém está sofrendo bloqueios. E não pode forçar uma pessoa a mudar o campo pessoal dela, do mesmo modo que ninguém pode forçá-lo a mudar o seu. O que vale aqui é o livre-arbítrio. Podemos influenciar uns aos outros, porém, e os gestos doces obtêm resultados mais rápidos e permanentes do que os amargos. É mais fácil influenciar as outras pessoas para que elas aumentem e expandam sua frequência do que pressioná-las a mudar por meio de ameaças.

Já que tendemos a combinar as frequências uns dos outros, você pode fazer um jogo de se tornar um "espaço claro" no mundo. Pode "fazer soar seu diapasão" a fim de irradiar energia de alta frequência para todas as pessoas que encontrar. Pessoas sábias servem às outras sendo "clareiras" no campo unificado da humanidade – de modo que quem quer que se aproxime, em pensamento, sentimento ou forma física, até certo ponto também se tornará "claro" graças à correspondência de frequência. Esta clareza do campo pessoal é decorrência de um coração amoroso; é como se o coração se expandisse para se tornar todo o campo pessoal. Um amigo meu chama isso de "o coração sem pele". *Quando o coração assume o comando, a alma se incorpora.* A vibração de compaixão da alma é a verdade, e em algum lugar dentro de cada um de nós existe a noção de que os estados contraídos não são o que queremos, nem quem somos. Isso significa que as pessoas são naturalmente propensas a se abrirem e serem mais amorosas, e sempre escolherão o coração se tiverem uma chance. Você pode dar essa chance a elas.

Tente isto!
Deixe que seu coração se torne seu campo

1. Feche os olhos e fique centrado. Respire de maneira fácil e rítmica. Imagine que o balão de energia que irradia de seu coração se expande para envolver você em todas as direções, tão longe no espaço quanto for confortável. Sinta sua clareza e compaixão preenchendo sua esfera.

2. Agora imagine que aquela esfera de energia do coração estava lá o tempo todo, uma condensação de energia de sua alma que existe em uma certa frequência — que você acabou de se lembrar de sintonizar.

3. Deixe a vibração de sua alma, através do campo do coração, condensar você em sua forma mental, emocional e física. Deixe que o modelo interno dessa forma, com sua sabedoria inata, comece a mudar você sutilmente para uma nova identidade. Sugira a si mesmo que, mesmo que se esqueça, essa mutação do padrão continuará. Sempre que possível, determine-se a sentir sua aura como seu campo do coração.

Lembre-se também de que os grupos de pessoas têm modelos internos, ou campos mórficos, criados pelos pensamentos coletivos, emoções e ações de seus membros. Um grupo pode ser uma espécie, uma nação, uma linhagem familiar ou um time de futebol. Os campos individuais dos membros se fundem para formar uma nova entidade mediadora, e o modelo interno do grupo evolui e muda conforme os membros evoluem, vêm e vão, e aprendem através da ação grupal. O mesmo vale para um relacionamento entre duas pessoas. Quando duas pessoas se reúnem, formam um campo de relacionamento, ou modelo de relacionamento interno, que serve para guiar a evolução de ambas.

Influenciando modelos internos

Você sente, apreende e cria coisas primeiramente no mundo da energia. Na verdade, quando você quer mudar algo no mundo físico, é muito mais eficaz trabalhar primeiro no modelo interno do padrão a ser mudado no reino imaginário. Quando você usa força física e de vontade para mudar os resultados físicos em vez de mudar o modelo interno, a mesma forma continuará a se materializar, por mais que você se esforce. Sua vida profissional tem um modelo interno, assim como sua casa, os projetos nos quais você está envolvido e as coisas que está criando – e todos eles podem ser "ajustados". Se você quiser mudar de endereço ou de emprego, mude seu modelo interno em sua imaginação e a mudança externa acontecerá de maneira mais rápida e suave. Se estiver criando uma escultura ou uma pintura, sintonize-se com o padrão interno preexistente da obra de arte, como fez Michelangelo ao "libertar" esculturas de um bloco de pedra.

Você usa um modelo interno até quando se comunica com outras pessoas. Suas palavras viajam no mundo físico enquanto suas ideias, imagens interiores e emoções se movem através de seu campo pessoal, em seguida através do campo das outras pessoas, e a partir daí o significado da comunicação se forma na consciência delas. Elas entendem você na medida em que o campo delas é organizado e na proporção em que suas imagens e sentimentos interiores e não físicos combinem com suas palavras físicas. As palavras podem cimentar a comunicação ou confundi-la. A menos que ambos os campos pessoais ressoem no mesmo diapasão, a outra pessoa não entenderá você.

Da próxima vez que se comunicar com alguém, ou orar por alguém, tente visualizar os campos de ambos se conectando e mediando o processo. Esteja presente na vivência do que você está comunicando, reserve um tempo para permitir que suas palavras correspondam exatamente ao seu significado e envie algum amor e apreço junto com sua mensagem: "A luz em mim saúda, conhece e ama a luz que há em você. Eu vejo o melhor em você". Isso faz a coisa deslanchar.

Se você começar a semear um cristal num laboratório em Nova York e, duas semanas depois em Paris, alguém começar a fazer a mesma coisa, o cristal que está sendo semeado em Paris se desenvolverá mais rapidamente, pois outro laboratório já havia executado o processo em Nova York.

Pir Vilayat Inayat Khan

Michelle tinha problemas com sua família de origem. Seus pais eram religiosos e conservadores e não entendiam por que ela havia deixado sua cidade natal. Eles se sentiram rejeitados e aproveitaram todas as oportunidades para fazê-la sentir-se culpada quando se comunicava com eles. A irmã mais velha, que permanecera na cidade natal e atendera aos desejos dos pais, parecia odiá-la. Ela criticava Michelle sarcasticamente cara a cara e dizia mentiras sobre ela para familiares e amigos. Ela até tentou influenciar os pais para tirar Michelle do testamento. O modelo interno, ou campo de energia, da família de Michelle era dominado por pessoas que acreditavam em privação, traição, ataque e autossacrifício. Os pais dela e a irmã estavam enraizados em crenças fixas e evitavam assumir suas emoções negativas, preferindo projetar o que parecia desconfortável em um bode expiatório – Michelle.

Para começar a mudar o padrão de sua família, Michelle primeiro precisou entender que ela havia nascido naquele campo familiar porque compartilhava algumas de suas qualidades, ou seja, aquela família tinha uma ressonância central em comum. Em vidas anteriores, Michelle pode ter se parecido com a família, mas agora estava se movendo para uma realidade mais independente, baseada na alma. Do ponto de vista espiritual, Michelle escolheu um caminho de crescimento rápido: ela "pariu a si mesma" para além das limitações do campo mental grupal de sua família (que, nesse caso, era um verdadeiro campo minado!). Ao fazê-lo, ela involuntariamente desafiou a visão de mundo da família, e eles se tornaram defensivos. Em vez de seguir sua iniciativa, eles tentaram intimidá-la para que ela recuasse e concordasse com eles.

Como não havia muitas coisas que Michelle pudesse fazer no mundo físico para melhorar a situação, ela precisou trabalhar no modelo interno do campo familiar. Primeiro, ela parou de adicionar energia à atitude da família de rejeitar sua resistência e sentimentos feridos. Então, visualizou o campo familiar se enchendo de luz e amor. Viu cada membro conectando-se com sua própria frequência original e seu caminho exclusivo para o crescimento espiritual, e comunicou-se telepaticamente com os campos que ela acreditava existirem neles. Enquanto isso, no mundo físico, ela mandava cartas e telefonava para eles como uma confirmação do que estava fazendo no mundo não físico.

A alma parece incapaz de compreender qualquer coisa
que não desperte a vontade de amar.
Santa Teresa d'Ávila

Depois de alguns anos em que Michelle fez isto, o pai morreu e a mãe teve um colapso emocional durante o qual pediu a ajuda da filha. Michelle esteve presente e não julgou a mãe. De repente, a mãe confessou que havia desejado conhecer o mundo, mas se casara muito cedo, assumira os cuidados de uma família e as responsabilidades da igreja e sempre sentira inveja do espírito livre de Michelle. Essa conversa foi um grande progresso, e mãe e filha se aproximaram novamente. Uma energia nova fluiu para o campo familiar. Com a ajuda da mãe, ocorreu uma abertura entre Michelle e a irmã. Tudo isso levou tempo e paciência, mas o projeto interno da família evoluiu e a situação física mudou.

O que quer que se materialize em sua realidade reflete a qualidade da percepção-e-energia em seu campo pessoal. Sua realidade resulta de seu campo. Michelle finalmente foi capaz de mudar a vibração em sua família porque manteve o próprio campo em uma frequência compassiva, não retrocedeu para vibrações passadas e integrou os campos das outras pessoas dentro dela como parte de seu campo de compaixão. *Dentro de você, o campo pessoal é sua interface com o campo unificado de percepção-e-energia; é um conjunto de instruções para o campo unificado.* Ele torna o que é impessoal em algo pessoal e molda o Fluxo nas sequências de vivências de que você precisa para sua evolução. Quanto mais elevada for sua vibração, mais completamente o campo unificado fornecerá fontes para você.

Encontrando o campo unificado dentro de você

Quando você vivencia a unidade e a coesão dentro de si mesmo, começa experimentar o campo unificado. Aqui vão algumas maneiras de fazer isso:

- **Unifique as oposições ligando-as em um único fluxo.** Observe quando você se define com alguma de suas características, por exemplo: "Sou tão desligado da realidade!", ou: "Sou muito tímido", ou: "Sou apenas insensível". Essas declarações são um aspecto de uma polaridade – a metade de uma ideia do tipo "ou isto, ou aquilo". Não dá para ser um lado sem ser também o outro. Portanto, mude sua descrição: "Sou desligado da realidade *e* sou capaz de concentração". "Sou tímido *e* sou gregário." "Sou insensível *e* sou intuitivo." Procure outras ideias do tipo "ou isto, ou aquilo" e altere-as para declarações do tipo "ambas as coisas / e": "Uso os lados esquerdo *e* direito do meu cérebro. Sou ao mesmo tempo intelectual e emocional. Consigo me concentrar de maneira precisa e ampla. Sinto amor *e* medo, confusão *e* clareza". Existem muitos pares de características e qualidades. Vinculá-los ajuda você a apreender a conexão do Fluxo e sentir-se mais completo.

- **Sinta os paralelos entre seus vários campos de percepção-e-energia.** Se você sentir raiva em seu campo emocional, observe que o campo físico se contrai com o mesmo senso de frustração, e que o campo mental mantém uma crença correspondente naquela frustração. Se você tiver um golpe de sorte, observe que o campo de sua alma afeta os campos mental, emocional e físico, espalhando a verdade espiritual em todos os lugares através de uma ressonância harmoniosa e fazendo você se sentir bem.
- **Use igualmente o corpo, os sentimentos, a mente e a alma. Equilibre sua atividade entre estar sozinho, relacionando-se com outra pessoa e integrando um grupo.** Procure coerência em suas ações – certifique-se de incluir cada aspecto de sua personalidade. Se você estiver no computador há dias, faça uma caminhada na natureza e sinta-se inspirado. Se tiver trabalhado diligentemente construindo o deque de sua casa, leia um livro estimulante. Se tiver estado com pessoas sem parar, reserve algum tempo para um retiro solitário. Perceba quando você está se tornando desequilibrado e complete sua vivência.

- **Deixe todos os aspectos e talentos de sua personalidade viverem juntos em harmonia como uma grande família.** Você não é um caminho único. Pode ter talento como músico, matemático, escritor e adestrador de cães. Pode ser um ótimo orador, tímido em festas e um dançarino fabuloso. Pode descobrir que tem novos talentos: "Sei cozinhar! Sou atlético! Sei falar outro idioma!". Pense em você mesmo como um grande diamante com muitas facetas e deixe-se brincar com todas as suas personalidades. Mostre suas muitas faces e aproveite cada uma delas enquanto elas interagem. Mais facetas estão sempre surgindo, aumentando a riqueza de quem você é.

- **Sinta seu corpo interiormente e observe a energia e a presença em todas as partes.** Ao meditar, mergulhe em seu corpo, dentro de sua pele e ainda mais fundo, e sinta sua frequência original em todos os lugares. Perceba a presença viva ocupando cada partícula e espaço; não há lugar vazio dentro de você. O campo unificado existe em você, assim como em tudo ao seu redor.

Encontrando o campo unificado em seus relacionamentos

Praticar a unidade nos relacionamentos a dois pode ser algo desafiador, mas os relacionamentos são o caminho mais rápido para você vivenciar aspectos de si mesmo que você suprimiu. O segredo é ver por meio das oposições, encontrar unidade em qualquer dualidade e sentir a continuidade do Fluxo movendo-se através do campo criado por ambas as pessoas. Aqui vão algumas dicas:

- **Preste atenção às entradas e saídas de energia.** Nos relacionamentos a dois, você consegue perceber mais facilmente que a energia flui para dentro e para fora de você pelo *feedback* da outra pessoa. Você dá tanto quanto recebe? O que as outras pessoas estão dando a você? Se você admitir essa pergunta, poderá receber o que as outras pessoas têm a lhe dar. O que você está dando? Pense em termos de percepção-e-energia, não apenas em coisas físicas. Verifique se consegue sentir o dar e o receber acontecendo simultaneamente, equilibrando as duas pessoas.

- **Observe o campo de relacionamento para além da outra pessoa.** O que você pensa em fazer num relacionamento e o que a outra pessoa faz é coordenado pelo campo de relacionamento, ou modelo interno. Quando considera a ideia de que existe um "guia" sábio, composto de ambas as almas, ajudando vocês dois a aprender e crescer, você não irá tão facilmente polarizar ou entrar em colapso em uma fusão insalubre e de dependência mútua. O campo de relacionamento nesta vibração mais elevada é o campo do coração das duas pessoas.
- **Comprometa-se a retornar ao estado de coração aberto sempre que o medo intervir.** Você vai oscilar para dentro e para fora da experiência de unidade, para dentro e para fora do medo – e isso é só uma parte da elimininação da obstrução em relacionamentos. Faça questão de se comunicar nos mundos físico e não físico para que ambas as pessoas possam retornar ao "coração receptivo" o mais breve possível, após uma separação ou experiência de medo.
- **Pratique enxergar os mesmos problemas em ambas as pessoas a qualquer momento.** Em vez de entrar em conflito, examine como você assume posições opostas sobre uma questão subjacente. Lide com essa questão unificadora em vez de manter posições separadas. Esse espelhamento – ver a si mesmo e seu problema na outra pessoa – leva ao entendimento baseado na similaridade. Quanto mais você encontra a ressonância na comunidade, melhor discerne a alma da outra pessoa. Quando as almas enxergam almas, há profunda comunhão e amor e um sentimento de que "nós viemos do mesmo lugar".
- **Faça conexões com outras pessoas a distância.** Pratique a comunhão com outras pessoas que estão longe ou que você talvez nem conheça. Volte sua atenção para elas e inclua-as como parte de seu campo pessoal. Veja a si mesmo dentro do campo delas.

Abençoe-os percebendo quem elas realmente são. Se você quiser falar com um amigo, imagine-se conversando com ele com seus campos mesclados. Assim como seu cachorro sabe quando você olha para ele e ele se vira para olhar para você, veja se consegue sentir a impressão telepática da percepção-e-energia vindo em sua direção de pessoas a distância. Quem está pensando em você? Você de repente sente vontade de se conectar com alguém?

> A última coisa que quero fazer – sempre – é aceitar a
> ilusão insidiosa de que as vidas espirituais e
> os relacionamentos são sempre tranquilos ou felizes.
> **Marianne Williamson**

Tecendo seus mundos não físico e físico um no outro

Embora possamos parecer superficialmente separados – na realidade física –, sob a superfície, na realidade não física, todos nós sobrepomos nossos campos e contemos uns aos outros. Na verdade, você compartilha um campo com o mundo inteiro. Quando os campos se sobrepõem e se fundem, tudo dentro do campo combinado conhece todo o resto. Desaparece a ideia de qualquer coisa ser impessoal, no sentido de estar tão distante que você não precisa se preocupar com ela. Em vez disso, há a percepção de que se alguém ou algo aparece em seu campo, vocês compartilham uma vibração e de algum modo são as mesmas pessoas.

Quando você passa a fazer parte de um grupo, por exemplo, as outras pessoas estão realmente se materializando fora de seu campo, e você se materializa fora do campo delas – pois suas vibrações combinam de alguma maneira. Se você pensar em seu pai falecido, ele surge a partir de seu campo a ponto de você acreditar que pode imaginá-lo, e você surge para ele a ponto de ele acreditar que pode imaginá-lo. Nada e ninguém – não importa que pareçam coisas distintas na realidade física – está fora de você.

Praticar a atenção de campo unificado é uma maneira poderosa de acelerar sua transformação, e é extremamente útil perceber que os campos não físicos se conectam intimamente com a realidade física. Aqui vão alguns exercícios que você pode praticar unificando suas duas realidades:

- **Trate o mundo como se ele fosse algo consciente.** Sempre que possível, lembre-se de que o mundo está – agora, neste exato minuto – precipitando-se para fora de um campo de percepção-e-energia. E aquela percepção-e-energia viva existe através de cada parte dela – através de você e até mesmo através de objetos inanimados. Isso significa que você pode saber tudo, e tudo pode escrutinar você. Se tratar tudo no mundo com compaixão, como um ser senciente, o mundo irá respeitar e honrar você da mesma forma.
- **Perceba as coisas com todo o seu ser.** Não são só seus olhos e cérebro que estão monitorando a vida. Sempre que possível, mesmo quando você estiver fazendo uma tarefa de rotina, mude para seu corpo e suas células para ver o que eles estão percebendo, e em seguida mude para seu coração – ou fígado, ou rótula do joelho – para ver o que eles sabem. Deixe seu corpo de energia ler o campo de energia maior. Ocasionalmente, aventure-se e expanda sua esfera para absorver mais do campo unificado, sem pensar nas coisas específicas que ele contém. Permita-se sentir que você é algo verdadeiramente imenso.

Você não vê o céu, você é o céu.
Você não toca a terra, você é a terra.
Você não ouve a chuva, você é a chuva.
Você e o Universo são o que os místicos chamam de "Uma Inclinação".*
Ken Wilber

---

* A expressão *One Taste* é enigmática nesse contexto e pode ser traduzida por "Um Sabor", "Uma Amostra", "Uma Preferência", "Uma Inclinação", "Um Discernimento" etc. (N. do T.)

- **Pratique a arte da correlação.** Quando você sente frustração no mundo físico exterior, por exemplo, sempre experimenta ao mesmo tempo uma contração correspondente em seu mundo interior de emoção e pensamento. Talvez seu avião esteja atrasado por um número absurdo de horas. Se você olhar para dentro de si mesmo, poderá descobrir que está vivenciando a mesma irritação e preocupação com seu filho adolescente, que não quer saber de cooperar ou comunicar-se com você. Quando você experimenta uma emoção em sua realidade interior, como sentir-se com sorte, a mesma coisa atua no mundo físico como um evento – uma grande oportunidade pode cair no seu colo. Os planos interior e exterior sempre se correlacionam, pois não existe separação alguma entre os mundos físico e não físico.

  Em qualquer momento há um *insight* importante. Você pode notá-lo primeiramente em seu mundo interior como um estado de energia, pensamento ou emoção, ou em seu mundo exterior como um evento. Onde quer que você perceba alguma coisa – em sua realidade interior ou exterior –, procure imediatamente sua correlação no outro mundo e encontre o tema comum. Desse modo, você aprende a encarar a vida como um fluxo através de um campo.

- **Leia sua realidade em busca de um significado mais profundo.** Praticar a arte da correlação leva à orientação. Por exemplo, na realidade exterior, seu carro está com um pneu furado. No mundo interior, você vê que o pneu furado se relaciona com sua hesitação em avançar num novo projeto. Ao perceber sua hesitação, pergunte a si mesmo o porquê dela. Você poderá descobrir que está indo rápido demais no projeto e está perdendo informações importantes ou que, no fundo, você realmente não deseja fazer o projeto.

  Se você estiver obcecado em se casar, mas continuar encontrando parceiros que não querem se comprometer, de alguma maneira você poderá não estar se comprometendo consigo mesmo, ou poderá estar esperando que outras pessoas forneçam algo que você precisa fornecer a si mesmo. Talvez você não esteja amando a si mesmo ou ao seu corpo. *O modo como o mundo trata você é o modo como você se trata.*

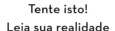

Tente isto!
Leia sua realidade

1. Assim como você interpretaria um sonho, observe sua realidade nesta semana, procure situações e eventos fora do normal e interprete-os simbolicamente. Você pode manter uma lista diária de coisas estranhas que as pessoas lhe disseram, imagens interessantes que você viu ou trocas surpreendentes que teve com outras pessoas.
2. Preste atenção nas suas preocupações internas, pensamentos obsessivos, desejos frustrados e ansiedades, momentos de iluminação e mudanças repentinas de emoção.
3. Se você perceber algo em seu mundo físico exterior, encontre seu correlato no mundo interior e não físico — e vice-versa. Pergunte-se: "Como estas coisas estão conectadas?" e encontre o significado subjacente.
4. Toda vez que você encontrar uma correlação, reserve um tempo para se dar conta de que só há uma mensagem ou *insight* em cada momento determinado.

Encontrando o amor na matéria

Prestar atenção nos campos de percepção-e-energia revela a presença universal do amor. Você pode começar a vivenciar o campo unificado concentrando-se no momento presente e removendo obstáculos. Para encontrar a simplicidade no agora, saia da linguagem e entre em seus sentidos, intuição e quietude. Experimente "estar com" o que existe. Não tenha pressa; não há para onde ir e nada que precise ser feito ou modificado. Ouça o silêncio aveludado sob o zumbido ambiental dos ruídos da vida. Lembre-se de quem está prestando atenção – é você, a alma. Concentre-se em sentir a presença de algo universal e eterno em si mesmo, no silêncio, no ar e em tudo o que você observa. Concentre-se em confiar em quem você é e naquilo que percebe.

As coisas florescem e depois cada uma retorna à sua raiz.
Retornar à raiz chama-se quietude:
A quietude chama-se retorno à Vida,
o retorno à Vida chama-se constância;
conhecer a constância chama-se iluminação.
Lao-Tzu

Dirija a atenção suavemente para um objeto próximo. Talvez seja uma caneca de café. Perceba seus detalhes como impressões sensoriais – sua cor, sua forma, seu padrão, sua textura, o material de que é feita. Aprecie-a pelo que ela é. Mantenha sua atenção nisto por mais alguns momentos; seja paciente. Olhe mais fundo e sinta-se penetrando mais longe na caneca. Esteja com ela como se ela fosse consciente. Conceda--lhe vida. Tente compreender como ela é autêntica, bonita e amorosa.

Ao penetrar com atenção ainda mais profunda na caneca, você pode-rá sentir a presença dentro dela; poderá sentir suas partículas flutuando no espaço, oscilando para dentro e para fora do mundo físico. Preste atenção mais alguns instantes. Sua alma está deixando você vivenciar o coração da caneca de café. Você a está vendo com compaixão, vendo sua essência como uma "coisa da alma" vinda diretamente do campo unificado.

Agora você percebe que, ao encarar a caneca de café como algo consciente – ao apreciá-la e abençoá-la vendo que ela é feita da mesma percepção-e-energia de que você é feito –, a caneca de café encara e apre-cia você. Você ativou uma conexão viva com o mundo, a experiência de comunhão. Criou uma relação de parentesco com aquela parte do campo unificado que está se transformando numa caneca de café – para você! Você se dá conta de que a caneca veio a existir para servi-lo e estar com você. Você agradece pela ajuda em tomar café, e ela agradece por você pedir que ela viesse a existir para vivenciar o que é ser uma caneca de café. Enquanto você a lava e a coloca no armário, fale com ela e cuide dela com muita bondade e carinho.

Fazendo companhia para seus parentes invisíveis

Sua vida – o que quer que esteja se materializando em sua esfera – está vindo do campo unificado para estar com você porque algo em você está chamando-a e pedindo para ela seguir adiante. E é bom lembrar que o campo unificado é um campo de consciência feito de um número ilimitado de seres conscientes, tanto físicos quanto não físicos – a consciência coletiva. *Todos os fenômenos do mundo materializando-se em forma física são um estupendo ato de compaixão.* Cada coisa é tão bonita em sua disposição para servir a todas as outras coisas! E você também – você é tão lindo em sua existência, em seu propósito profundo de servir pelo resto da vida!

Alguns anos atrás, eu tive uma percepção enquanto prestava uma consulta para uma mulher em Boston. Suas circunstâncias eram bastante afortunadas e sua energia física era robusta, transbordando de alegria e poder. Ela não era uma pessoa abertamente espiritual, mas de repente dei-me conta de centenas – se não milhares – de seres não físicos ocupando seu campo com ela. Pude sentir que eles a amavam, que eram extremamente orientados para o serviço e para a alegria, e que ficavam encantados em ajudá-la nos projetos e ações que empreendia. Ela não sabia conscientemente que eles estavam lá, mas havia uma qualidade em sua energia que era acolhedora e generosa. Tudo o que ela tinha de fazer era pedir, e aquelas forças invisíveis ajudavam de bom grado. Na verdade, elas estavam esperando por um pedido de ajuda.

Ver essa dinâmica me fez perceber também os seres ao meu redor – antes eu não os havia notado muito. Desde então, falo com eles, peço ajuda e compartilho com eles várias experiências terrenas. Deixo-os dirigir meu carro comigo, escrever comigo e cuidar de meu jardim comigo. Seres não físicos existem em todo o campo unificado e fazem parte do "grande você". Eles estão disponíveis para ajudar o "pequeno você", assim como você está disponível para ajudá-los compartilhando suas experiências, apreciando-os e agradecendo-lhes.

Somos todos feitos do mesmo "material estelar", os blocos básicos de construção do Universo. E caso este material venha de agregados de poeira cósmica, do hidrogênio primordial renovado ou mesmo da matéria astral, sua natureza básica é a de uma energia particularizada e congelada.

Richard Gerber

Então agora, quando paro e dirijo minha atenção para meu momento – e para minha caneca de café ou meu pequeno vaso de cacto ou meu computador –, imagino que os seres do campo unificado estão se alinhando comigo para ajudar aquele objeto a assumir uma forma física. Talvez eles estejam bem ali, do lado de dentro, sustentando a forma juntos. Agradeço-lhes e desfruto do objeto, e os seres me agradecem também. Percebo que, quando presto atenção a qualquer momento, uma provisão está sendo oferecida por uma multidão de seres que ajudam a moldar o campo unificado em formas ilimitadas.

Talvez a motivação para deixar de lado nossa Era da Informação, com seu vício das telas e atividades multitarefa furiosas, acabará por ser uma experiência de profundo amor e conexão com a vida que se materializa ao nosso redor – uma experiência de amor e conexão que só pode ser encontrada através da quietude interior.

Preste atenção de maneira suave e pura, sem confusão ou preconceitos, depois preste atenção mais alguns segundos, e por fim mais alguns segundos. Tudo consiste no engajamento total. Sua atenção conduz você à comunhão com o campo unificado, e o campo unificado revela tudo o que é necessário. Observe a perfeita coordenação entre necessidade e resultados. As melhores respostas – as que atendem mais pessoas e também o planeta – são obtidas quando você encontra o amor na matéria e deixa que a consciência unificadora o guie. Pratique a quietude para poder penetrar no coração. Pratique a compaixão para poder honrar a consciência amorosa e a presença que vive e vibra em todos os lugares através do campo unificado – e elas estão criando você agora mesmo.

Escondido e enterrado, perdido para o conhecimento do homem,
nas profundezas do finito, o Infinito existe.
Perdido, mas persistindo,
fluindo através de todas as coisas,
vivendo em Tudo há o Cérebro Infinito.
Doreal (traduzindo *A Tábua de Esmeralda*)

Só para recapitular...

À medida que você aprender a vivenciar o mundo da percepção-e-energia, também aprenderá a perceber e lidar com os campos que estão dentro de cada forma física – os modelos internos. Você verificará que estes campos dão origem a formas, e que você pode, de maneira fácil e quase instantânea, mudar a forma de algo ajustando seu modelo interno.

Nós tendemos a combinar a frequência dos campos uns dos outros e lê-los para obter informação da energia; às vezes você acha que está se sentindo de uma certa maneira quando, na verdade, o sentimento pertence a uma pessoa que você sintonizou. Podemos servir uns aos outros mantendo nosso próprio campo vibrando no nível do coração (ou frequência original ou alma), e outros tenderão a se igualar a nós.

Depois de assimilar o conceito de campos, você poderá sentir o campo unificado à medida que ele interpenetra seu corpo, seus relacionamentos, os grupos aos quais você pertence e até mesmo os objetos inanimados em sua vida diária. Tudo no mundo é feito de percepção-e-energia, então tudo está vivo com presença de alguma forma. Você pode honrar o amor na matéria ao penetrar em qualquer objeto para sentir o coração dele; quando o fizer, poderá sentir que ele o ama se você o amar também. E poderá sentir que ele está se materializando com a ajuda de muitos seres não físicos. Quando notar os seres não físicos no campo unificado e souber apreciá-los, eles alegremente ajudarão você.

12

Pratique a atenção do eu coletivo

Como é possível que eu seja só eu mesmo?
Papaji

Eu sou eu e eu sou nós. Vocês são vocês e eu sou vocês. Esta é a nova identidade da Era da Intuição. Ao revelar sua interconexão com todos e ajudar você a vivenciar a unidade que nos agrega a todos no campo unificado, a percepção esférico-holográfica faz sua identidade mudar. Ser apenas o seu eu solitário e baseado na personalidade parece uma verdadeira limitação – e tão monótona – como uma ficção estranha na qual você mesmo se convenceu a acreditar. Sentir-se isolado, solitário ou abandonado parece a mentira mais estranha, do tipo "Como eu acreditei que isto podia ser verdade?". Sua percepção de si mesmo e de sua vida ("Quem sou eu?" e "O que é a realidade?") dá um salto quântico e você começa a praticar a habilidade de atenção da próxima Era da Intuição: *compreender e agir como parte integrante da consciência coletiva.* Neste capítulo, exploraremos nossa identidade em expansão, a ideia de mente grupal e de coração grupal, e a nova intimidade e ética que provêm da experiência de nós mesmos enquanto eu coletivo.

O espectro do ego

Seu campo esférico está em constante mudança de alvo, e a porção do campo unificado que você abrange em algum momento determina sua identidade. Quanto menor for sua esfera, mais densa e individualista será a experiência de si mesmo. Quanto maior sua esfera, menos densa será sua percepção-e-energia, e mais você se conhecerá enquanto eu coletivo, vivenciando uma mente grupal e um coração grupal. Todos nós nos movemos para a frente e para trás nos meandros deste "espectro do ego".

Especialmente nas culturas ocidentais, tendemos a nos identificar enquanto indivíduos, cada um com sua história pessoal distinta, que recitamos com frequência. Às vezes nós nos identificamos com os relacionamentos ou grupos a que pertencemos: "Sou sócio de um escritório de advocacia", "Sou protestante/católico/budista" ou "Sou conservador/liberal/independente". Em outras sociedades, o eu pessoal fica mais em segundo plano, e a família, a tribo ou a cidade são o que nos identifica. A vibração mais elevada de hoje, porém, está nos levando a vivenciar todo o espectro do ego: o indivíduo com corpo e personalidade únicos, a parceria íntima, a família/equipe e o país em que vivemos. Se algum dia OVNIs pousarem na Terra e extraterrestres se tornarem conhecidos por nós, suponho que nós nos identificaremos como terráqueos também! Porém, não temos mais o luxo de sermos entes monolíticos. Em todo o mundo, em todas as nações, estamos começando a preencher nossas lacunas de identidade.

À medida que você entrar na Era da Intuição, sua identidade se expandirá ainda mais – para além das identidades físicas conhecidas em direção a uma experiência de si mesmo mais elevada e de vibração maior. Você estará vivendo mais no mundo não físico e espiritual, e então verá as contrapartes não físicas de cada um dos tipos de identidade. Você será uma *alma*, estará em um relacionamento de *almas gêmeas* e terá *amigos de alma*, pertencerá a um *grupo de almas* ou *família de almas*. Estará sintonizado no mesmo comprimento de onda dessas outras almas – você e elas evoluíram ao longo de caminhos paralelos e tiveram muitas das mesmas experiências de aprendizagem, por isso compartilharão tendências, interesses e tipos de sabedoria semelhantes. À medida que sua frequência aumentar, você perceberá que compartilha experiências – e identidade – com mais e mais seres. Mais cedo ou mais tarde, você se expandirá para saber que é a consciência coletiva de todas as almas e é *todo o campo unificado*.

O amor é nosso verdadeiro destino. Não encontramos o significado da vida sozinhos – nós o encontramos com outras pessoas.
Thomas Merton

Na Era da Intuição, você poderá vivenciar todas as variantes de identidade, e uma não será melhor do que a outra; você precisará de todas elas. É importante ser capaz de deslizar por todo o espectro do ego e não fixar a identidade em nenhum nível. Desse modo, mais cedo ou mais tarde, você poderá se conhecer como todo o espectro físico e não físico do ego.

Tente isto!
Torne-se seu eu coletivo

1. Feche os olhos, respire de maneira profunda e lenta e centralize-se no meio de sua esfera. Sinta seu corpo e seu campo de energia; sinta-se como um indivíduo.
2. Deixe seu campo suavizar-se e tornar-se fluido. Dirija sua atenção para um relacionamento no qual você esteja envolvido. Sinta que você e a outra pessoa fundem seus campos até que os dois campos se tornem um só. Neste estado, você contém a outra pessoa e ela o contém. Você conhece a outra pessoa intimamente como se fosse ela, e ela o conhece

da mesma maneira. Sinta o campo de relacionamento; consegue sentir o propósito do relacionamento? Anote tudo o que você sabe ou sente *como se fosse a outra pessoa.*

3. Deixe seu campo se expandir ainda mais. Foque a atenção num grupo com o qual você esteja envolvido. Pode ser sua família ou amigos, ou um time, um clube de leitura ou seus colegas. Imagine que seu campo contém cada um dos campos das outras pessoas, e os delas incluem seus campos e os de outros membros. Sinta a mente do grupo e o coração do grupo criado pela fusão. Você consegue sentir o propósito coletivo do grupo? O que você sabe ou sente sobre a direção que o grupo está tomando e como ele deseja evoluir?

4. Imagine expandir ainda mais seu campo. Dirija sua atenção para o país em que você vive. Imagine fundir-se com os campos pessoais de todos os habitantes que vivem ali com você, e imagine que eles estão fazendo o mesmo. Sinta o campo de seu país, a mente e o coração do grupo. Você consegue sentir o propósito coletivo de seu país? O que você sabe ou sente sobre a direção que seu país está tomando e como ele deseja evoluir?

Pertencer e tornar-se

Parte da prática da atenção do eu coletivo é a capacidade de diferenciar entre *pertencer* a um relacionamento ou a um grupo e *tornar-se* o relacionamento ou grupo, como se ele fosse uma entidade autônoma. Quando você perceber a mudança de sua identidade de uma consciência individual para uma consciência de relacionamento, ou consciência de grupo, as outras pessoas parecerão separadas de você se você estiver em percepção linear, focada no mundo físico. Você tentará se juntar a elas, ser aceito e "pertencer", vendo-se como "parte" deste relacionamento ou grupo – mas ainda assim estará tecnicamente separado. No entanto, quando estiver na percepção esférico-holográfica, focada no mundo não físico, você incluirá o relacionamento ou grupo dentro de si mesmo, se fundirá com seu campo e "se tornará" a própria consciência do relacionamento ou do grupo – e não haverá qualquer separação. Você entenderá a si mesmo e ao(s) outro(s) igualmente, sem preconceitos, e sentirá o potencial do relacionamento ou do grupo para a evolução. Você não só pertencerá, você *será* o relacionamento ou o grupo – a coisa toda.

Quando você se tornar um relacionamento ou uma consciência de grupo, sua sabedoria e compaixão aumentarão, pois você estará se beneficiando de uma reserva maior de conhecimento. Saberá tudo o que todo mundo sabe; ganhará uma mente e um coração múltiplos. Entenderá as outras pessoas por dentro, e elas o entenderão da mesma maneira. O conflito se dissolverá e a confiança surgirá como princípio unificador no campo compartilhado. Muitas ideias básicas mudarão seu significado; a liberdade, por exemplo, se transformará da ideia de "fazer o que quiser" para a ideia de servir aos outros quando surgir uma necessidade no grupo. O projeto interno coletivo orientará o desenvolvimento de todos. Na Era da Intuição, esta sintonia com a coletividade – este tornar-se a mente e o coração coletivos e experimentar a si mesmo como um "nós" – será muito mais comum.

> Uma pessoa bem-sucedida em qualquer área está apenas criando
> mais uma possibilidade para as outras fazerem o mesmo.
> **Marianne Williamson**

Reencarnação: quão vasto você é?

Abraçar o conceito de *reencarnação* é uma condição fundamental da expansão da identidade. Reencarnação – a ideia de que a alma tem várias vidas espalhadas através do tempo e do espaço – é algo que algumas pessoas "simplesmente sabem" que é verdade, enquanto outras querem provas. Muitas tradições espirituais ao redor do mundo sustentam que existem tanto a reencarnação quanto a vida após a morte. E místicos profundamente ligados à dinâmica dos mundos interior e pós-morte, assim como muitas pessoas que tiveram experiências de quase morte, ou que regrediram por meios terapêuticos sob hipnose, descrevem a experiência direta da vida após a morte e a continuidade da experiência da alma vida após vida. A ciência ainda não provou isto; portanto, trata-se de algo que permanece no domínio do conhecimento subjetivo, intuitivo e direto. Eu encorajo você a considerar esta realidade.

> Assim, descobrindo que existo no mundo, acredito que, de uma forma ou de outra, sempre existirei; e, com todos os inconvenientes que decorrem da vida humana, não me oporei a uma nova edição minha; esperando, no entanto, que os erros da última possam ser corrigidos.
> **Benjamim Franklin**

A reencarnação é entendida de maneira diferente dependendo de seu ponto de observação. Do ponto de vista linear do eu individual, você poderá ver uma série de *vidas passadas* percorrendo uma linha desde o passado distante até o presente, construindo conhecimento umas sobre as outras e evoluindo para o futuro. A partir desse ponto de vista, as vidas são suas; você as possui. Há intervalos de tempo entre elas, mas elas podem ter ocupado os mesmos locais. Você poderá perceber que também tem *vidas paralelas* – outras personalidades vivendo agora, sobrepondo-se a você no tempo, mas com lacunas entre elas no espaço.

Por outro lado, se você encarnar a reencarnação com a percepção esférico-holográfica, perceberá que todas as suas vidas estão acontecendo simultaneamente dentro de você. Não há vidas passadas ou futuras, apenas vidas em diferentes frequências. Todas as suas vidas influenciam umas às outras – as vidas são inter-relacionadas, interdependentes e abastecem-se mutuamente.

> Nossas vidas se estendem para além de nossas peles, em interdependência radical com o resto do mundo.
> **Joanna Macy**

Se você expandir ainda mais sua esfera, verá que também se fundiu com outras almas e as muitas vidas *delas*. Isso porque todas as almas e as vidas delas estão em sua esfera e, em seu momento presente, você tem acesso a todos os conhecimentos e experiências que elas têm e estão tendo – ao longo de todo o tempo e todo o espaço. Isso induz você à revelação de que você é a consciência coletiva de *todas* as vidas terrenas. Você poderá se expandir ainda mais para incluir todos os seres que existiram ao redor da Terra, mas nunca no plano físico. Sua base de conhecimento é vasta! Agora, você não precisa "possuir" as vidas – elas pertencem a todos e são compartilhadas por todos. E mais: toda vida, toda personalidade, afetam todas as outras vidas. Se, depois de ter acessado este enorme campo da sabedoria, você encolher sua esfera de volta ao seu foco individual, trará este conhecimento de volta com você de forma simbolizada e codificada. Isto pode emergir em você de forma surpreendente, em qualquer de seus momentos, conforme você precisar.

Grupos de almas

Às vezes, as almas encarnam juntas, em grupos, para cumprir funções especiais no planeta. Os aborígines e outros grupos tribais são bons exemplos; eles agem como guardiães da sabedoria antiga. Outros grupos, por exemplo, reencarnaram em sequência através das linhagens dos antigos faraós egípcios, depois os essênios, depois os gnósticos, depois os maçons e a teosofia, depois as igrejas dos Transcendentalistas e do Novo Pensamento que surgiram na Nova Inglaterra, e assim por diante até hoje – para ajudar a fundamentar e refundamentar importantes ensinamentos espirituais no Ocidente, transmitindo-os de um período temporal para outro, de país para país.

Existem vários grupos de almas específicos, formados por seres iluminados que foram identificados por místicos e intuitivos. A Grande Fraternidade Branca, os Filhos da Lei do Um, os 144 mil, os Nibiruanos e os Pleiadianos são alguns que foram denominados historicamente. Recentemente, mais dois grupos de almas foram identificados: os "Índigos" e os "Cristais". Isso pode parecer altamente esotérico e "amalucado" de nosso ponto de vista atual. Porém, à medida que avançarmos para a

Era da Intuição, acredito que sentiremos as vibrações sutis de grupos como estes – grupos que compartilham uma frequência e um propósito específicos – e respeitaremos suas contribuições particulares.

Os dois grupos de almas mais recentes parecem funcionar naturalmente numa frequência mais elevada do que a da maioria das pessoas. Em outras palavras, as almas destes grupos não perderam sua consciência superior ao nascerem. Para eles, o conhecimento direto, a comunicação telepática, a materialização instantânea e a mente grupal são coisas normais. Os Índigos, em particular, têm uma inclinação para o jejum, o pensamento não linear, o processamento mental e a atividade em grupo. Eles se conectam naturalmente ao avanço tecnológico, podem se tornar impacientes e são rebeldes naturais com uma propensão a romper sistemas antigos. Eles também são altamente intuitivos e telepáticos e aprendem rapidamente através da experiência direta.

Os Cristais tendem a ser pacificadores e curandeiros. São tão sensíveis e vulneráveis que muitas vezes se interiorizam e se desconectam da melhor maneira que podem para sobreviverem num mundo em que ainda não se enquadram. São quietos e modestos, gentis e sábios, altamente empáticos, não conseguem compreender a violência e a guerra, e precisam de muito tempo de solidão e conexão com a natureza. Alguns intuitivos sugerem que o aumento do autismo no mundo pode estar relacionado com este grupo de almas recentemente encarnado. Do ponto de vista energético, o autismo pode ser um recurso para que estas almas possam aterrar sua vibração de alta frequência no mundo e ainda manter um grau de isolamento do caos global.

Assim como os grupos de almas mais antigos, como a Grande Fraternidade Branca, trabalharam para ajudar a humanidade a manter uma conexão clara com os reinos mais elevados, estes novos grupos de almas desempenham um papel importante para a ancoragem na realidade física da vibração mais elevada da percepção-e-energia. E eles têm uma consciência natural de funcionar como uma consciência coletiva, e assim eles estão nos introduzindo subliminarmente à ideia de grupos de almas, ajudando-nos a compreender que nossa verdadeira "família" é espiritual.

Na Terra, você passa por uma sequência de coletividades – por exemplo, você pode participar de grupos de esportes, de meditação ou frequentar clubes. Embora estes não sejam necessariamente grupos de almas, eles apontam o caminho para a consciência coletiva. Seu grupo de almas é mais como um reservatório de conhecimento, composto por seres que vibram num nível semelhante da percepção-e-energia. Você pode travar conhecimento com pessoas que estão em seu grupo de almas e reconhecê-las graças a um profundo senso de familiaridade, embora muitos destes seres possam ser não físicos.

Em busca de apoio e orientação, você pode sintonizar a consciência coletiva de seu grupo de almas sempre que quiser. Lembre-se de que, em seu estado mais expansivo, você contém todos os grupos de almas. Ao se tornar o "nós" de seu grupo de almas, você pode facilmente avançar para o próximo nível da consciência coletiva, e depois para o seguinte, identificando-se com cada vez mais tipos de seres – e entendendo o quanto nós todos temos em comum –, como se você estivesse subindo uma escada para o céu.

Você é o significado no interior mais profundo das coisas
Que nunca revela o segredo de seu dono.
E sua aparência depende de onde estamos:
Visto de um barco você é a costa, visto da costa você é um barco.
Rainer Maria Rilke

A convocação: a mente grupal se materializa

Está ocorrendo um fenômeno que minha voz interior chamou de *a Convocação*. É um fenômeno de compatibilidade de frequência. Estamos começando a vivenciar a materialização espontânea de congregações e encontros. À medida que você se dedica a viver como sua alma, permitindo que seu campo pessoal se estabilize nesta vibração elevada, outras pessoas fazendo a mesma coisa surgem de repente a partir de seu campo como se estivessem se materializando de outra dimensão. Simultaneamente, você surge para elas da mesma maneira. Olhamos ao redor e encontramos pessoas que realmente estão em nosso comprimento de onda – que surpresa agradável! Cada alma poderia brincar: "Suponho que vocês estão se perguntando por que chamei a todos vocês aqui [...]".

O Fluxo, que é na verdade *a consciência coletiva em movimento, está colocando a todos nós no lugar, para que estejamos prontos para um novo nível de criatividade coordenada.* Sem motivo específico, talvez você queira ou precise se mudar para um novo local onde poderá encontrar sua Convocação. Você poderá se interessar por uma mudança em sua trajetória profissional que coloque você em contato com um grupo novo, ou poderá começar a organizar reuniões em sua casa. À medida que a Convocação progredir, você descobrirá que cada pessoa tem uma peça do quebra-cabeça, com interesse similar numa atividade ou projeto capaz de melhorar a qualidade de vida e acelerar a evolução consciente. As peças do quebra-cabeça se encaixarão perfeitamente, e os resultados começarão a aparecer, materializando-se sem esforço.

<hr/>

Tente isto!
Convoque seu grupo de almas

1. Fique quieto, feche os olhos, acalme-se e respire com facilidade. Sintonize-se em sua frequência original — a maneira como você gosta de se sentir quando está em seu melhor momento, mais feliz, mais entusiasta e de mente aberta. Imagine que a vibração é um som e acione o diapasão desse som para que ele ressoe em seu corpo e em todo o seu campo pessoal.
2. Deixe seu campo pessoal expandir-se para incluir mais tempo e espaço, e então imagine o som do diapasão saturando totalmente sua grande esfera.
3. Peça a seu campo que materialize pessoas que vibram no mesmo som do diapasão para que elas possam encontrar você e aparecer em sua realidade.

4. Sinta esse processo começando a ocorrer, tenha fé nele e relaxe a mente. Você não precisa forçar nada. Você pediu e o processo está respondendo de acordo com isso.

As hierarquias estão se transformando

Antigas estruturas de grupos de percepção linear – hierarquias – estão se transformando agora em coletivos de fluxo livre de vários tipos. Observe a rápida proliferação global de *sites* de redes sociais, nos quais um tipo estranho de intimidade inesperada começou a se espalhar, conectando pessoas que nunca se conheceram pessoalmente, mas compartilham níveis vibracionais, interesses e estilos de comunicação. Testemunhe a ascensão do fenômeno *crowdsourcing*, no qual um grupo anônimo de voluntários é convidado a colaborar virtualmente (via internet) para resolver um problema. Esta versão não hierárquica de trabalho se baseia na "mente de aglomeração" da aprendizagem coletiva e da diversidade – não necessariamente em conhecimentos especializados – para encontrar soluções inovadoras. As equipes de pessoas que surgem são interdisciplinares, de muitas esferas da vida, de várias faixas etárias, de vários grupos e locais de residência mundiais.

Um fenômeno interessante do *crowdsourcing* é que a participação cai quando alguém tenta prever respostas ou forçar o Fluxo em qualquer direção. Definitivamente, este não é um sistema de cima para baixo, no qual a autoridade pode reprimir formas não sancionadas de criatividade. Essa conexão multidirecional de pares encontra soluções que ajudam todas as pessoas a encontrarem soluções adicionais. E nestas equipes virtuais que se formam e se dissolvem espontaneamente, os participantes gostam de contribuir e não parecem motivados por gratificação do ego ou pelo lucro. Em vez disso, eles prosperam pela colaboração.

Como grupos, organizações e coletividades estão se transformando

Percepção antiga
Modelo baseado na vontade

Nova percepção
Modelo baseado no ser

Declaração: Eu faço _____.
Objetivos: sobreviver, perpetuar

Declaração: Eu sou _____.
Objetivos: criar, servir, compartilhar, desfrutar

Ações para atingir o objetivo:
Ambição, acumulação, fortificação, gratificação do ego, compartimentalização, apego, controle, competição, adesão a fórmulas
(a mudança é vista como um problema.)

Ações para atingir o objetivo:
Exploração, crescimento, curiosidade, aprendizagem, receptividade, permissão, respeito, confiança, criatividade em grupo, cooperação, revisão contínua e redefinição
(a mudança é vista como uma oportunidade.)

Metas:
- conquistar o meio ambiente
- dominar ou manipular outras pessoas para o consentimento
- criar segurança por meio de um mundo físico (dinheiro, propriedades, relacionamentos, posição, imagem) consistente e/ou em expansão
- controlar o fluxo
- ser melhor do que os outros
- obter (tomar, em vez de dar ou receber)

Metas:
- sustentar o meio ambiente
- experimentar mais verdade e harmonia
- explorar as possibilidades de criatividade
- servir a todos os outros como servimos a nós mesmos: esquema do tipo "ganha-ganha-ganha"
- ampliar a experiência de comunhão
- enfocar os princípios universais para transformá-los em ação e forma
- Respeitar a si mesmo e aos outros no mais alto grau e extrair o melhor em todos

(continua)

Figura 12-1

(continuação)

Como grupos, organizações e coletividades estão se transformando

Percepção antiga
Modelo baseado na vontade

Nova percepção
Modelo baseado no ser

Objetivos
- Orientação para tarefas
- Lucro por si mesmo, por sobrevivência, para gratificação do ego, pelo poder sobre os outros

Objetivos
- unir-se ao Fluxo
- apoiar a evolução social
- orientação do processo
- lucro para aumentar as oportunidades para o autodesenvolvimento, serviço, contribuição para a sociedade

Resultados:
- Falta de confiança, isolamento, depressão
- Desmoralização, baixa motivação
- Má comunicação, segredos, recusas
- Luta constante para ser produtivo
- Construção de um império, ressentimento
- Desperdício, preguiça
- Lucros gerados pelo "preciso fazer"; após cada sucesso, o poder deve recorrer à vontade a partir do zero, sem propósito interior

Resultados:
- apoio mútuo, confiança, respeito
- comunicação saudável, abertura
- mais entusiasmo, motivação
- mais responsabilidade, assumir os rumos
- maior produtividade, eficiência
- alinhamento mais fácil, menos desperdício
- lucros gerados a partir do estado de ser sem tensão; o fluxo de lucros reflete com precisão a harmonia e o alinhamento do grupo com um propósito definido

Esgotamento
inevitável
(O SISTEMA MORRE)

Aumento da Energia,
da Criatividade, da Vida
(O SISTEMA SE EXPANDE)

Figura 12-1

A autora e acadêmica Cathy N. Davidson descreve um encontro que teve com Jimmy Wales, da Wikipédia (a enciclopédia vasta, *on-line* e baseada no *crowdsourcing*). Ela diz: "A chave é ter muitos olhos e modos de ver de diferentes tipos, até mesmo opostos e em controvérsia. Sem esta diferença calculada, você terá um consenso aborrecido".[1] Uma vez que a Wikipédia descobriu que a multidão é mais esperta do que qualquer indivíduo, a autora se pergunta se o próximo passo poderia ser "uma Wikipédia social gigantesca, onde todos no mundo poderiam contribuir com *insights* e resolver problemas mundiais, editando-se uns aos outros, contribuindo, sempre sabendo quem disse o quê, insistindo na transparência, na clareza e nos fatos [...] concentrando-se em problemas reais que podem ser resolvidos, que são factíveis".[2] Quando você pensa nas possibilidades de inovação que podem emergir da consciência coletiva – a partir de grupos de almas alinhadas, de pessoas com vibração semelhante –, vê que se trata de algo incrivelmente emocionante e esperançoso.

Irmandade iluminada e comunhão consciente

Sabemos um pouco sobre a prática da atenção do eu coletivo porque conhecemos o conceito de *irmandade*. A irmandade, um termo associado com frequência à religião organizada, consiste em unir-se em comunhão com outras pessoas – com a ideia de que tudo o que fazemos ajuda no crescimento alheio. Se eu quiser o melhor para mim, aprenderei que as providências provêm das pessoas que ajudo. Também perceberei que as decisões que tomo para mim afetam sua vida. Por exemplo, se eu achar que não tenho o dom de falar em público e, na verdade, tenho uma mensagem valiosa, se eu ficar em casa e assistir televisão em vez de dar uma palestra, poderei privá-lo de um *insight* de que você precisa para mudar sua vida. Portanto, quando sou mais de mim mesma, isto ajuda você a ser mais de si mesmo.

A irmandade está relacionada à *comunhão consciente*, um estado no qual você está imerso na experiência de uma energia conectando todas as coisas, movendo-se continuamente para levar conhecimento e auxílio a todos os lugares. Todas as coisas animadas e inanimadas estão em comunhão o tempo todo. Quando tenho o melhor conceito de você e penso que somos iguais, é bem provável que você viva de acordo com meu conceito a seu respeito – e vice-versa. Amplie isso para incluir todas as pessoas e sentirá o que pode acontecer globalmente como resultado de todos nutrindo alta estima uns pelos outros.

Quando entro neste estado de comunhão abrangente, a homogeneidade de energia movendo-se em todas as coisas me faz sentir que o mundo é bastante pessoal – é provável que o ar me conheça! A árvore deve estar ciente de mim, pois somos feitos da mesma matéria. Existe familiaridade, um sentimento aconchegante de parentesco com todas as formas de vida e um fluxo de alegria – tenho amigos em todos os lugares! Isso me faz sentir segura. Quando as crianças se sentem seguras e protegidas, pense em como elas se exibem sem inibição e brincam à vontade. Eu me sinto assim – como se eu quisesse criar coisas de forma aventureira e ir além da minha zona de conforto, além da pequena bolha que defini como eu mesma.

Por outro lado, com a consciência do eu coletivo, minhas próprias questões e ambições se tornam *menos* pessoais. O que eu achava tão importante e especial – o que tem definido minha identidade – não precisa mais de promoção e proteção. Por que dar tanta atenção aos *meus* assuntos, se estou em *todas as coisas*? E por que pensar que sou a única que tem problemas ou talentos? Todos nós compartilhamos esta sensação. É tedioso ficar tão pequena o tempo todo. Sou uma grande "extensão do nós". Sou pessoal *e* impessoal, individual *e* coletiva.

Tente isto!
Junte-se à consciência coletiva à noite

Ao adormecer, imagine que está no centro de um enorme balão cheio de linhas de luz, que você poderia descrever como pontos de luz, conectando milhões de seres. Imagine receber os fios de luz penetrando seu corpo de todas as direções, mesmo de baixo, e deixe-se nutrir e suavizar pelas conexões. Quando for dormir, imagine que você não está despencando — não está caindo no sono —, e sim se expandindo para se fundir mais e mais com o grande corpo coletivo, viajando pelos milhões de fios e pontos de luz que compõem seu sistema circulatório expandido. Observe o que acontece com seus sonhos.

A nova intimidade e a nova ética

Lynne McTaggart, autora de *The Field*, diz: "Os físicos quânticos tinham descoberto uma estranha propriedade no mundo subatômico chamada 'não localidade'. Este conceito se refere à capacidade de uma entidade quântica, como um elétron individual, de influenciar outra partícula quântica instantaneamente a qualquer distância, apesar de não haver qualquer troca de força ou energia. Isso sugere que as partículas quânticas, uma vez em contato, mantêm uma conexão mesmo quando separadas, de modo que as ações de uma sempre influenciarão a outra, não importa o quanto eles se separem [...]".[3] A autora descreve como a descoberta da não localidade afetou a física: a matéria não podia mais ser pensada como separada da energia, e as ações não precisavam ter uma causa que fosse observável – pois a vida era agora uma teia indivisível de relacionamentos.

Essa descoberta científica está relacionada a princípios fundamentais do comportamento humano na Era da Intuição, assim como acontece no comportamento das partículas quânticas. Ela nos ajuda a compreender uma intimidade nova e total que está se tornando o fundamento de nossa vida. Se você entender a mecânica quântica, entenderá a consciência coletiva. E à medida que entender a dinâmica de consciência coletiva, a maneira como você age mudará. Você saberá com certeza que é afetado por todas as pessoas e que afeta a todas elas, e que este efeito afeta você novamente. Você perceberá a verdade do poder de nossa interconectividade íntima.

A moralidade e a ética sempre se basearam na sabedoria acessada pelos místicos. O problema é que as pessoas comuns, que nunca meditaram ou vivenciaram os princípios da consciência coletiva, tiveram de ser guiadas – aparentemente "de cima" – pela religião e pelo governo para manter uma aparência de ordem que pudesse se aproximar da verdade universal. Estas leis e mandamentos morais eram encarados como algo proveniente do mundo exterior, e era normal sentir que tínhamos de obedecer (ou resistir) à sua autoridade imposta. Mas agora, nós nos damos conta de que os princípios universais são inerentes à nossa própria natureza, e assim podemos conhecê-los diretamente de dentro. Existe uma nova intimidade, não só com outros seres, mas com a dinâmica da percepção-e-energia. Sentimos que estes princípios, que historicamente têm sido o modelo interno de nossa ética, *realmente* fornecem a maneira mais prática e ideal de nosso funcionamento. E não há nada a que tenhamos de obedecer ou resistir.

Com a experiência da intimidade que a consciência do eu coletivo traz, você naturalmente adota um novo tipo de ética – que não é imposta de fora. Aqui vão algumas das ideias importantes:

- **Tudo afeta todo o resto.** Sua vida pode ser acelerada e facilitada por outras pessoas que fazem boas obras e abrem seus corações, mesmo que estejam do outro lado do planeta. Do mesmo modo, eliminando *seus* obstáculos e *sua* dor, você demonstra clareza para o mundo e fornece um modelo interno que outras pessoas possam assimilar por identidade de frequência para facilitar a elimininação da dor *delas*. Boas obras são incrivelmente poderosas.
- **O autossacrifício nega a todos a experiência da alma e retarda a evolução.** Quando você retém sua energia e sabedoria, sacrifica a autoexpressão plena, hesita em seguir em frente ou se entrega a estados como apatia e desamparo, você recusa a si mesmo e às outras pessoas os benefícios que todos podem receber de seu modo única de expressão. Se você não compartilhar, as outras pessoas não podem ser abastecidas com o que precisam, por isso

não conseguem dar o que querem dar para que mais pessoas possam ser abastecidas, e assim por diante. Ao se recusar a transmitir percepção-e-energia, você retarda o Fluxo. E, quando muitas pessoas fazem isso, nosso progresso coletivo em direção à evolução consciente se torna difícil.

- **Até mesmo os menores atos de violência e medo são sentidos por outras pessoas e podem afetá-las.** Há muitas maneiras de agirmos de forma irresponsável, com má intenção sutil, no modo como tratamos outras pessoas. Sarcasmo, indignação, superioridade egocêntrica, impedimento, afastamento, abandono – e até frases curtas e desdenhosas como "Nada", "Tudo bem" ou "Tanto faz" –, todas estas são maneiras de perpetuarmos a violência. Somos seres telepáticos e captamos as entrelinhas das comunicações – coisas como pensamentos críticos não ditos e intenções danosas. Embora estas coisas possam parecer insignificantes, elas ferem os outros e alimentam a intolerância inconsciente à dor e ao sofrimento reais.

  Se você pedir desculpas, fingir que não se importa, permitir-se um ataque de raiva, lançar comentários desagradáveis ou xingamentos, julgar as pessoas deforma negativa ou não acreditar no melhor de alguém, você adicionará dor à consciência coletiva e inibirá o funcionamento ideal de todos os outros. Em algum momento, todos nós temos de fazer a escolha de erradicar estes hábitos prejudiciais, ou como defende o budismo: "Não pratique o mal".

- **Liberdade é igual a serviço que é igual a criatividade.** Quando você mora em sua frequência original, percebe que tem total liberdade para sentir-se do jeito que gosta de se sentir e criar o que deseja criar. Você também percebe que se fundiu completamente com a coletividade – e tudo o que você realmente deseja fazer com sua liberdade é ajudar as outras pessoas a receberem o que necessitam para que possam se expressar com autenticidade. Afinal, que graça existe em ter consciência e viver em uma vibração elevada, se outras pessoas estão presas em uma vibração de baixa frequência, em uma espécie de cegueira? Quando os outros estão sofrendo, não estarão disponíveis para "sair e brincar". Ao expressar a si mesmo de maneira original, com entusiasmo, gratidão e profunda atenção, sua criatividade e seu serviço se tornam a mesma coisa e você produz oferendas bonitas, úteis e inspiradoras para a coletividade.

> Quando uma pessoa olha para qualquer outra pessoa e avalia aquela pessoa como inferior a ela mesma, então ela está roubando da outra. [...] Você pode perdoar os outros efetivamente só quando tiver um desejo sincero de identificá-los com o ideal deles.
>
> **Neville Goddard**

- **O que você precisa é o que quer; o que os outros precisam é o que você quer dar.** No eu coletivo, há um encaixe perfeito de desejos, oportunidades, recursos e necessidades. Há um funcionamento sincronizado cuja compreensão é quase impossível em sua eficiência elegante: *faça o que você ama e isto é exatamente o que você precisa e faça o que é mais útil para as outras pessoas.* De onde vêm suas curiosidades, suas ideias e seus impulsos? A coletividade os imprime em você porque é você quem pode oferecer o necessário para realizá-los. A coletividade inspira um desejo de você fazer certas coisas, para sua evolução e a dos outros. Lembre-se, você é o "nós". Ninguém está obrigando-o a fazer coisa alguma; você está trabalhando em harmonia com o todo. Não recebe ideias por acidente.
- **É natural que queiramos ajudar, cooperar e criar em conjunto.** Você também é incentivado em sua autoexpressão. Quando você quer agir com base em *sua* ideia, a ajuda e os recursos aparecem para que ela se concretize. Certa vez, um amigo meu que é consultor administrativo me disse que as pessoas realmente querem que você seja feliz. Portanto, diga a elas o que você ama. Elas ficarão felizes em ajudá-lo a obter o que deseja.

Recentemente sonhei que encontrava um grupo de bombeiros mortos em várias tragédias. Eles eram homens fortes e calorosos, andando para lá e para cá, só esperando por algo para fazer. Nós nos unimos para curar um homem que estava doente, e eles foram muito bons nisso. Me disseram para pedir ajuda a eles sempre que eu precisasse, pois eles se sentiam subutilizados.

Estamos muito acostumados com a ideia de competir e vencer – de precisar ser "o melhor". Mas não é assim que a consciência do eu coletivo funciona. Só podemos nos tornar nosso "melhor eu" quando também estamos cooperando e criando conjuntamente com outras pessoas. São os outros que revelam nosso melhor, e se pudéssemos olhar para a competição como cooperação para trazer à tona o melhor de todas as pessoas, em vez de um esforço para deixar os outros para trás, a sociedade avançaria para uma evolução consciente!

Eu me levanto, e este um de mim
se transforma em cem de mim.
Dizem que eu circulo em torno de você.
Bobagem. Eu circulo em torno de mim.

Rumi

Só para recapitular...

Temos um espectro de identidade que vai desde a individualidade física aos relacionamentos com grupos e às experiências não físicas da alma, das almas gêmeas e dos grupos de almas. Com a percepção linear, nós "pertencemos" a relacionamentos e grupos, mas com a percepção esférico--holográfica, nós nos "tornamos" estes relacionamentos e grupos. Entendendo a reencarnação, podemos começar a entender o quanto somos vastos e inclusivos e depois perceber que temos acesso a todas as vidas simultaneamente. Também podemos sintonizar vários grupos de almas

– que podemos vivenciar como reservatórios de conhecimento criados pela ressonância de almas com vibração semelhante.

Um novo fenômeno está ocorrendo – a Convocação –, no qual pessoas de vibração semelhante estão começando a "surgir" nos campos e vidas umas das outras para trabalharem juntas. Antigas estruturas grupais como as hierarquias estão se transformando em novas estruturas não lineares. Estamos aprendendo a praticar companheirismo e comunhão ao aprendermos sobre um novo tipo de ética baseada em uma nova intimidade. Com estes novos valores, tomamos cuidado para não sermos violentos até mesmo da maneira mais sutil, e percebemos que qualquer tipo de autossacrifício prejudica outras pessoas.

13

Pratique a moldagem do reino imaginário

> Imaginação, o mundo real e eterno do qual
> este Universo Vegetal é só uma pálida sombra.
> **William Blake**

A *imaginação* – aquela incrível capacidade de formar novas ideias, criar algo do nada e acessar possibilidades não disponíveis para os sentidos físicos – é na verdade o fundamento do mundo! Sua alma imagina o mundo para que ele ganhe existência e muda sua realidade sem esforço à medida que ela acessa ideias do campo unificado ilimitado. Bilhões de outras almas também imaginam seus mundos para que eles ganhem existência e, juntos, todos estes mundos se sobrepõem. Quando todas as imaginações se combinam, acabamos vivendo algo parecido com um *videogame* selvagemente rápido e complexo no qual estamos jogando as últimas criações de outras pessoas, enquanto adicionamos algo novo de nossa autoria.

Você vê a natureza ilimitada, espontânea e fluida da imaginação em ação em seus sonhos, mas raramente percebe que os mesmos princípios são responsáveis por materializar o "filme" de sua vida cotidiana. Você muda de uma cena para outra o dia todo, da mesma maneira que se move de uma cena para outra em seus sonhos. Coisas inusitadas surgem e acontecem: o café está cheio de coisas estranhas, as árvores da rua estão sendo podadas, o motorista do ônibus tem um senso de humor fora do comum. As coisas acontecem em sequências que você não planejou: você está indo para o correio, e antes de chegar encontra um amigo na calçada; em seguida, vai para o mercado e descobre ao sair que a bateria do carro está descarregada; então, o homem que religa seu carro diz algo profundo que faz você pensar. É uma ideia interessante a ser considerada – você está imaginando sua realidade, ajudando a materializar condições de vida por meio do que você pensa, sente e percebe.

Quando éramos crianças, a imaginação era uma segunda natureza. Porém, como a escola nos treinou para usar o lado esquerdo do cérebro e como a vida nos ensinou a sermos "adultos", perdemos progressivamente nossas habilidades imaginativas. Hoje em dia, a maioria de nós – de maneira chocante – sente-se incapaz de sonhar ou imaginar uma vida melhor, de tão programados que estamos para aceitar o que nos é fornecido por fontes externas, como os meios de comunicação. Não questionamos as mensagens subliminares ou a confirmação excessiva de estereótipos – e, sem questionamento, nossa curiosidade fica limitada, somos incapazes de ampliar a criatividade e falta-nos a pura imaginação. Neste capítulo, vamos explorar a mais poderosa habilidade da Era da Intuição: *a prática de acessar e moldar o campo unificado – o reino imaginário – para criar uma realidade que evolui.*

Você e o mundo são só imaginação

Toda realidade possível existe no *reino imaginário*. O reino imaginário é seu mundo interior profundo – o reino da consciência coletiva e o local de origem do Fluxo. É um termo usado por psicólogos como James Hillman para diferenciá-lo das conotações negativas ou equivocadas que temos com a palavra "imaginário". Como "adultos" sérios, geralmente equiparamos a imaginação à irrealidade ou ao escapismo, mas o reino imaginário é exatamente o oposto: é super-real e causal. É também a ordem implícita de David Bohm, o reino que origina a ordem explicada, ou mundo exterior. Tudo em sua vida começa no mundo imaginário da percepção-e-energia e projeta-se para fora, ou diminui a frequência, tornando-se um filme físico.

Quando você dirige a atenção para uma ideia, evoca-a no campo do reino imaginário e ela se transforma em realidade, mas primeiro torna-se um modelo interno de percepção-e-energia. Quanto mais você mantém seu foco na ideia, mais atenção penetra no modelo interno e mais física ela se torna. Para entrar no reino imaginário, você só precisa mudar do lado esquerdo do cérebro para o direito e estar no momento presente. Deixe seu Observador Interior acessar ideias para você, e então observe o que apreende. O que se segue é a tradução do padrão não físico para a realidade física, que é relativamente gradual com a percepção linear, mas imediata na Era da Intuição.

Certa manhã, recentemente, eu estava sentada numa padaria local olhando para fora pela janela, meio atordoada, preparando-me para escrever. O cenário estava cheio de crianças pequenas, entusiasmadas e saltitantes, de mãos dadas com as mães, vindo da "hora de contar histórias" na biblioteca. Dentro e por toda parte ao redor, eu fazia parte de um grupo de aposentados, reunidos para conversar enquanto saboreávamos um pãozinho doce. Eu mudei meu olhar para a flor fresca no vaso de minha mesa. Era uma gérbera incomumente grande, audaciosa em sua radiância desenfreada, da cor amarela dos ônibus escolares. Olhando mais de perto, vi que ela tinha três anéis geométricos e lindos de pétalas em tamanho e densidade decrescentes. E isso não parou por aí – ela fez irromper bem no centro algumas pétalas muito altas, onduladas e tintas de lilás como fogos de artifício, como uma camada extra de glacê num bolo já maravilhosamente decorado. A vida simplesmente não podia parar! A alma daquela planta *realmente* queria se expressar. Percebi que estava imaginando aquela flor em toda a sua vitalidade e magnificência, ao lado das crianças doidivanas e dos idosos socialmente comportados. Eu tinha me esquecido de que podia ser tão criativa!

Pensei, então, quantas vezes deslizamos pela superfície e somos entorpecidos pelo que vemos – até *olharmos* realmente. Quando você cria coisas novas, é fácil pensar que você está limitado ao reservatório de estímulos que vê no mundo baseado em fatos – como se o novo devesse ter relação com o que já existe. Sem questionamento e algum grau de insatisfação, sem olhar a fundo, você poderá se resignar a um suprimento limitado de inspirações criativas. No entanto, quando você reservar um tempo para parar e voltar sua atenção para o momento e conectar-se com o que está aparecendo à sua frente, retornará imediatamente a uma nova experiência de assombro e inspiração para encontrar o espírito dentro das coisas e a magia da imaginação.

Sempre que você encontra inspiração, retorna a uma conexão direta com o reino imaginário. E quando você entra neste reino e sente-o – sem necessidade de definição –, ele lhe apresenta ideias totalmente novas, invenções, histórias, imagens, canções, danças e formas. Por que uma margarida com apenas três camadas de pétalas? Por que não sete camadas? As inspirações vêm do coração do momento e não necessariamente se relacionam a um processo de causa e efeito que começou em seu passado. A imaginação não tem nada a ver com a força de vontade; sua origem é a alegria.

O reino imaginário não funciona quando você traz restrições, contrações e condicionalidade ao entrar. Foi isto o que o mentor de Carlos Castañeda, Don Juan,* quis dizer quando repetidamente disse a Carlos que "parasse o mundo" para que ele pudesse realmente "enxergar". Ao entrar no reino imaginário, é importante que você afaste totalmente sua atenção da solidez do mundo baseado em fatos – o que Don Juan disse

---

* Carlos Castañeda (1925-1998) foi um escritor e antropólogo americano que se aventurou no México em busca dos povos que cultivam o peiote, espécie de cacto alucinógeno. Lá, ele teria conhecido um guia espiritual misterioso chamado Don Juan (N. do T.)

era apenas uma "descrição" baseada em normas e valores coletivos, raramente questionados e reforçados continuamente por pessoas que encontramos. Talvez também seja este o significado da citação bíblica de João 10:17-18: "Eu dou a minha vida para a reassumir. Ninguém a tira de mim; pelo contrário, eu espontaneamente a dou".

> Devemos primeiro deixar correr tudo em ordem
> para obter tudo de volta num novo nível.
> **Wolfgang Kopp**

Movendo-se para o hemisfério direito do cérebro, você permite que qualquer coisa que queira vir até você a partir do reino imaginário simplesmente apareça. Não cabe ao hemisfério esquerdo "tentar" imaginar algo novo; sua alma e a consciência coletiva já estão imaginando novas realidades para você, semeando-as em você livremente. Elas apenas esperam que a mente receptiva cresça. Elas se adiantam para encontrar uma mente capaz de brincar.

Ciclos de imaginação e criação

Imaginar movimentos em ciclos. É útil entender que o Fluxo traz ideias do reino imaginário para o mundo físico, e depois que ele libera as criações e reentra no reino imaginário para se renovar e iniciar um novo ciclo. Mencionei o movimento oscilante e lampejante da vida – o fato de que a ordem implicada (dobrada/não física) se desdobra para se tornar a ordem explicada (desdobrada/física), e então se dobra novamente; o fato de que a onda se torna a partícula e a partícula se torna a onda; o fato de que seu mundo único se dissolve em muitos mundos possíveis, e depois reaparece novamente como um mundo único quando você dirige novamente a atenção para ele.

Essa oscilação do Fluxo é um ciclo imaginativo e criativo com três fases principais. Quando você se familiarizar com a sensação de cada fase (detalhadas nas páginas a seguir) e souber que não há fim assustador para o Fluxo só porque uma fase está mudando para outra, poderá se mover facilmente através do ciclo sem transtornos. Verá que, na primeira fase, uma ideia emerge do reino imaginário e se traduz em sua mente. Na segunda, a ideia se torna um modelo interno claro, reúne sentimentos e motivação, segue-se uma ação e um resultado se materializa. Na terceira fase, a atenção recua, o resultado se dissolve e sua percepção-e-energia se funde novamente com o reino imaginário.

Fase 1: Da inspiração para a escolha

Na fase 1 do ciclo da imaginação, o Fluxo inicia sua descida em termos de frequência do reino imaginário para a matéria. Ele converte a percepção-e-energia de sua alma e da coletividade em expressão pessoal através de você. Chegando por meio da intuição, as inspirações impactam primeiro o hemisfério direito do seu cérebro e seu sentido visionário. Você assimilará a impressão de uma visão, um vislumbre de uma nova realidade, uma sensação de um conceito. Então, seu cérebro complementará a impressão com informação sensorial e ela se fundirá num pensamento com sentimento – um modelo interno. Quando você conseguir sentir isso completamente, esta será sua escolha.

Fase 2: Da ação para a materialização

Na fase seguinte, o modelo interno descerá pelo seu cérebro até chegar a seu corpo, tornando-se desejo, motivação e ação, terminando com um resultado físico e diminuindo a frequência a cada passo. No final da segunda fase, o Fluxo tenderá a se fixar na realidade física, no hemisfério esquerdo do cérebro e na percepção linear. Olhando para a frente, tudo o que o hemisfério esquerdo vê é um grande Vazio, e isto é assustador.

Nessa altura, você poderá ficar tentado a repetir mais do mesmo ou manter sua criação com a força de vontade.

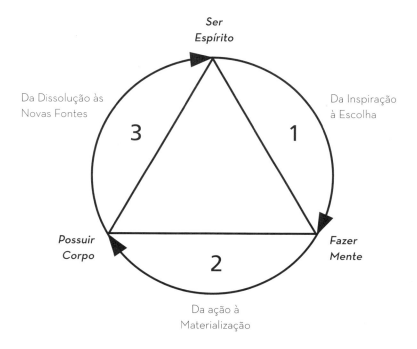

Figura 13-1: O Fluxo de percepção-e-energia se move do Ser (espírito/não físico/reino imaginário) para o Fazer (mente/escolha/ação), para o Possuir (corpo/forma/resultados) e de volta ao Ser e ao reino imaginário.

Fase 3: Da dissolução às novas fontes

Por fim, resta uma tarefa simples: relaxe, deixe-se levar e "esteja com" sua criação do jeito que ela é, sem apego. Relaxe e suspire de contentamento. Você completou o ciclo e está na última etapa da jornada. Sinta-se satisfeito, desfrute sua criação, aprenda com ela e seja acalentado por ela. Em seguida, deixe-se tomar pelo tédio, desligue-se de tudo, suavize sua atenção numa falta de sentido. Livre-se dos obstáculos e "pratique o improviso" – brinque, explore e experimente. Antes que se dê conta, o vislumbre de uma nova imaginação surgirá da névoa e o ciclo recomeçará.

Você está à beira de um grande e novo ciclo de imaginação

Hoje em dia, talvez você se sinta imobilizado. O velho é realmente velho; o novo ainda não se moldou e se revelou o bastante, mas você sente que ele está escondido atrás da cortina. Por que ele não se dá a ver? Em vez de reclamar, felicite a si mesmo. Você não está só no fim de um ciclo normal de imaginação e criatividade, está no fim de uma era! Está mudando da Era da Informação para a Era da Intuição. Tem imaginado e materializado muitos ciclos de crescimento para aprender certas habilidades e lições e alcançar este importante ponto de virada. Agora, você se sente legitimamente entediado e pronto para entrar na fase 3 de um grande ciclo de imaginação. O lado esquerdo do cérebro poderá levá-lo a pensar que o que você está fazendo é errado. Mas não é; é apenas velho. Você é um perito em materializar o que teve e tem agora. Você sabe como imaginar as coisas para que elas se convertam em forma!

Enquanto isso, você pode estar lidando com uma variedade de dramas cuja função é catapultá-lo para uma realidade de alta frequência. Você está no meio de um divórcio, seu carro foi roubado, você deixou o emprego impulsivamente, seu irmão precisa entrar numa clínica de reabilitação. Ao mesmo tempo, você pode estar assumindo novos interesses estranhos: o estudo da mediunidade, a cura por meio da energia, yoga, marcenaria, pintura, cultivar orquídeas ou envolver-se em lenços coloridos. Por meio de atos simbólicos, sua alma está mostrando a você que um ciclo – um jeito de ser – acabou, e que você precisa se desprender. Ao mesmo tempo, você está sendo atraído para mergulhar em atividades que o deslocam para o lado direito do cérebro. As novas atividades podem ou não ter algo a ver com a solução de seu problema principal, mas elas estão abrindo você para a sensação de uma nova realidade.

Não é incomum sentir-se frustrado e ceder à negatividade ao enfrentar o desconhecido. "O que devo fazer a seguir? Não consigo ver além da ponta do meu nariz." Recentemente, um cliente me disse: "Tudo o que existia não existe mais". Outro disse: "Estou confortavelmente entorpecido". É importante lembrar que o lado esquerdo do cérebro está falando neste momento. Ele é cego para o verdadeiramente novo porque está tão acostumado a participar e recriar seu mundo familiar baseado em fatos. Portanto, entregue-se a estas atividades frívolas que abrem o lado direito do cérebro e a imaginação. O lado direito do cérebro *adora* o desconhecido!

Suas necessidades estão mudando e sua alma e a consciência coletiva estão revelando vislumbres de novas ideias – embora à primeira vista elas possam parecer incongruentes. Um paciente que tinha sido matemático sentiu o desejo de tornar-se psicólogo. Outro, corretor de imóveis, queria criar um museu que abrigasse coleções de *memorabilia* feminina. Uma secretária pensou em viajar para Florença para estudar fotografia, e um professor de artes marciais queria escrever roteiros de filmes. "Será que consigo fazer isto?', queriam saber todos eles. "Mas é claro!", respondi. "Afinal de contas, como você acha que se tornou um matemático / corretor de imóveis / secretária / professor de artes marciais?" Novos sonhos muitas vezes se infiltram e ocupam espaço na periferia de sua consciência, e você deve suavizar seu olhar para "enxergá-los".

Algo dentro de mim alcançou
o lugar onde o mundo respira.
Kabir

Bloquear ou liberar a imaginação

O lado esquerdo do cérebro pode interferir e bloquear as fases da imaginação, ou você pode se colocar em harmonia com o Fluxo – em outras palavras, há um caminho tortuoso ou um caminho suave através do ciclo. Ao iniciar o processo no caminho tortuoso, este lado do cérebro pode lançar uma cortina de fumaça de dúvidas do tipo "Sim, mas...", ou: "Talvez seja uma ideia estúpida"; ou: "Talvez eu não seja bom o bastante", ou: "Talvez outra pessoa já tenha feito isso", ou: "Talvez eu vá perder tudo o que tenho". Ou, ainda, o lado esquerdo do cérebro pode bloquear o surgimento da imaginação por meio de apatia, cinismo, fragmentação, vícios ou distração.

Por outro lado, no caminho suave – se você estiver no hemisfério direito – você permanecerá quieto e receptivo, inocente e no modo "mentalidade de iniciante". Você permitirá que ideias fluam de seu campo pessoal e se registrem em sua consciência com o júbilo de uma criança excitada. Estará curioso e confiante de que a nova ideia está chegando até você porque *quer acontecer*. À medida que você começar a moldar a imaginação, poderá receber "atualizações" do hemisfério direito – maneiras pelas quais a ideia precisa se adaptar para ter sucesso ideal. Você poderá revisar seu projeto interno até que a ideia pareça perfeita e totalmente agradável. Mantenha sua atenção na realidade viva da criação, suavemente, sem se impacientar ou se apressar. Você tem bastante tempo para deixar a fruta amadurecer. Esta fase de desenvolvimento é divertida!

> Obcecados pela necessidade de ter algo para mostrar
> por nossos trabalhos, muitas vezes rejeitamos nossas curiosidades.
> **Julia Cameron**

No caminho tortuoso, à medida que você se move para a parte ativa do ciclo, o hemisfério esquerdo do cérebro pode se queixar de que você teria de fazer tudo sozinho, ou que as pessoas que trabalham com você são incompetentes, ou que o processo não está indo depressa o suficiente. A força de vontade e o ego impõem deveres e frustram você com os erros, detendo o Fluxo simplesmente porque uma nova direção é necessária. Ou você pode ficar preso no desejo, o estágio do tipo "eu quero", colocando seu objetivo imaginado no futuro e não se entregando o suficiente para que ele se manifeste no momento presente.

Quando você está no caminho suave, sente-se encantado, confiando em que o Fluxo sabe o que está fazendo. Você entra no fluxo ativo e aciona seu movimento quando ele acionar você, unindo-se a ele. Você não deve antecipar-se. O processo imediato contém todas as informações de que você precisa para saber qual deve ser o resultado; a fórmula para o resultado está codificada no Fluxo. Você percebe que uma desaceleração num ponto muitas vezes cria aceleração em outro lugar. Tudo funciona perfeitamente!

Na fase final, no caminho tortuoso, hemisfério esquerdo do cérebro poderá se recusar a concluir um projeto ou desistir e passar para algo fresco e novo. Ele poderá se paralisar devido ao pânico de entrar no desconhecido – e perder tudo o "que trabalhei tanto para conseguir" ou ter de enfrentar coisas incômodas que conseguiu negar até agora. No caminho suave, durante a última fase você poderá simplesmente perceber que deseja eliminar alguns bloqueios e "iluminar-se" para passar para uma frequência mais alta. Ou poderá mergulhar no prazer requintado que o descanso proporciona. Você suavizará suas arestas e se entregará à maravilhosa sensação de amplitude, sentirá seu coração, observará o que é autêntico para você e se divertirá.

Imaginar algo para que se transforme em realidade torna-se algo fácil e eficiente quando você mantém sua frequência original sem interrupção. Todo o processo é só uma série de momentos presentes, cada um dos quais você pode ocupar totalmente com sua atenção e presença – e desfrutar. Mantenha seu humor otimista e infantil e deixe tudo fluir com emoções alegres. Dê as boas-vindas a cada fase do processo para o tipo específico de energia, consciência e diversão que ela oferece.

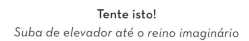

Tente isto!
Suba de elevador até o reino imaginário

1. Feche os olhos, concentre-se em seu corpo e no momento e seja neutro e receptivo. Imagine que um elevador surge à sua frente de portas abertas. Você entra e as portas se fecham. O elevador sobe rapidamente, através de muitos níveis, e segue suavemente até se deter no *Reino Imaginário*. As portas se abrem e você sai.
2. Deixe-se surpreender pelo que vê. Talvez você esteja em algum lugar da natureza, em outro planeta, ou numa biblioteca, ou no estúdio de um

artista. Talvez esteja na multidão, num seminário, ou com um guia espiritual, ou com um animal. Talvez você tenha mudado para outra versão de si mesmo ou está usando uma fantasia incomum. O Reino Imaginário vai ao seu encontro com suas próprias informações, e você pode interagir com ele. Cada vez que você age, ele reage. Quando você fornece uma ideia, ele fornece uma ideia.

3. Aqui vão algumas ideias de coisas que você pode fazer no Reino Imaginário: Entre em sua "oficina" e crie alguma coisa. Dê um passeio na natureza e veja até onde isto leva você e quem você encontra. Conheça um ser de outro planeta. Reveja um amigo ou um parente morto. Veja-se num novo tipo de trabalho ou numa atividade voluntária e experimente-os por um tempo. Faça o *design* de um chapéu. Projete uma cadeira. Projete um carro. Veja-se com seu peso ideal, com ótima saúde e faça várias atividades que talvez você não tenha feito antes. Seja um *expert* num tipo de arte que você nunca experimentou. Faça algo que você acha que lhe dá medo — e consiga desta vez! Volte no tempo e seja uma mosca na parede da casa de uma pessoa famosa. Cure uma doença que pareça crônica em você ou em outra pessoa. Comunique-se de maneira eficaz com uma pessoa difícil. Olhe para algo bem de perto e depois para algo muito distante. Vá para o centro da terra. Sinta os aromas mais sublimes que existem. Peça ajuda especializada para resolver um problema.

4. Desça no elevador para sua realidade normal e traga todas as ideias e sentimentos do Reino Imaginário de volta com você. Faça anotações em seu diário.

Seu mundo dos sonhos é um bom exercício para seu mundo "real"

Às vezes, é útil imaginar que você está brincando de "faz de conta", como fazia quando criança. Invente filmes de curta-metragem cheios de vida em sua imaginação, escolha um papel principal e entre no filme. Envolva todos os seus sentidos. Rode o filme por um tempo e veja como você se sente. Você consegue se ver trabalhando com adolescentes em uma fazenda orgânica? Se o filme imaginário não parecer adequado, mude uma variável. Talvez você queira trabalhar com adolescentes e seus pais para ensiná-los a cozinhar alimentos saudáveis; talvez queira trabalhar em uma fazenda orgânica no Peru, ou fazer tomadas de fotojornalismo para uma revista nacional nas melhores fazendas orgânicas do Canadá. No Reino Imaginário, qualquer coisa pode combinar e as variáveis podem se desdobrar em qualquer sequência. Continue aprimorando seus sonhos e filmes interiores até que seu corpo receba o tom da alegria. Agora, você realmente sabe o que quer.

Você também pode programar seus sonhos noturnos para que eles lhe tragam *insights* sobre o que você pode fazer a seguir. Vá dormir com entusiasmo suave na expectativa de aventurar-se em novos territórios ou experimentar novos estados. Permita-se mergulhar no bom humor de estar em seu próximo nível mais expandido de experiência de vida – como se ele já estivesse acontecendo. Anote seus sonhos num diário e lembre-se do estado fluido em que você estava durante os sonhos, para que possa aplicá-lo mais tarde à realidade do dia a dia. Depois de experimentar um estado mais elevado em seu mundo onírico, você poderá baixar sua vibração para que ele se materialize como parte de sua vida. Talvez você sonhe que está atuando em uma peça e é aplaudido de pé. Aquele estado de expressão desimpedida e impecável pode ser traduzido diretamente em sua próxima palestra em uma conferência profissional.

Exercite seu "músculo" da imaginação sempre que possível. Regenere as forças dele jogando com ideias. Preencha seus momentos vazios – em vez de ser avoado, observe as pessoas a seu lado na fila do caixa e invente uma história pessoal ou um futuro para cada uma. Olhe para o dinheiro em sua carteira e imagine onde ele estava antes de chegar até você. Redecore sua sala de estar em sua imaginação. Se você pudesse colocar uma grande escultura em seu jardim da frente, como seria ela? Se pudesse inventar um novo vegetal, como seriam sua aparência e sabor? Se tivesse um nome diferente, qual seria? Continue brincando! Você já montou um *quadro de visões* – uma colagem de imagens que capturam sua imaginação e coisas que gostaria de ter em sua vida? Se assim for, você deve ter notado que muitas das coisas que teceu em sua imaginação se materializaram de fato pouco tempo depois.

Tente isto!
Imagine uma nova invenção

1. Feche os olhos e concentre-se. Imagine uma construção enorme no topo de uma colina. Suba o caminho largo até os gigantescos portões da frente, por onde o guarda deixa você entrar. Entre nas grandes salas de tetos altos e observe os intermináveis corredores de prateleiras que se estendem até onde você consegue avistar. Nas prateleiras há uma variedade interminável de caixas de diferentes tamanhos, formas e cores. Algumas são tão grandes que você tem de descê-las com uma empilhadeira, enquanto outras são tão pequenas que você só consegue vê-las se se aproximar muito.
2. Perambule um pouco por ali, contemplando a fantástica variedade de caixas, imaginando o que pode haver dentro de cada uma — até que uma delas capta sua atenção. Tire-a da prateleira e leve-a até o final do corredor, onde você encontre uma sala de exibição privada.
3. Na sala de exibição, remova a tampa da caixa e veja o que há lá dentro. É uma nova invenção! Segure a invenção e examine-a. Procure a folha de instruções que vem com ela. Qual o nome da invenção? Como deve ser usada? Se você tiver dificuldade em entender sua invenção, toque uma campainha e um guia virá para explicá-la a você.
4. Retorne à consciência normal e faça um desenho da invenção. Então escreva sobre isso. De que forma essa invenção pode ser um símbolo para algo de que você precisa em sua vida neste momento?

Digamos que você gostaria de imaginar um novo computador em sua vida. Você poderia dizer "Eu realmente quero fazer isto agora" levando suas palavras a sério? Ao tentar responder com um "sim" absoluto, você encontrará imediatamente algum tipo subliminar de "Sim, mas...", ou: "Sim, mas estou preocupado com o dinheiro", ou: "Sim, mas tenho que vender meu velho computador primeiro", ou: "Sim, mas quais recursos eu quero?", ou: "Sim, mas como vou transferir meus arquivos?" Trate de dissolver estes blocos; há uma solução para cada hesitação. Então, abençoe o computador antigo por ajudá-lo e estar com você por tanto tempo. Trate-o como um ser consciente e ame-o. Deseje-lhe felicidades para que ele se mude para sua próxima casa, onde outra pessoa irá amá-lo. Libere-o para ele se dissolva para além de sua realidade.

Os primeiros pensamentos têm uma energia tremenda. A censura interna geralmente os esmaga, por isso vivemos no reino do segundo e do terceiro pensamentos, pensamentos sobre pensamentos, duas e três vezes removidos da conexão direta com o primeiro *flash* cheio de frescor.
Natalie Goldberg

Deixe toda a nova imaginação cair na vibração de sua realidade física atual. Imagine como você se sente bem agora que o novo computador se tornou uma parte normal de sua vida. Sinta-o repousando sobre sua mesa: ele está pago, os arquivos foram transferidos, você o está usando e todas as suas dúvidas ficaram no passado. Seu corpo adora trabalhar e brincar com ele, e o novo computador corresponde à sua frequência original. Você conseguiria relaxar sentindo-se feliz, sabendo que o campo unificado está se moldando voluntariamente num novo computador em sua mesa? Lembre-se de que o campo cuida da logística de como as coisas se materializam. Isso faz que você queira realizar as ações necessárias para que o computador se materialize. Antes que você perceba, sua imaginação se converte em realidade.

Quero um recomeço! Revendo sua realidade

Há momentos em que você percebe que imaginou a existência de uma realidade que não combina com sua frequência original. Ela contém os hábitos de percepção antiga que você está superando, que você não deseja mais. Talvez você tenha conseguido um emprego em um mercado de trabalho ruim, e agora descobre que seus colegas são mesquinhos, preguiçosos ou desqualificados – e você não se encaixa nessa situação. Você comprou uma casa, mas precisa se mudar para ficar perto de seus pais idosos, e agora não consegue vendê-la. Você engordou durante um período de depressão, fez terapia, eliminou a negatividade, e agora quer que seu corpo combine com seu novo estado de espírito. Você foi reprovado duas vezes no exame da ordem dos advogados e quer que a terceira vez seja um sucesso. Você desenvolveu uma doença e deseja "revertê-la".

Aqui vão alguns princípios importantes para revisar sua realidade:

- **Só porque você criou uma realidade uma vez não significa que tenha de continuar recriando-a indefinidamente.** O fato de uma realidade existir não a torna mais resistente, mais viscosa, mais teimosa ou mais autoritária do que qualquer outra realidade. Realidades físicas são tão efêmeras e fluidas quanto as realidades em seus sonhos. É o lado esquerdo do cérebro que causa a ilusão de uma realidade imutável. Toda realidade emerge e se dissolve de volta ao reino imaginário facilmente. Dirija a atenção para uma realidade e ela surgirá; retire a atenção de uma realidade e ela se dissolverá. Não deixe que uma realidade exerça autoridade sobre você. Você é o criador! Além disso, lembre-se de que o tédio pode ser seu amigo. Pode ajudar você a se desvencilhar e se mover mais rapidamente para algo fresco e novo.

- **Mude sua vibração e imediatamente sua realidade mudará.** Quando sua vibração pessoal aumenta, sua realidade se expande e aumenta seu alcance; quando sua vibração cai, sua realidade se contrai e degenera para um grau semelhante. Quando você vibra em sua frequência original, evolui naturalmente com a consciência coletiva e suas imaginações se tornam comparativamente sofisticadas. Quanto menos obstáculos você tiver em seu campo pessoal, mais rápido você vibrará, e mais rápida será a tradução da imaginação à forma. Você não pode rejeitar ou se livrar de uma realidade que lhe desagrada – não há onde colocá-la porque não há mundo exterior. Em vez disso, só retire a atenção investida e a realidade se dissolvera de volta ao campo unificado.

- **Você não precisa ter todas as respostas ou saber exatamente o que pedir.** Sua alma e a consciência coletiva estão guiando o desdobramento de sua vida. Se você estiver relativamente límpido, poderá ver a nova realidade num sonho, reconhecer uma nova direção depois que amigos mencionarem ideias intrigantes, ou simplesmente pedir a alguém que o convide para fazer algo novo surpreendentemente absorvente. Mesmo se você se sentir bloqueado e seu crescimento tenha se estagnado, quando é hora de fazer uma mudança, a percepção-e-energia superior pode irromper. Como um estilingue puxado totalmente para trás, você só consegue segurar aquela animação suspensa por pouco tempo, antes que a liberação impulsione o movimento para diante. Não se preocupe com isso!

- **Comece com a primeira coisa: o que está bem** à **sua frente.** O primeiro pensamento e ação estão ligados ao próximo pensamento e ação, e assim por diante. Não espere para começar; comece com o ato mais mundano logo abaixo de seu nariz. Assim que você entrar no Fluxo, sua direção se adaptará para levar você a seu destino. Você é como um fuso: os fios separados de ideias entram em você a partir do reino imaginário, algum tipo mágico de tecelagem acontece no meio, e o fio acabado flui de dentro de você para o mundo físico. A emergência daquele fio – seu fluxo de criações – é contínua. Basta começar a puxá-lo! Ele pode mudar de cor, de tamanho ou de textura, mas continua emergindo se você continuar puxando. Você continuará puxando o fio, pois gostará da surpresa do que vai surgindo.

- **Seus discursos interior e exterior permitem que novas realidades se materializem – ou não.** Se você estiver preso numa realidade de que não gosta e reclama, protesta, ou queixa-se de sua impotência, a realidade se apega a você e começa a segui-lo. Você está inadvertidamente dando atenção à realidade negativa, mantendo-a viva e tornando-a mais poderosa do que você. Em vez disso, diga a si mesmo que esta realidade se materializou a partir de uma percepção antiga e de pensamentos de medo, e que agora você está fazendo escolhas diferentes, mirando na manutenção de sua frequência original. Diga a si mesmo que é fácil mudar para uma nova realidade que lhe agrade. Descreva-a para si mesmo; discursos positivos carregam energia para criar resultados positivos.

<hr>

Tente isto!
Faça boas perguntas para descobrir uma nova visão da realidade

Se você quiser que algo novo se materialize em sua realidade, mas ainda não consegue ver o que é, aqui estão algumas boas perguntas para ajudá-lo a se concentrar. Anote as respostas em seu diário.

1. Se eu tivesse um dia extra para mim toda semana, o que eu faria que não envolvesse o conceito de "eu deveria"?
2. Como quero me sentir ao colaborar com outras pessoas?
3. Sobre o que quero aprender mais?
4. Que lugares quero visitar?
5. De quais grupos eu gostaria de participar?
6. Que tipos de arte criativa eu gostaria de aprender e praticar?
7. Quais atividades voluntárias me dariam prazer?
8. Se eu mudasse para uma casa diferente, como seria ela?
9. Se eu juntasse três de minhas atividades favoritas para trabalhar num emprego, em que ele consistiria?
10. Se eu adicionasse mais pessoas à minha vida, como seria isso?
11. Se eu acrescentasse mais tempo de silêncio e solidão à minha vida, como seria isso?
12. Quais são meus principais empecilhos em relação a relacionamentos, família, situações de trabalho, vida doméstica, viagens, corpo e saúde?

13. Se minha renda dobrasse, o que eu estaria fazendo?
14. Qual é a próxima fase ideal de minha vida – que inclua coisas que quero fazer e preciso aprender?
15. Como seria uma mudança lateral em meu trabalho? Como seria uma expansão de 50 por cento de meu trabalho para novas áreas?
16. O que é ainda melhor do que eu estava pensando?

Imaginando realidades melhores para outras pessoas

Moldar o reino imaginário faz mais do que melhorar sua própria vida – este ato pode servir as pessoas com quem você está envolvido para que elas também possam florescer. Uma das maneiras mais fáceis de fazer isso é revisar a maneira como você vê os outros. Nós todos fazemos julgamentos precipitados que colocam as pessoas acima ou abaixo de nós – alguém parece bonito, perfeito, brilhante e hilário; ou fraco, desleixado, mesquinho, superficial ou esnobe. As listas continuam indefinidamente. Tente outra coisa: observe sua primeira impressão sobre outra pessoa, e então imagine que ela também é o oposto disso. Se você achar que ela é estúpida, imagine que ela tem um QI realmente alto. Se considerar que ela é desajeitada, veja-a como uma grande atleta ou uma bailarina também. Se achar que ela é perfeita, veja-a cometendo erros como todos nós. A questão é ver as outras pessoas como humanas e multifacetadas, capazes de coisas magníficas, tolices e até atos sombrios. Quando você faz isso com relação aos outros, dá-se o mesmo presente. E essa é uma ótima maneira de se divertir enquanto espera no aeroporto ou consultório médico!

Vote no que as pessoas têm de melhor e deixe as imagens negativas no lixo da produtora de cinema. Quando o orador se levanta na frente do público, imagine-o fazendo o melhor que pode e alegrando-se com sua própria apresentação. Quando o caixa do banco parecer entediado e cansado, imagine-o sorrindo e conectando-se com cada cliente de maneira interessada. Quando o idoso curvado caminha hesitantemente pela calçada com sua bengala, imagine seu corpo sem dor, com uma energia renovada alimentando todos os seus órgãos e células.

A oração e a bênção

Uma vez que você é telepático, quando alguém ora por você, você pode receber mais do que a intenção positiva daquela pessoa. Se a imaginação dela quanto a você for distorcida de acordo com o que ela acha que é "bom para você", se a oração dela tiver formulação específica e limitadora, se ela não reconhecer o propósito de sua experiência imediata – a oração pode ser como um banho de água fria. Você deve então classificar telepaticamente os novos obstáculos e dissolver as partes inúteis, para que possa receber as partes verdadeiramente benéficas.

A oração funciona melhor quando você aceita em primeiro lugar a situação da outra pessoa. Isto pode ser difícil. Será que a realidade da outra pessoa evoca repugnância ou seus medos mais profundos? Um casal que conheço está numa situação em que a doença do companheiro desencadeia na companheira um medo de abandono, então parte do desejo dela de ajudar a curá-lo vem carregado de medo. Isso não o ajuda tanto quanto poderiam ajudar os esforços dela totalmente calmos e confiantes, pois agora ele tem que superar os medos dela, além dos dele, para se curar. Então, primeiro, libere o medo e o recuo. Uma pessoa que sofre está aprendendo algo com sua situação. Ela extraiu um medo de seu subconsciente, está "olhando para ele" intensamente ao vivenciá-lo, e é totalmente capaz de superar a condição uma vez que aprenda o que necessita para se libertar e evoluir.

Existe uma forma de oração de alta frequência que gosto de chamar de "a arte da bênção". Já que o poder de cura definitivo – a frequência mais alta de percepção-e-energia – está espalhado de maneira uniforme por todo o campo unificado, não precisamos de um poder superior externo para fazer a cura trabalhar para nós. *Este poder já está dentro de todos nós*. No entanto, podemos *imaginar* a cura ocorrendo –

concentrando a atenção no eu ideal e harmonioso e na experiência da unidade dentro de tudo, e ativando-a. Esse é um passo importante para facilitar a cura de outras pessoas, abençoando-as. A bênção é uma arte perdida da imaginação que vem da experiência de nossas próprias verdade e unidade mais elevadas.

Minha intuição me diz que, nos tempos antigos, quando não havia refrigeração e os alimentos se estragavam com frequência, as pessoas aprenderam a meditar e abençoar sua comida para torná-la novamente sadia antes de comê-la. Elas olhavam para além da forma externa da comida e imaginavam sua luz interior ou corpo de energia. Então, elas comungavam com aquele projeto interno ideal – a pura essência da comida – e comunicavam-se com ela.

Aquele que preparou a comida pode dizer: "Vejo quem você é, ó pêssego, ó batata, ó abóbora, ó pomba. Você incorpora a qualidade da doçura, do poder, da terra, da gentileza. Você é linda e radiante. Vejo você como o Criador pretendia que você fosse e a amo por seu eu verdadeiro. Peço que nos tornemos um só – que você se entregue a mim para me alimentar. E eu vou lhe dar todo o meu amor e agradecer-lhe. Enquanto eu comer você, levarei sua essência para dentro de mim e a deixarei fluir através de mim. Deixarei você viver através de mim. Conheceremos o verdadeiro eu um do outro". Desse modo, as pessoas podiam obter benefícios com alimentos pouco frescos.

Imagino, então, que a bênção se tornou uma forma de curar animais e pessoas também. Ouvir "Deus te abençoe!" pode ter originalmente significado que você foi visto por uma pessoa sábia e amorosa, até seu âmago – que sua beleza e verdade foram testemunhadas e, portanto, tornadas reais. Se isso pode ser real para uma pessoa sábia, pode ser real para você também.

O perdão

Quando criança, sempre me parecia que, quando alguém "me fazia mal", perdoar significava que eu tinha de tolerar seu comportamento egoísta e estúpido. Nada parecia resolvido e perdoado quando se dizia: "Está tudo bem. Sem problemas". A palestrante e autora Joan Borysenko descreve isso bem quando diz: "O perdão não é o ato equivocado de tolerar comportamento irresponsável e doloroso. Nem é uma virada superficial da "outra face" (como na Bíblia) que nos deixa sentindo vitimizados e martirizados. Pelo contrário, é o encerramento de conflitos antigos que nos permite vivenciar o presente, livre da contaminação do passado".[1]

Quanto mais entendo o que é o perdão, mais o encaro como uma prática do reino imaginário, não muito diferente da arte da bênção. Em primeiro lugar, é a capacidade de se expandir além do julgamento para permitir uma perspectiva mais elevada – para deixar algo existir sem reagir com indignação ou mesmo sem o menor sentimento de autossacrifício ou vingança. Guardar rancor obstrui a liberdade da outra pessoa – e da sua. Quando você perdoa, você reimagina a situação sob uma ótica do tipo "ganha-ganha-ganha". Em sua realidade revisada, a outra pessoa age com respeito e apoio, e você retribui de acordo. Os fluxos de energia e a consciência não estão bloqueados. A outra pessoa sente que você aceita o verdadeiro eu dela – não seu eu prejudicial e baseado no medo –, e torna-se melhor por isso.

Se você não se perdoou, isto é igualmente relevante. Imagine a pessoa que você acha que feriu e perceba que ela não guardou rancor. "Tudo são águas passadas", diz ela, falando sério. Então imagine que você mesmo não guarda arrependimento, remorso ou culpa. O que você fez ou não fez antes, imagine-se fazendo isso agora do jeito que realmente queria fazer, no fundo de seu coração.

E se a pessoa que você magoou fosse *você*? Talvez seu eu passado tenha criado um erro que repercutiu em sua vida durante anos. Em sua imaginação, visualize-se cometendo o erro e corrigindo-o imediatamente. Ou imagine-se numa realidade em que você não cometeu o erro, e permita que a sabedoria percorra sua vida até chegar ao momento presente. Receba os benefícios que deseja. O segredo para moldar o reino imaginário numa realidade que ajude você a evoluir é sempre ocupar a realidade imaginada e *ser o desejo realizado*. A imaginação pode trazer uma realidade mágica e, edificante para você e pode ajudar a curar você e outras pessoas também.

> Na verdade, o livre-arbítrio significa a liberdade de escolher
> qualquer ideia que você desejar.
> Ao pressupor que a ideia já é um fato, ela se converte em realidade.
> Para além disso, o livre-arbítrio acaba e tudo acontece
> em harmonia com o conceito que havia sido pressuposto.
> **Neville Goddard**

Só para recapitular...

A imaginação é uma força poderosa e criativa. Nós mantemos nossas imaginações em forma prestando atenção a elas, e criamos nossa realidade em conjunto com todos os outros seres. Do mesmo modo que sonhamos com fluidez, criamos a realidade com fluidez. Influências externas como nosso processo educacional e os meios de comunicação de massa tendem a nos separar da nossa imaginação, fazendo-a até mesmo parecer frívola. Mas você pode refazer o vigor de sua imaginação brincando com ideias, criando pequenos filmes em sua mente, ajustando as variáveis e entretendo a si mesmo com cenários inventados. Você pode visitar o Reino Imaginário como se ele fosse um lugar real no qual você pode ter experiências mágicas, fluidas e criativas. A imaginação é alimentada pela alegria.

Você pode facilmente reimaginar e revisar uma realidade que já criou. Quando você inicia um fluxo de imaginação, isto o conduz a coisas que estão ali exclusivamente por sua causa e passam por três fases: do *ser* (espírito) para o *fazer* (mente) e para o *possuir* (corpo), para voltar finalmente ao *ser*. Você pode imaginar realidades melhores para as outras pessoas, bem como para si mesmo, se as encarar como multifacetadas e abençoá-las e perdoá-las – enxergando o eu essencial e verdadeiro delas.

14

Pratique as habilidades do "novo ser humano"

> Nossa consciência normal de vigília, a "consciência racional"
> como a chamamos, é só um tipo especial de consciência,
> enquanto em tudo ao redor, separado dela por telas finíssimas,
> existem formas potenciais de consciência totalmente distintas.
> **William James**

Na Era da Intuição, o que antes era sobrenatural torna-se natural e normal. O que conhecemos como ser humano torna-se "novo ser humano". A realidade de alta frequência de hoje está refinando nossa percepção sensorial e permitindo-nos transmitir mais energia através de nossos circuitos e trilhas cerebrais. Assim como há coisas que não poderíamos saber antes, existem habilidades que não fomos capazes de desenvolver no antigo clima de lentidão e limitação. Há uma razão pela qual nossos filmes e livros estão cheios com histórias de super-heróis com superpoderes hoje – a consciência coletiva está nos preparando para sermos capazes de fazer muitas coisas novas e incríveis, sem a ajuda da tecnologia.

Neste capítulo, veremos outra habilidade de atenção da Era da Intuição: *concentrar percepção-e-energia para expandir suas habilidades física e perceptiva*. Exploraremos algumas possíveis habilidades dos "novos seres humanos" e, sim, pode parecer ficção científica ou fantasia, mas encorajo você a considerar as possibilidades – mesmo que estejam um pouco além de sua zona de conforto. Essas novas habilidades não precisam ser dramáticas ou violentas, como Hollywood gosta de retratá--las. Algumas podem ocorrer de maneira inocente e natural, e podem até mesmo parecer prosaicas. Um dia, você pode se surpreender dizendo: "Não éramos sempre capazes de ler mentes? Todo mundo não sabe como materializar objetos a partir do nada?". Claro, devemos lembrar que é sempre um pouco difícil imaginar como será uma realidade transformada se ela for percebida do ponto de vista da realidade anterior!

O sonho do "novo ser humano"

Na minha primeira viagem ao Peru e Machu Picchu em 1987, tive muitos sonhos e visões instrutivos, alguns dos quais ocorreram enquanto eu estava acordada. Eu me sentia perto de levitar ou me teletransportar para algum local, e estava quase constantemente num estado de comunhão com seres que pareciam "intergalácticos". Por mais estranho que pareça, eu estava no campo de força de Nazca, Cuzco, Machu Picchu e do Lago Titicaca – um dos lugares de maior frequência do planeta que experimentei até agora –, e parecia haver pouca diferença entre minha realidade física normal e uma realidade não física povoada por xamãs e pessoas de mais de dois metros de altura. Era praticamente o equivalente a uma experiência de quase morte.

Quando voltei ao Peru em 2009, depois da publicação de *Frequência Vibracional*, aguardei as mensagens espirituais e experiências que poderia vivenciar com grande ansiedade. E adivinhem o quê? Nada aconteceu! Foi só quando eu estava em casa que comecei a ter um sonho recorrente que progrediu gradualmente, noite após noite, durante uma semana. No sonho, vi um *close-up* da cabeça, do pescoço e dos ombros de um homem de costas. Ele estava nu, era musculoso e careca; e pequenos cachos de pelos ondulados, preto-azulados, emergiam aos poucos de dentro de seu corpo para se tornarem visíveis logo abaixo de sua pele translúcida. Era como uma tatuagem intrincada que se tornava cada vez mais detalhada, mais complexa e mais bonita à medida que a sequência de sonhos progredia. A imagem era tridimensional, abrangendo sua pele e penetrando no corpo dele; eu conseguia enxergar seus tecidos. Por fim, uma voz disse: "Este é o 'novo ser humano'".

Eu não sabia o que fazer com o sonho até que o compartilhei com uma amiga que estava estudando xamanismo com o antropólogo e autor Alberto Villoldo. Ela disse: "Sei que os incas têm uma profecia sobre a emergência de um novo ser humano que está ocorrendo agora. Talvez seu sonho seja sobre isto". Senti aquele arrepio que anuncia um sinal de verdade; eu não havia mencionado o Peru. Acontece que Villoldo estivera falando sobre um período de mudança que os incas chamam de "*pachacuti*", que está a todo vapor e promete o surgimento de um novo ser humano – o que Villoldo chama de *Homo luminous* – após um período de turbulência. Pachacuti (também conhecido como Pachacutek) também foi um grande líder inca que representa um protótipo espiritual – um protótipo luminoso que se transportou para fora do tempo. Ele é visto como um símbolo e uma promessa de quem todos nós podemos nos tornar.

Pensando em meu sonho, percebi que os padrões espirais que vi emergindo do corpo do homem eram um novo tipo de circuito interno – algo interdimensional –, como pequenos "buracos de minhoca" na física. A imagem parecia dizer que nossa energia em breve estaria se movendo de maneiras totalmente novas, e isso combinava com tudo o que eu estivera pensando sobre o fim da visão de mundo linear e geométrica. Eu sabia que os novos circuitos espiralados nos levariam a maiores habilidades, maior conhecimento e maior conexão com nossas origens do campo unificado. Villoldo diz que as profecias "falam da evolução dando saltos quânticos, do corpo que nunca morre, de nos remodelarmos numa nova espécie no intervalo de tempo de nossas vidas".

Superpoderes e super-heróis

De Superman, Batman, Homem-Aranha e Homem de Ferro à Mulher Maraviha, Mulher-Gato, Lara Croft e Electra – super-heróis e heroínas nunca foram tão populares. A programação televisiva está repleta de protagonistas que têm visões, falam com fantasmas, dão saltos no tempo, têm recuperação total da memória e sonhos mediúnicos que solucionam crimes. Um menino autista auxilia no decorrer do destino das pessoas pela imersão em matemática. As equipes de investigação criminal são compostas de pessoas com habilidades expandidas, tal como força sobre-humana, controle mental, leitura de sinais eletrônicos do ar, clarividência, clariaudiência e clarissenciência. Temos até feiticeiros heroicos, vampiros e lobisomens. E nisto tudo, a tecnologia não é responsável pelos superpoderes de forma alguma – são talentos naturais e inatos. Não conseguimos nos cansar dessas coisas! *Por quê?*

Acho que estamos nos saturando com a ideia de que o sobrenatural está se tornando natural e que nós também podemos fazer coisas mágicas e maravilhosas – tudo por conta própria, sem aparelhos eletrônicos de ponta. É claro que, nas fases iniciais de nos habituarmos à ideia de que somos muito mais do que jamais imaginamos, há uma tendência de encarar habilidades humanas expandidas como "especiais" – pois se pudéssemos desenvolver ao menos uma ou duas, seríamos mais especiais do que outras pessoas. E, é claro, isto é bastante satisfatório para o ego.

Lembro-me de que, ao trabalhar em equipe com outras pessoas intuitivas e médiuns de transe em meus primeiros anos, eram os rapazes os que queriam ter fenômenos psíquicos acontecendo ao seu redor – talvez isto seja semelhante à adrenalina de dirigir um carro esporte muito veloz. Sem exceção, eles falavam com ansiedade sobre querer levitar, teletransportar-se de um local para outro ou mover coisas com a mente. As mulheres, por outro lado, queriam ser conselheiras precognitivas e curar outras pessoas com energia. Não pude deixar de me perguntar sobre as várias motivações principais e sobre como elas podem influenciar o desenvolvimento de habilidades expandidas.

Tente isto!
Um dia sem tecnologia

1. Durante um mês, reserve um dia por semana para ficar totalmente longe do computador, do telefone celular, da calculadora e da televisão. Deixe a secretária eletrônica atender suas mensagens, use telepatia e intuição, pratique a conexão com o meio ambiente e com a vida dentro das coisas. Seja criativo e veja o que brota de você, em vez de receber coisas de outras fontes. Esteja na natureza, fique sozinho, fique quieto por longos períodos e trabalhe com o reino imaginário.
2. Durante esses dias sem tecnologia, observe quais funções a tecnologia tem desempenhado para você e veja se consegue fazer a mesma coisa com suas próprias habilidades interiores de percepção-e-energia. Treine seu potencial de percepção-e-energia.

Se você já pensou em ter "superpoderes", poderia se perguntar: "Qual é minha motivação para desenvolver uma habilidade expandida de um 'novo ser humano'? E qual é o contexto adequado para permitir que a nova capacidade venha à tona em mim?". Ser capaz de realizar coisas que outros não conseguem fazer pode facilmente deslizar você de volta ao ego e à estagnação, separando-o da consciência coletiva e bloqueando o Fluxo através de você. Quanto mais apegado você estiver ao fato de ter uma habilidade expandida, mais provável será que a capacidade fique distorcida, funcione mal ou desapareça.

Para acrescentar outra complicação, a percepção linear faz que a maioria das pessoas seja cética, desconfiada e francamente temerosa das habilidades expandidas, uma vez que elas "não são normais" e são com frequência associadas ao mal ou ao charlatanismo. Se você demonstrar poderes fora do comum, poderá provocar a condenação das outras pessoas. E, se suas habilidades se abrirem repentinamente, como pode ocorrer com uma explosão de energia *kundalini* (o que muitas vezes é chamado de *emergência espiritual* ou *psicose kundalini*), suas emoções e seu bom senso podem entrar em parafuso.

É importante prestar atenção a essas advertências. Sem a disciplina de uma prática espiritual, habilidades expandidas podem sobrecarregar o lado esquerdo do cérebro e causar caos em sua personalidade ou seu ambiente. Por exemplo, pessoas com habilidades expandidas muitas vezes têm uma energia errática e intensa que pode causar a quebra das máquinas ao seu redor. Ted Owens, conhecido como "PK Man", afirmou ser capaz de controlar psicocineticamente o clima no mundo, influenciar o resultado dos jogos de futebol e produzir OVNIs sob demanda – usando a mente. Suas emoções não eram tão estáveis; muitas vezes, ele era motivado pelo despeito e pelo ego, punindo pessoas que não conhecia enviando supostamente um furacão em sua direção. Outras pessoas dotadas de maneira semelhante foram perseguidas ou tornaram-se fisicamente doentes – hipernervosas, perigosamente obesas, atormentadas por alergias ambientais, por paralisia parcial ou por dor crônica. É melhor permitir que as habilidades expandidas se desenvolvam gradualmente, em conjunto com a frequência crescente do planeta. Se as habilidades expandidas servirem a seu processo de evolução, eles ocorrerão para você naturalmente, de forma equilibrada.

Tente isto!
Leia a história de um objeto

1. Peça a uma amiga ou amigo que escolha um objeto comum na casa deles — algo com uma história conhecida — e que o traga para você. O ideal é que seu(sua) amiga(o) saiba muito sobre o objeto. Poderia ser o relógio de prata do avô dele(a), um livro que pertencia à tia dele(a), uma chave para seu galpão de armazenamento, um anel, uma pequena estátua ou uma caneca especial de infância. É importante que seu(sua) amigo(a) seja capaz de verificar a história.

2. Segure o objeto e sente-se calmamente. Descreva para seu(sua) amigo(a) todas as impressões que você recebe do objeto com o máximo de detalhes possível. Então pergunte a ele(a) o quão preciso foi.

Na verdade, quando existe um contexto espiritual amplo e inclusivo para habilidades expandidas, elas *podem* ocorrer natural e calmamente, como extensões de sua percepção-e-energia, muitas vezes com um propósito específico – depois disso, elas podem diminuir até que sejam necessárias novamente. À medida que sua frequência aumenta, a compreensão do grau de normalidade dessas habilidades também aumenta. Se você é uma enorme esfera de percepção-e-energia e todos e tudo estão dentro de você, intimamente interligados e sem lacunas, faz sentido, por exemplo, que você conheça telepaticamente os pensamentos de outra pessoa – eles estão se comunicando dentro de sua grande mente.

Também faz sentido que você consiga acionar energia com sua atenção para materializar ou desmaterializar um objeto, ou movê-lo através do espaço. Não seria problema mudar sua identidade a tal ponto que sua aparência física, ou mesmo sua realidade, pudessem mudar num instante. Você poderia conhecer sua própria vida futura ou passada e as dos outros, ou conversar com pessoas mortas e seres não físicos. E se você puder desmaterializar e materializar um objeto, então não é muito difícil aplicar o mesmo princípio para iluminar seu corpo e levitar, ou desmaterializar a si mesmo de um local para se rematerializar em outro.

Tudo o que acontece em todos os processos materiais, vivos, mentais ou mesmo espirituais envolve a transformação de energia.[...] Todo pensamento, toda sensação, toda emoção são produzidos por trocas de energia.

J. G. Bennett

Quando eu estava desenvolvendo minha habilidade intuitiva, travei conhecimento com pessoas que demonstraram uma variedade desses fenômenos, e por causa disso descobri como essas coisas são possíveis. Trabalhei com Hans Holzer, o parapsicólogo e caçador de fantasmas, na cidade de Nova York, e vi os efeitos que entidades não físicas podem ter num filme fotográfico. Mais tarde, um curandeiro incrível dissolveu um tumor e, num piscar de olhos, curou um pedaço quebrado de osso no meu pé. Trabalhei com vários médiuns de transe total e alguns xamãs, em torno dos quais ocorriam regularmente fenômenos estranhos. Alguns deles eram assustadoramente precognitivos. Ao redor de uma médium com quem passei muito tempo, era comum que objetos se desmaterializassem, se materializassem e se teletransportassem, e ela ainda tinha vozes, supostamente de guias espirituais, gravadas em fitas cassete de áudio virgens. Certa vez, um xamã apareceu para mim tão real quanto o dia em seu corpo de energia, sendo que ele estava a milhares de quilômetros de distância.

Expandindo sua ideia do que é normal

Habilidades expandidas podem se desenvolver em pessoas que tiveram uma experiência de quase morte, um acidente traumático ou uma cirurgia de grande porte. É como se o choque dramático para o corpo de energia e a mente abrisse essas pessoas, e assim uma porção maior da alma pode inundar para dentro, trazendo maior percepção-e-energia. Muitas vezes, após a recuperação, as pessoas se sentem diferentes, ou até pensam que de alguma forma "trocaram de lugar" com outra alma mais evoluída. Até onde posso dizer, trata-se realmente de uma maior capacidade de incorporar mais da própria alma ilimitada e da consciência coletiva. O evento traumático funciona como uma desculpa para se renovar – uma espécie de atalho para a consciência expandida. Muitas pessoas compartilharam histórias comigo sobre isso. Marie me contou: "Aos 19 anos, sofri um acidente de carro fatal. Morri por alguns segundos. Quando acordei depois de estar em coma por três dias, minhas habilidades intuitivas ficaram mais agudas e eu tinha uma cicatriz na mão esquerda no formato de uma Lua Crescente e de uma estrela".

Hoje em dia, com a aceleração do mundo, as capacidades expandidas provavelmente se desenvolverão sem trauma, só mantendo sua vibração no nível de sua frequência original, trabalhando para se tornar mais transparente e fixando-se na percepção de que você é muito mais do que pensava antes. Você descobrirá também que, à medida que uma habilidade for aberta, ela estará intimamente ligada a outras habilidades, e várias poderão ocorrer em sequência rápida. Por exemplo, tornar-se mais clariaudiente e clarisenciente (ouvir e sentir com os sentidos internos) poderá aumentar muito sua capacidade telepática, pois a telepatia consiste em sentir impressões e sons sutis. A ultrassensibilidade de seu corpo físico poderá ajudar você a sentir seres não físicos, pois agora você corresponde mais de perto à frequência deles. Somente ao praticar a materialização do tipo de trabalho, de relacionamentos e de realidade que você deseja pode ajudá-lo a aprender a lidar com psicocinese ou aporte (mover e materializar objetos com a mente). E se você aprender a ter sonhos lúcidos – para controlar seus movimentos de dentro de seu estado onírico –, talvez com o tempo você consiga viajar no tempo!

Abrindo habilidades do "novo ser humano"

Em geral, para começar a desenvolver habilidades expandidas, tente o seguinte:

- **Pergunte a si mesmo se há necessidade e um interesse intenso e sincero em ser capaz de saber e fazer mais.** Ser um caçador de curiosidades não levará você tão fundo quanto necessário. A impaciência não dará conta do trabalho. Você precisará de honestidade, paciência e persistência.
- **Preste muita atenção à sua ultrasensibilidade crescente.** O que seu Observador Interior quer que você perceba? Se você prestar atenção por um período um pouco maior e penetrar um pouco mais fundo no momento, o que perceberá? Pergunte a si mesmo:

"De que outras coisas estou ciente? O que está acontecendo logo abaixo da superfície dessa cena? O que aquele homem ou mulher está pensando ou sentindo?". Concentre-se em seus sentidos físicos, que se tornam mais aguçados – ao ponto em que você consegue sentir com sua audição, visão e tato interior. Você consegue ouvir cores ou ver através de sua pele? O objetivo é aumentar o estado de alerta e a quantidade de detalhes que consegue manter em seu campo de atenção.

Para descobrir a verdade em tudo o que é estranho,
primeiro dispense o indispensável em sua própria visão.
Leonard Cohen

- **Preste atenção às pessoas e situações e procure irregularidades e bloqueios de energia.** Quando você sentir algo desta natureza, abençoe a área imaginando-a inteira, destemida e fluida. Perceba quando você está sentindo muito frio, muito calor, fome ou cansaço, e concentre-se em mudar a experiência corporal com a imaginação até se sentir confortável. O objetivo é encontrar algo que você deseja mudar e, em seguida, fazê-lo em seu mundo interior até ficar satisfeito. Observe que o mundo exterior muda como resultado disso, e valorize o que você fez sentindo prazer com isso.
- **Examine a lista de habilidades na Figura 14-1 e observe que você já faz algumas dessas coisas, ou está prestes a ser capaz de fazê-las.** Você teve um sonho que se tornou realidade? Sabia que um amigo estava prestes a ficar doente? Pensou em uma amiga e ela ligou uma hora depois? Eliminou um bloqueio de seu passado e, no dia seguinte, um colega disse: "Uau! Você está diferente hoje!"? Entrou pela porta da frente e teve uma rápida impressão de que sua tia falecida estava no meio da sala? Valorize suas habilidades iniciais e elas aumentarão.

Algumas habilidades expandidas do "novo ser humano"

Habilidades Físicas Aprimoradas e Sentidos	Decodificação de informações de energia com ultrasensibilidade; hiperacuidade; aumento do fluxo e coordenação de energia; controle das funções corporais (como acontece com os *yogues*); sinestesia / cruzamentos e combinações sensoriais; eliminação de bloqueios de energia e cura energética; detecção de terremotos, campos eletromagnéticos e poluentes
Desenvolvimento dos Sentidos Interiores	Clarividência, clariaudiência, clarissenciência, claripaladaridência; ver auras, sentir eventos a distância, ler padrões de corpos e vida, ver / ouvir / sentir seres desencarnados, ressonância empática, provar ou cheirar coisas não físicas, radiestesia, cinesiologia
Telepatia, Leitura da Mente, Psicometria	Comunicar-se sem pronunciar palavras, através de distâncias e dimensões, frequentemente entre idiomas; comunicação entre espécies; ler a história de um objeto tocando nele
Precognição e Recordação de Vidas Passadas	Conhecer coisas de outros tempos e locais, visão remota, adivinhação, acesso aos Registros Akáshicos, interpretação de símbolos
Comunicação Interdimensional	Comunicar-se com seres desencarnados através da mediunidade de transe total ou parcial, lidar com seres não físicos por meio de cerimônias e rituais / xamanismo, psicografia / escrita automática, xenoglossia / falar em línguas desconhecidas

(continua)

Figura 14-1

(continuação)

Algumas habilidades expandidas do "novo ser humano"	
Sonhos Lúcidos	Controlar o estado de sonho de dentro dele, movimento interdimensional
Experiências Fora do Corpo (EFC), Experiências de Quase Morte, Viagens Astrais, Bilocação, Viagens no Tempo	Movimento consciente para locais fora do corpo no tempo ou no espaço, perceber visitas de outras pessoas que estão fora do corpo, estar em dois lugares ao mesmo tempo
Mudanças de Forma, Alquimia,	Mudar sua aparência e forma, às vezes até de humano para animal; transformar uma substância física em outra
Psicocinese, Aporte, Teletransporte, Desmaterialização, Levitação, Ascenso/Descenso	Mover objetos com atenção concentrada, materializar e desmaterializar objetos, mover objetos de um lugar no tempo e no espaço para outro, elevar um objeto acima do chão, mover seu eu físico fora da forma física para o espírito e voltar

Figura 14-1

Tente isto!
Brinque com a telepatia

O filho de 3 anos de uma amiga lhe disse que conseguia ler a mente dela. "Experimente", disse ele. "Pense em alguma coisa e pense ALTO para mim!" Você pode tentar isso com alguém que conheça.

1. Pense num amigo ou colega. Concentre sua atenção no meio da cabeça dele, no centro de seu coração e em cada célula de seu corpo. Dê-lhe a

sensação de que você está ali; toque o diapasão da frequência original no campo dele. Diga-lhe que você gostaria de se conectar a ele no mundo físico. Então deixe a ideia de lado e relaxe. Verifique se ele liga ou escreve. Caso contrário, repita o processo.

2. Pense em alguém que você conheça e deixe que uma imagem dessa pessoa apareça em sua mente. Veja-a fazendo algo, sinta como ela está se sentindo, tente adivinhar no que ela está pensando e que cor está vestindo. Imagine-se junto dela e que ela repara em você. Depois ligue para essa pessoa e faça contato; conte a ela o que você acabou de fazer e veja até que ponto suas impressões foram precisas. Pergunte se ela estaria disposta a fazer uma experiência com você — para perceber quando você está se concentrando nela e, quando ela o fizer, que entre em contato com você.

3. Concentre-se em um parente morto. Imagine-o em sua mente e peça-lhe que entre em sua consciência de maneira espontânea — talvez num sonho ou num momento em que você esteja ligeiramente distraído — e dê a impressão de uma comunicação em seu campo que você poderá traduzir. Pode ser um tipo de sensação, uma palavra ou uma frase, ou um símbolo. Você pode tentar isso repetidamente durante um mês, e mantenha o registro do que recebe em seu diário, procurando significados internos.

***

Deixe suas habilidades se desenvolverem primeiro em seu mundo interior, em seu reino imaginário. Com todos os seus sentidos ativamente envolvidos, imagine que está movendo o saleiro um centímetro sobre a mesa com sua atenção. Imagine tocar num objeto e saber de onde veio ou a quem pertencia. Imagine desaparecer do lugar que você está ocupando, e então você ficará invisível, mas depois imagine reaparecer a um metro e meio para o lado. Brinque com a criação dessas realidades em seu reino imaginário repetidamente até que poder saber e fazer essas coisas pareça algo normal. Habilidades expandidas começam no mundo não físico, onde são normais. Quando elas conseguirem deslizar facilmente para o mundo físico, eles serão normais ali também.

Pratique manter sua percepção-e-energia no nível de sua frequência original. Pense em si mesmo como sendo capaz de deixar fluir mais energia através dos circuitos de seu corpo quando sua frequência combinar com sua alma. Imagine-se transparente, para que haja menos confusão interferindo na tradução de suas imaginações para a matéria. Deixe que isso se torne um estado mental normal e deixe seu corpo relaxar para a realidade disso.

Gradualmente, percebemos que a Forma ou Presença Divina
são nosso próprio arquétipo, uma imagem de nossa própria natureza essencial.
Ken Wilber

- **Pratique lembrar que o mundo de percepção-e-energia interior esteja totalmente fundido com o mundo físico.** Os dois mundos estão no momento presente, afetando constantemente um ao outro. Se você conseguir criar o modelo interno de uma habilidade expandida e senti-la como se ela fosse real, ela não estará longe de ser física. Estará bem ali, prestes a animar sua realidade. Tudo o que precisa fazer é remover a resistência ou a incredulidade sobre a possibilidade disso. Dê permissão para que isso aconteça.
- **Lembre-se de que toda a força motriz para fazer ou saber algo de forma expandida não precisa vir de seu corpo.** O campo ao seu redor contém partículas e energia, os objetos no campo contêm partículas e energia, e sua consciência flui facilmente através de tudo isso. Você pode animar os grãos no saleiro, o ar e a mesa, pedindo à consciência coletiva que ajude você a mover o saleiro para um local diferente em seu campo. *Todos os poderes expandidos são uma colaboração entre você e o campo.*
- **Imagine a coisa que você quer saber ou fazer, torne-a bem real e então remova sua atenção e concentre-se nela perifericamente.** Faça isso de maneira casual e suave, como se seu corpo ou coração estivessem prestando atenção, não seus olhos e cérebro. Relaxe. Forçar as coisas não funciona. O relaxamento deixa a energia fluir.

Tente isto!

Mude de forma para se tornar um animal

1. Imagine que você está na natureza e entra numa clareira. Fique quieto e olhe em volta. Um animal ou um pássaro surgirá da paisagem e se dará a conhecer a você. O animal está escolhendo-o e tem uma mensagem ou lição para você. Portanto, confie no que ocorrer.
2. Imagine que você consegue passar de seu próprio corpo para seu corpo de energia e deslize para dentro do corpo do animal para se unir harmoniosamente a ele. Sinta-se como é ajustar-se à nova forma corporal. Fique confortável olhando através dos olhos do animal, encaixando-se na cabeça e nos membros dele, sentindo o coração dele, e assim por diante.
3. Depois deixe o animal levá-lo a algum lugar para lhe mostrar como ele entende o mundo e circula em seu ambiente. Como ele sente e conhece as coisas? Seu animal pode falar com você por telepatia e transmitir padrões de conhecimento diretamente a seu corpo. Quando você tiver recebido a mensagem ou lição que o animal quer lhe dar, agradeça-o, deslize suavemente para fora do corpo dele, e volte para seu próprio corpo.
4. O que você aprendeu sendo esse animal? Por que esse animal escolheu você hoje? Anote suas impressões em seu diário.

Ouça as histórias! Elas são a ponta do *iceberg*

Todos nós temos histórias sobre habilidades expandidas, mas muitas vezes nós as encobrimos, vendo-as como aberrações ou uma forma de entretenimento para nossos amigos. Contudo, ao levar essas histórias a sério, você pode se abrir para coisas maiores.

Algo incomum aconteceu uma vez quando eu estava dirigindo por uma hora e um quarto da minha casa para trabalhar em Menlo Park, Califórnia. Era um passeio que eu fazia toda semana. Eu sabia o percurso de cor e os pontos de referência a cada intervalo de quinze minutos.

Olhei para o relógio do carro naquele dia e vi que estava no ponto de referência errado; eu estava quinze minutos adiante do que o habitual. "Estou me divertindo muito", disse a mim mesma, enquanto também pensava aquilo era estranho. Quando saí da rodovia, estava de volta ao cronograma, tendo perdido quinze minutos no espaço de alguns quilômetros. Eu sabia que não tinha cometido um erro. Então dei-me conta de que posso ter experimentado algo como teletransporte, mas meu lado esquerdo do cérebro não conseguiu lidar com a anomalia e me trouxe de volta à minha realidade regularmente programada.

Para além de meu corpo, minhas veias são invisíveis.
Antonio Porchia

Mais algumas histórias: Kaz, no Japão, depois de jejuar por dez dias, sentiu um cheiro que ele chama de "um cheiro muito raro, diminuto e discreto". Era um odor mentolado. Ele olhou por toda parte em seu quarto – abriu as janelas, verificou o corredor –, mas não conseguiu encontrar a origem do cheiro. E o cheiro não desapareceu. Por fim, ele percebeu que era o cheiro da pasta de dentes que estava vindo do banheiro da mãe, numa parte distante da casa. Ele disse: "Isso me mostrou o quanto eu podia me unir à natureza ou ao ambiente, e que todos nós temos essa habilidade instintiva".

Carrie diz que é péssima em ligar para as pessoas, mas antes que o avô morresse (e mais tarde, a avó), ela transpôs essa fronteira e alcançou algo inédito. Ela diz: "Na verdade, liguei para meu avô no momento em que ele morreu. Considero isso encorajador, pois é uma confirmação de que estamos todos conectados e sempre nos comunicando para além das limitações físicas".

Hugo conta sobre uma época em que estava no exército e conheceu um colega soldado que confidenciou que sabia ler com a ponta dos dedos. O homem concordou em fazer um teste, e então Hugo vendou os olhos do homem e colocou um saco sobre sua cabeça. Portanto, não havia meio de ele enxergar. Então, Hugo abriu um livro numa página aleatória. O soldado colocou a ponta dos dedos na primeira palavra e começou a ler como se estivesse vendo as palavras com os olhos. Hugo então lhe deu uma foto; o soldado tocou na imagem e começou a descrevê-la com todos os detalhes. Hugo diz: "Desde aquele dia, minha mente está aberta para todas as possibilidades!".

Durante uma viagem de negócios a Baltimore em 1996, tive uma súbita mudança de humor e fiquei irracionalmente chateada simplesmente porque uma cliente estava atrasada. Depois disso, enquanto eu estava sentada com a mulher, fazendo a leitura de suas circunstâncias de vida, ouvi pessoas conversando no corredor da casa em que eu estava trabalhando. Pensei que alguém chegara em casa do trabalho. Minha cliente disse que estávamos sozinhas, mas não acreditei nela. Voltei à consciência normal e fui olhar – era verdade, não havia ninguém. Após a sessão, senti-me como uma pedra e não conseguia manter os olhos abertos. Caí no sofá e entrei num sono pesado e espasmódico que um de meus amigos chama de "cochilo comatoso".

Acordei quando minha anfitriã chegou em casa. Eu ainda não conseguia me concentrar e tinha de dar uma palestra em algumas horas. Ela me encheu de café, mas eu permaneci um zumbi. "Você se importa se eu dormir no caminho para o seminário?", perguntei. No seminário, descrevi o que estava acontecendo. Surpreendentemente, seis dos participantes tinha sentido distração e agitação semelhantes. Por volta das 8h30 da noite, todos nós nos sentíamos muito melhor e fomos caminhando com bom humor e clareza mental. Só na manhã seguinte é que ouvi que a o voo TWA 800 explodira perto de Nova York perto das 20h30, a apenas algumas centenas de quilômetros de distância.

> Não podemos viver apenas para nós mesmos. Mil fibras nos conectam a nossos semelhantes; e, por entre estas fibras, como fios simpáticos, nossas ações funcionam como causa e voltam para nós como efeitos.
> **Herman Melville**

O que havia acontecido? Meu corpo teria sentido as "ondas do evento" da explosão que se aproximava e reagiu, como fazem os animais antes de terremotos iminentes? Será que a maior parte de minha consciência teria sido atraída para reinos superiores para ajudar as pessoas que estavam prestes a morrer? As vozes que ouvi tinham relação com as vítimas do acidente? O evento começou nas dimensões superiores muito antes da explosão física ocorrer em tempo real? E, quando o evento físico real ocorreu, a tensão psíquica teria sido desfeita?

Essa experiência foi tão dramática que irrompeu a partir da dimensão não física e perturbou totalmente minha vida física. O mesmo aconteceu antes de 11 de setembro de 2001, e agora acredito que foi um tipo de projeção astral ou experiência de bilocação, na qual eu estava tentando estar em dois lugares – físico e não físico – ao mesmo tempo. Uma quantidade tão grande de minha energia foi canalizada para as vítimas dos acidentes nos reinos superiores que eu literalmente não conseguia ficar consciente na minha realidade normal.

Tente isto!
Viaje pelo tempo e pelo espaço

1. Visite alguém por meio da energia. Imagine uma pessoa que você conhece num lugar por onde ela possa rotineiramente: sua mãe na mesa dela, seu irmão cozinhando no fogão, uma amiga em seu jardim. Imagine-se no mesmo tempo e espaço com eles, como se estivesse realmente lá. Primeiro, sinta-se em seu corpo de energia, então imagine que você está "sendo preenchido" e se tornando sólido — como se pudesse irromper para fora e tocar a outra pessoa, e pudesse falar e um som real ocorreria. Cumprimente a pessoa pelo nome ou chame a atenção dela de uma maneira que pareça real para você. Diga-lhe algo importante e toque-a levemente. Sinta isso como algo tangivelmente real. Pratique isso repetidamente e verifique se a pessoa responde. Talvez ela veja você entrar

e sair da cozinha dela, ou sonhe com você, e mais tarde ligará para você. Observe todos os *insights* que recebe ao visitá-la.

2. Pratique a bilocação. Enquanto você se projeta para outro local para visitar alguém por meio da energia, como no exercício anterior, imagine-se simultaneamente em sua localização atual. Considere as imagens e as experiências emocionais como reais. Talvez você precise mudar para um ponto de vista um pouco mais alto ou expandir sua esfera, para sustentar ambos de maneira confortável.

3. Experimente viajar no tempo. Assim como você se colocou em outro local nos exercícios anteriores, imagine outro momento, de preferência no seu passado, para que possa reconhecê-lo. Vá até lá em seu corpo de energia e deslize para dentro do corpo que você tinha então; olhe através daqueles olhos. Você é um visitante, então siga em frente e seja você mesmo tal como percebia e fazia escolhas naquela época. Observe seu ambiente detalhadamente e sinta suas motivações, interações com outras pessoas e o jeito como você se sentia sobre si mesmo. Infunda amor naquele corpo a partir de seu atual corpo de energia — de maneira suave e discreta. Você pode até inserir uma mensagem positiva para ajudar seu eu passado.

Há coisas que ainda não sabemos sobre a mecânica das habilidades de alta frequência do "novo ser humano" e sobre como a dinâmica sutil da percepção-e-energia pode afetar de fato nossa realidade física. Certa vez, falando através de meu amigo e colega, o médium de transe Kevin Ryerson, um ser espiritual me contou que o fenômeno de combustão espontânea, onde o corpo de uma pessoa queima em segundos ou uma extremidade do corpo queima até virar cinzas (sem dor), é causado pela projeção da consciência em outro ponto no tempo e no espaço, sem retornar ao ponto onde o corpo físico existe. Não há presença suficiente para manter o corpo em forma, e então ele basicamente se desintegra. Foi um *insight* revelador para mim, ajudando-me a entender que há muito mais a saber sobre as "razões invisíveis" para coisas que ainda não entendemos. As habilidades dos "novos seres humanos" podem ainda não ser normais, simplesmente porque nós ainda não entendemos seu modelo interno.

Quando desenvolvermos o hábito de fazer as coisas primeiro no mundo não físico para dar origem à ação e à forma no mundo físico, teremos uma atitude mais relaxada quanto à "estranheza" de todas estas habilidades e fenômenos supostamente sobrenaturais. Em vez disso, será uma questão de quanta imaginação nós temos e até que ponto sabemos com certeza que nossa atenção dirigida é uma força que facilita a materialização das realidades. Perceberemos que essas habilidades – habilidades que antes pareciam tão incomuns no mundo físico – não são nada especial nos mundos não físicos. Na verdade, são nossas habilidades "sobrenaturais" que permanecem conosco e são transferidas para nossa vida não física após a morte.

> A verdadeira ciência pode ser muito mais estranha do que
> a ficção científica e muito mais satisfatória.
> **Stephen Hawking**

Só para recapitular...

Na Era da Intuição, o que antes era sobrenatural torna-se natural e normal. Habilidades psíquicas e poderes expandidos resultam do fato de trazer fluxos do mundo não físico para o físico sem reduzir sua frequência. Nossos livros, filmes e programas de televisão estão repletos de exemplos de superpotências nos dias de hoje, mostrando-nos que podemos – e desejamos – fazer coisas que estão além do alcance da tecnologia. Ao procurar abrir nossas habilidades, é bom ter clareza sobre a motivação e ter um contexto e prática espiritual, pois a energia necessária pode ser desorientadora.

Muitas capacidades expandidas podem desenvolver-se de maneira suave e gradual à medida que nossa frequência aumenta e a necessidade delas se manifesta. Uma nova habilidade pode conectar-se a uma variedade de outras habilidades e depois aprofundar-se. Existem princípios de percepção-e-energia que afetam fenômenos na Terra que ainda não compreendemos, mas que serão revelados na realidade transformada. Tudo é possível no reino não físico, e parte do que evita que as habilidades do "novo ser humano" se tornem físicas é a falta de imaginação e a crença de que elas não podem ser reais de fato.

15

Pratique o "fingir que está morrendo"

*Todo mundo está cometendo suicídio. O estado natural,
eterno, bem-aventurado, foi sufocado por esta vida ignorante.*
Sri Ramana Maharshi

Este não é um capítulo assustador, eu prometo! É sobre o fato de que, ao entrarmos na Era da Intuição, estamos passando pelo tipo de experiências transformacionais, devidas à aceleração, que antes estavam disponíveis sobretudo durante o processo de morte e no período de adaptação logo após a morte. A morte costumava ser nossa única forma de transformação – mas porque raramente morríamos conscientemente e não sabíamos como isso funcionava. A diferença é que hoje podemos estar plenamente conscientes para vivenciar as etapas envolvidas na mudança de dimensões – na verdade, "morrer" sem sair deste mundo. Podemos fazer essas coisas intencionalmente e nos beneficiar delas. Portanto, o que quero dizer com "fingir que está morrendo" é imaginar a morte de maneira plena sem de fato passar por isso fisicamente.

Se conseguirmos fazer isso, poderemos desmistificar a morte para nós mesmos e, quando chegar a hora de fazermos a "transição" de nosso foco predominantemente físico para um predominantemente não físico, já teremos feito tanto progresso que a mudança será fácil e indolor. Será uma sensação fluida e confortável, ao invés de dolorosa e estranha. Temos a chance de eliminar um de nossos maiores medos, e isso é incrivelmente emocionante!

Se conseguirmos compreender as nuances do processo de morte e o que acontece logo em seguida, podemos praticar uma das mais importantes funções das habilidades de atenção da Era da Intuição: *ver e sentir através do véu de solidez do mundo físico para entrar na liberdade, no amor, na paz e na alegria do mundo espiritual, sem ter de morrer para isto*. Podemos praticar o aprendizado sobre os estágios da grande "transição" e processá-los em nossa imaginação. Podemos entrar na vida não física e viver nela de acordo com suas regras, enquanto vivemos simultaneamente uma vida física de acordo com *suas* regras. Ir e vir com o Fluxo pode se tornar uma segunda natureza para nós. Mais cedo ou mais tarde, nós não experimentaremos a morte como algo que nos separe de nada ou de ninguém – na verdade, ela nos conectará uns aos outros mais do que pensávamos ser possível. E, como foi profetizado, podemos nem morrer – podemos experimentar algo semelhante à transmutação ou ascensão. Como dizem em *Guerra nas Estrelas*, "Teleporte-me, Scotty!".

Vamos afrouxar nossa visão

Muitas pessoas tecnicamente "morreram" por breves períodos e retornaram, outras conseguem se comunicar com pessoas que morreram e estão vivendo na realidade não física, e algumas mapearam o território da consciência através da meditação focada e das viagens fora do corpo. Todas elas têm histórias para contar sobre como é o processo de morrer. Muitos delas relatam – ironicamente – que a vida na terra se parece mais com a morte, enquanto a existência não física parece jubilosa e livre. O que muitas almas temem é o nascimento, dizem elas; é a fase de imersão de nosso processo de crescimento que pode fazer nos sentirmos pesados, entorpecidos e fora de sintonia com as qualidades surpreendentes do reino espiritual.

Certa vez, vi Krishnamurti* falar, pouco antes de ele morrer, sentado num pomar de maçãs em Ojai, Califórnia, enrolado num cobertor. Ele disse: "A única morte é o ego". Entendi facilmente, de uma só vez, que *tudo é vida, exceto pelas fixações e contrações que mantemos onde não experimentamos percepção-e-energia*. Então, aqui vai uma proposta interessante: e se pudéssemos fazer com que nossa experiência física corresponda à experiência que temos nas dimensões superiores de percepção-e-energia? E se não houvesse nada para resistir ao nascermos ou ao morrermos? E se percebêssemos que estivemos sempre vivos? Isso não mudaria radicalmente a nós e ao mundo?

A morte parece misteriosa e assustadora porque existe numa enorme lacuna em nossa percepção do Fluxo. Nós nos apagamos quando tentamos nos lembrar do que acontece durante esta transição dimensional, pois nós tememos a ideia do Vazio. *O nada! Que horror! Que arrepio!* Devido a essa lacuna do medo, não experimentamos a continuidade da percepção-e-energia entre os reinos físico e não físico, nem vivenciamos a verdadeira unidade das dimensões. Esquecemos de conectar a última fase do um ciclo de criação/imaginação para a nova primeira fase do próximo ciclo, e esquecemos de perceber que os ciclos se repetem e não têm ponto final. Muitas vezes nos esquecemos totalmente de experimentar a realidade não física, pois não conseguimos vê-la. Essa visão limitada nos prende a polaridades – aqui e não aqui, forma e não forma, real e irreal.

---

* Jiddu Krishnamurti (1895-1986) foi um filósofo, escritor, orador e educador indiano, famoso por pregar (entre outras coisas) a anulação do ego e a libertação da mente. (N. do T.)

A morte física pode fazer parte de nossa realidade terrena simplesmente porque não entendemos que existimos antes, durante e depois de a forma aparecer e desaparecer, ou porque ainda não atingimos a frequência em que nossa ideia polarizada de vida e morte possa ser eclipsada por um entendimento mais abrangente. Talvez o processo físico tenha se materializado fora de um modelo interno global de pensamento e emoção negativos, e se conseguirmos atualizar nosso projeto interno, o fenômeno da morte poderá adaptar-se de maneira surpreendente. Aqui vão algumas ideias que podem ajudar a mudar nossas noções sobre a morte:

- **Precisamos examinar nossas definições.** Dizemos "vida e morte", implicando que a experiência física é vida, enquanto a morte equivale à ausência de vida – como se não houvesse nada para além da forma. Na verdade, a vida equivale à percepção-e-energia e é a verdadeira substância de todo o campo unificado. A vida está em toda parte, em todas as coisas (tanto físicas quanto não físicas) e não pode terminar. A descrição mais precisa dos mundos, ou estados do ser, pode ser "vida física e não física".
- **Acreditamos que os estados de vida e morte estão separados, mas isso não é verdade.** A vida física é uma frequência específica da percepção-e-energia, tal como são os estados não físicos como emoção, pensamento e espírito. Os estados são contínuos – eles se interpenetram e se criam um ao outro. Não existe o "outro lado". Nós não "sofremos uma passagem".
- **O Vazio está *cheio*, e não vazio.** O "nada" é na verdade uma experiência. Ela consiste em ser ilimitado e livre de ter de viver apenas um elo da corrente de tempo e espaço. O Vazio é realmente uma Grande Amplidão, e nele temos fácil acesso a tudo no reino imaginário, ou campo unificado, de uma só vez.

Sem a rigidez dos conceitos, o mundo se torna
transparente e iluminado, como se estivesse aceso por dentro.
Sharon Salzberg

- **A morte parece chocante porque não "sentimos para dentro" dela.** Quando nos tornarmos habilidosos em experimentar a energia e os estados sutis de consciência, sentiremos o que acontece na suposta lacuna entre o ser físico e o não físico. Veremos que não há um final chocante, só há uma série contínua de frequências e observações. Já que estes estados se interpenetram, mover-se entre eles é só uma mudança de atenção.
- **Somos sempre não físicos *e* físicos.** Quando sonhamos, estamos em nosso eu não físico, e mesmo enquanto trabalhamos em nossa escrivaninha, nosso corpo de energia não físico está em nós e ao nosso redor, abastecendo-nos. Depois de nós "morrermos" e vivermos nos reinos não físicos, nossa alma ainda viverá simultaneamente nos dois estados, projetando múltiplas vidas físicas ao longo do tempo e do espaço.

Tente isto!
Afrouxe seu ponto de vista

1. Imagine que você está olhando pelos olhos de seu eu de 8 anos de idade e sinta isto conscientemente; então, imagine que você está no momento presente, em sua idade atual, olhando o mundo a partir desse ponto no tempo e no espaço. Volte para sua perspectiva infantil e depois retorne à perspectiva adulta.
2. Em seguida, mude para o ponto de vista do mundo dos sonhos e sinta com que facilidade você consegue criar e mudar as cenas da realidade de seus sonhos. Então, mude de volta para o mundo físico mais lento e denso e sinta como as coisas funcionam ali. Volte para sua realidade de sonho não física e depois volte novamente para o mundo físico.
3. Imagine-se antes de nascer nesta vida, em seguida imagine-se no meio desta vida. Agora, imagine-se depois desta vida.
4. Anote suas ideias em seu diário.

Experiências de quase morte mostram que estamos sempre conscientes

O dr. Sam Parnia é um dos maiores especialistas mundiais no estudo científico da morte. Esteve envolvido num projeto internacional conhecido como AWARE (*AWAreness during REsuscitation* ou Estado de Alerta durante a Ressuscitação), que começou em 2008 e explorou a biologia por trás das experiências de quase morte. Ele explica que, quando o coração para e nenhum sangue chega ao cérebro, a atividade cerebral cessa em cerca de dez segundos. No entanto, quando as pessoas "morrem" e são ressuscitadas depois de alguns minutos (e até uma hora depois), 10 a 20 por cento delas relatam ter mantido a consciência durante todo o período, e algumas delas têm experiências de quase morte nas quais vivenciam um reino de vida após a morte. Parnia afirma que simplesmente não podemos continuar a supor que a mente e o cérebro são a mesma coisa.

É claro que nem todo mundo que morre clinicamente e volta à vida tem uma experiência de quase morte. Mas aqueles que o fazem são notavelmente consistentes sobre o que veem e sentem, e estes resultados são verdadeiros em todas as culturas. O ator Peter Sellers teve uma experiência de quase morte após um ataque cardíaco e descreveu o que aconteceu: "Senti-me saindo de meu corpo. Eu simplesmente flutuei da minha forma física, e vi-os levarem o meu corpo para o hospital. Fui com ele. [...] Eu não estava com medo nem nada parecido porque eu me sentia bem; era meu corpo que estava com problemas".[1]

A maioria das pessoas descreve coisas semelhantes: mover-se através de um túnel brilhante em alta velocidade sem desconforto; conhecer um poderoso ser espiritual que aparece como uma luz brilhante que irradia amor e lhes dá uma profunda sensação de paz, às vezes liberando emoções intensas; e conhecer pessoas que elas sabem que morreram e reconhecê-las pela sua "essência".

Muitos relatam que o tempo e o espaço ocorrem todos ao mesmo tempo, e que muitas vezes experimentam uma "revisão da vida" onde sentiram simultaneamente todas as experiências que tiveram e reconheceram como suas escolhas afetaram os outros – e suas próprias vidas. Eles relatam terem sido capazes de ver, ouvir, cheirar, sentir e saborear mais vividamente, e com frequência descrevem cores ou músicas diferentes de tudo o que já haviam experimentado na terra. De uma maneira ou de outra, eles percebem que não terminaram o que queriam fazer em suas vidas físicas e mudaram de volta ao seu corpo – embora a maioria sinta grande alegria e felicidade no estado não físico.

Ernest Hemingway, em *Adeus às Armas*, nos dá uma sensação visceral da experiência: "Houve um clarão, quando a porta de um alto-forno foi aberta de par em par, e um rugido que começou branco e ficou vermelho e continuou alternando assim num vento forte. Tentei respirar, mas minha respiração não vinha e senti eu mesmo correndo corporalmente para fora de mim mesmo, para fora, para fora e para fora, e o tempo todo corporalmente ao vento. Saí rapidamente por meu próprio esforço, e sabia que estava morto e que fora tudo um erro pensar que eu acabara de morrer. Então flutuei e, em vez de continuar, senti-me recuar. Respirei e voltei".[2]

Tive uma série de experiências de quase morte – em meus sonhos. Em uma delas, enquanto eu estava morrendo, fiquei curiosa para saber se doía morrer. Então, diminuí a velocidade do processo, e em vez de deixar meu corpo e flutuar, desci através de meus tecidos e células, procurando um ponto final de conexão com a vida em meu corpo. Então, de repente, eu estava "fora"! Sem dor, nem obstáculos, nenhum desconforto de contração ou pressão, nenhuma consciência da experiência real de transição. Foi literalmente uma "piscadela". Eu estava me expandindo através do espaço, livre como um pássaro, e senti-me ótima! Estranhamente, não me preocupei com meu corpo e minha personalidade. Esse novo estado, que parecia tão familiar, foi muito mais "real" do que a realidade comum, e representou um grande alívio.

Quando penso na experiência, sinto que grande parte da euforia foi porque eu estava livre da tirania do hemisfério esquerdo do cérebro. Na verdade, *a morte pode ser nada mais do que uma mudança forçada do hemisfério esquerdo do cérebro para o direito e além.* Se você praticar a mudança para o hemisfério direito do cérebro e para sua realidade livre, informe e mágica, enquanto você caminha por aí em seu corpo, talvez morrer não pareça tão definitivo e assustador; é uma maneira de você poder praticar o "fingir que está morrendo". Depois de se identificar como percepção-e-energia, não haverá fim para você.

Tente isto!
Tenha uma experiência de quase morte em seu reino imaginário

1. Feche os olhos e concentre-se. Entre em seu reino imaginário. Deixe-se ficar alerta, com plena consciência sensorial, energética e emocional, e saiba que você está perfeitamente seguro fisicamente. Comece uma jornada de imaginação na qual você se vê saindo de seu corpo descendo para as partículas e saindo, ou para fora através de sua pele.

2. Agora imagine que uma força poderosa atrai você para um túnel de luz através do qual você viaja em grande velocidade, parando numa área iluminada onde encontra um ser extraordinário feito de luz. Esse ser o envolve num amor tão forte que pode fazer você chorar, desmaiar ou experimentar êxtase. Fique em paz aqui e receba tudo de que precisar. Talvez você ouça música celestial.

3. À medida que você se acostuma com a luz e o amor, surgem pessoas que você conheceu na vida, mas que morreram. Elas podem ou não estar num corpo físico reconhecível, mas você as conhece e elas se comunicam com você. Tome nota do que eles dizem.

4. A seguir, observe que o tempo, o espaço e o conhecimento estão disponíveis simultaneamente. Sua atenção se concentra em sua vida atual, e você recebe uma impressão de toda a sua vida. Certos momentos podem se destacar, como momentos em que você não era tão gentil, amoroso, corajoso ou equilibrado quanto você realmente queria ser. Apenas observe estes momentos e, em seu coração, decida mudar seu comportamento. Abençoe todas as pessoas que você tenha prejudicado, em qualquer nível. Perdoe qualquer pessoa que o prejudicou, mesmo que ela tenha feito isso inconscientemente.

5. Imagine que agora você sente as tarefas, lições de vida e propósitos restantes que ainda tem em sua vida atual. Sinta o acerto de voltar ao passado e a tranquilidade de sua escolha. Deixe-se ser atraído suavemente de volta para seu corpo físico, talvez com a consciência intensificada, e retorne lentamente à cena de seu momento presente.
6. Faça anotações em seu diário sobre o que você aprendeu e vivenciou.

Pratique "fingir que está morrendo" ao se tornar mais transparente

O processo de transformação conduz você através de estágios destinados a ajudá-lo a eliminar os obstáculos – medos, ignorância e ideias inautênticas com os quais você convive e que não condizem com quem você é. Ao dissolver esses pensamentos e emoções de baixa vibração, sua alma pode traduzir seu destino em sua vida com precisão, e o Fluxo pode ajudá-lo a evoluir. A transparência, que mencionei no Capítulo 10, é um estado de clareza, desapego e fluidez que lhe permite voltar sem esforço para a frente e para trás entre forma e essência – na verdade, integrando os mundos não físico e físico.

O que faz você sentir opacidade, solidez, separação e solidão são os obstáculos que você mantém inconscientemente; eles funcionam como um "véu" entre os mundos, afastando você de suas raízes não físicas. Como insinua a citação de Sri Ramana Maharshi na abertura deste capítulo, preservar os obstáculos é uma espécie de suicídio. Eles são em grande parte culpados pelo conceito errôneo de que "a morte é igual a nada". Quando você elimina os obstáculos, a transparência permanece e revela o mundo "destemido", de percepção-e-energia, com todos os seus benefícios.

Lembre-se de que você pode praticar as seguintes coisas para se tornar transparente: pare de se contrair, reprimir-se e precisar controlar o Fluxo. Libere o medo, os apegos, o ego e as crenças e emoções fixas. Desenvolva uma confiança nascida do parentesco de um grupo de almas e da ressonância da frequência original. Abrace o que vier, envolva-se de boa vontade, seja autêntico, faça sua parte criativa com alegria e contribua com generosidade. Esteja com qualquer fase do ciclo de criação/imaginário em que você se encontre, sabendo que isso leva a outra fase igualmente interessante.

Quanto mais transparente você se tornar, mais verá os mundos físico e não físico como uma realidade gigantesca sem linha divisória. Você conhece todo o espectro de seu eu – quem você é em cada frequência – e o que você é capaz de fazer. Talvez, quando nos tornarmos totalmente transparentes, nascimento e morte se transformarão em descenso e ascenso, materialização e desmaterialização. Em nossa realidade transformada, imagino que estaremos conscientes da jornada de involução-evolução a cada passo ao longo do caminho e nunca ficaremos aprisionados em uma fase de imersão.

> Parece-me impossível que eu deixe de existir,
> ou que este espírito ativo e inquieto, igualmente sensível para a alegria
> e a tristeza, devesse ser apenas poeira organizada.
> **Mary Wollstonecraft**

Quando você é transparente, não se apega firmemente a identidades e visões de mundo definidas. Pode facilmente mudar seu ponto de vista, e sua realidade segue a trilha. Pode ser que morrer fisicamente seja apenas uma mudança de ponto de vista: *Agora estou aqui como eu físico; agora estou aqui como eu não físico*. Quando você sonha, pratica inconscientemente essa mudança de atenção fácil e rápida entre as dimensões. Você até poderia pensar que sonhar é outra maneira de praticar o "fingir que está morrendo".

Frequências de consciência "depois da morte"

O Instituto Monroe, fundado por Robert Monroe, é uma organização mundial que ajuda as pessoas a aprenderem a viajar para além da frequência de seus corpos para estados de consciência mais elevados. Durante muitos anos, os participantes mapearam uma variedade de níveis ou frequências de consciência – e muitos dos que ocorrem após a morte. O trabalho deles fornece uma forte indicação de que há uma progressão contínua de crescimento no mundo não físico. A morte não é o fim de tudo.

O primeiro nível pós-morte relatado pelos viajantes do Instituto Monroe é uma frequência que ocupamos quando morremos em estado de demência, delírio, coma ou sob efeito de anestesia. É também neste nível que as pessoas que não acreditam na vida após a morte podem "dormir" por tempo indefinido. Mais cedo ou mais tarde, eles se tornam conscientes de sua nova realidade, muitas vezes com a ajuda de guias espirituais e conselheiros que lidam com eles de maneira telepática e energética.

A próxima experiência está associada a pessoas que temiam a morte, que não sabem que morreram ou que não conseguem superar uma ideia ou emoção limitantes. Isso é típico de suicidas, dependentes químicos ou pessoas que morrem com resistência, amargura ou tristeza. Novamente, elas podem permanecer relativamente aprisionadas nessa situação até que sejam ajudadas e educadas por guias espirituais e conselheiros.

Os próximos níveis de consciência pós-morte aumentam em frequência, mas ainda há alguma obstinação. Aqui, as pessoas mantêm crenças e expectativas fixas sobre como será a vida após a morte. Se alguém acreditar que ouvirá trombetas quando chegar ao céu, ele o fará. Se ele acreditar numa figura religiosa, a encontrará. Se a família da pessoa for importante, ela permanecerá envolvida com seus padrões familiares. Em algum momento, novamente com a ajuda de guias, essas pessoas descobrirão outras possibilidades e passarão para uma frequência de consciência mais elevada e mais fluida.

É importante lembrar que o movimento ao longo desses estados superiores de consciência não é linear – é uma continuação do processo de evolução, da expansão de nossa realidade esférica. Uma vez livres de tipos limitantes de consciência, as pessoas experimentam algo comumente chamado "O Parque" – uma espécie de centro de recepção que aparece como um enorme parque, verde e tranquilo, com lindas árvores e gramados. Ali, as pessoas se reconectam com seus entes queridos, lidam com guias para entender o que elas estavam aprendendo em sua vida, vão a um centro de rejuvenescimento para recuperar energia, olham para possíveis vidas futuras, aprenden na biblioteca dos vastos Registros Akáshicos ou relaxam e brincam até estarem prontas para expandir para frequências mais altas da consciência. Algumas pessoas também treinam como "trabalhadores de resgate", guias e conselheiros, para que possam voltar às frequências mais baixas a fim de libertarem almas presas em várias realidades limitadas e trazê-las a uma frequência em que possam evoluir ainda mais.

Além disso, há uma experiência de frequência mais elevada em que nos conectamos com professores, salvadores e profetas iluminados, e é aqui que as almas descansam enquanto integram as experiências de todas as suas vidas. Existem níveis mais elevados ainda; uma área interessante é chamada de área da "Reunião". Aqui, encontramos situações de frequência extremamente alta, impessoais, inteligências intergalácticas que se reuniram ao redor da Terra para testemunhar um evento importante que ocorrerá aqui. Elas querem nos ajudar.

Há muitas lições a serem aprendidas sobre a verdadeira natureza das dimensões elevadas e a verdadeira natureza da alma. Eu dei a você uma visão geral rápida de algumas das possíveis experiências pós-morte para que tenha uma ideia de como continuamos evoluindo na vida não física.

O que ocorre com frequência após a morte pode ser aprendido agora

Como você pode ver, muitas das experiências pós-morte relatadas pelo Instituto Monroe têm relação com o enfrentamento da inconsciência ou das emoções e crenças fixas. Na vida física, as emoções e crenças habituais se tornam enraizadas em seu corpo de energia pelo reforço repetido. Quando deixar seu corpo físico, você viverá e viajará em seu corpo de energia, e estes padrões arraigados ainda estarão lá. Você pode deixar para trás a doença e a dor física, mas não a dor emocional profundamente arraigada e os pensamento negativos.

Além disso, se você tiver medo de morrer, se opuser resistência ou estiver inconsciente quando fizer a transição para a vida não física, poderá não saber o que lhe aconteceu – do mesmo modo que a negação na vida física faz que você perca informações importantes. Se, durante a transição, você estiver fortemente apegado a pessoas ou lugares, ainda pode continuar anexado a eles posteriormente. Aliás, é isto o que cria o fenômeno dos fantasmas e almas aprisionadas à terra. Grande parte desse tipo de obstáculos de transferência pode ser reduzida limpando-se a si mesmo enquanto você ainda está no mundo físico. Se fizer isso, poderá pular os primeiros níveis no mundo pós-morte, indo direto para um nível mais elevado de percepção-e-energia.

Se você tiver a mente aberta e transparente, poderá haver muitos *insights* que promovem o amor imediatamente após a morte. Aprendi isto em primeira mão quando meu pai morreu no ano 2000. Ele estava sozinho, a quase cinco mil quilômetros de distância, e não foi encontrado por quatro dias. Eu estava preocupada com o que ele sentiu quando morreu e, depois que finalmente me acalmei, decidi entrar num estado profundo e meditativo para sintonizar empaticamente com sua experiência de morte e passar por isso com ele. Ele estava sentado em sua cadeira, e eu consegui sentir que ele perdia os sentidos pouco antes de seu coração parar. Consegui perceber o efeito dos anos de frustração, raiva e ressentimento que o atormentaram, assim como alguns pensamentos de fracasso que o impediram de reconhecer tudo o que ele havia realizado física e emocionalmente.

Ele tinha um pouco de medo de morrer, mas a morte não foi dolorosa. E quando ele se encontrou fora do corpo, vendo seu corpo em sua cadeira, comentou: "Não foi tão ruim". Ele só estava preocupado com seu cachorrinho, deixado sozinho na casa sem ele, mas sabia que as pessoas iriam encontrá-lo e cuidar dele.

Como praticar o "fingir que está morrendo"

Torne-se Transparente	Afaste o medo, a sobreposição das ideias de outras pessoas, os comportamentos que bloqueiam a alma, os pensamentos negativos
Libere os Vínculos	Deixe de lado seus padrões de retenção: quando você se apega a ideias, sentimentos, posses e hábitos fixos; quando você evita a autoexpressão plena, esforça-se para dominar outras pessoas, recua ou cai fora de maneira mesquinha e condicional
Pratique a Morte do Ego	Libere a necessidade de identidade limitada e definida; a necessidade de ser melhor do que outros para que possa se sentir bem consigo mesmo; a necessidade de estar certo, de controlar a realidade
Desenvolva Confiança	Coopere com seu Observador Interior e o Fluxo; verifique que as coisas estão funcionando perfeitamente para sua evolução
Mantenha a Frequência Original	Escolha repetidamente retornar ao seu estado preferido – para se sentir como você gosta de se sentir – quando desviado do centro pela ignorância e pelo sofrimento do mundo; pratique o discurso positivo interior e exterior
Pratique a Percepção do Lado Direito do Cérebro, Coração, Células e seu Campo Pessoal	Mude do lado esquerdo do cérebro assim que perceber fixações, excesso de linguagem ou a necessidade de definição e prova; expanda sua esfera para uma perspectiva mais alta; trabalhe com intuição e conhecimento direto

(continua)

Figura 15-1

ser possível – desde superpoderes humanos fantasiosos para a cura instantânea para as viagens e a comunicação interdimensionais.

Portanto, deveria não causar surpresa o fato de que a Era da Intuição pudesse também transformar sua própria noção da vida e da morte? A percepção-e-energia se detém em sua jornada oscilante entre partícula e onda? Não! Trata-se de um *continuum*. Você e eu somos simplesmente partículas e ondas maiores no *continuum*. Nós deslizamos para a vida física e relaxamos de volta para a vida não física; "nascemos" num mundo enquanto "morremos" no outro – e somos os dois movimentos e os dois mundos.

Agora, com a percepção-e-energia preenchendo as lacunas artificiais nas quais antes não prestávamos atenção, estamos começando a vivenciar essa simultaneidade e presença ininterrupta da vida. Se você prestar atenção, poderá experimentar a verdade – o fato de que não há morte, exceto os redemoinhos que capturam e prendem a percepção-e-energia, causados pelo medo e pelo hemisfério esquerdo do cérebro. À medida que você aprender a manter sua atenção fluindo livremente, recuperará acesso às partes estagnadas da vida. Então, vislumbrará que *a vida é tudo o que você é, que percepção-e-energia é tudo o que você é*. Você será totalmente livre para ir e vir, entrar e sair da realidade física, sempre que quiser. Poderá focar sua imaginação e atenção para precipitar várias frequências da realidade, e poderá se mover em conjunto com todos os outros seres. Você chegaram – em todos os lugares e em lugar nenhum!

Na Era da Intuição, deslizar para a vida física pode não exigir nascimento, e voltar à vida não física pode não exigir a morte. Como tantos dos grandes mestres que a terra conheceu, você também poderá ser capaz de subir e descer, aparecer e desaparecer, num piscar de olhos – em harmonia com o desejo do Fluxo.

> Que razão têm eles para dizer que não podemos ressuscitar dos mortos?
> O que é mais difícil, nascer ou ressuscitar – o fato de que aquilo que
> nunca existiu deveria existir, ou o que existiu deveria existir novamente?
> É mais difícil atingir a existência do que retornar a ela?
> **Blaise Pascal**

Só para recapitular...

Dizemos que a morte é a "fronteira final"; porém, na Era da Intuição, nossas ideias e a experiência de morrer se transformarão, assim como tudo o mais. Podemos ajudar a desmistificar essa experiência agora, vendo que os mundos não físico e físico são imbricados, que o processo de involução e evolução é contínuo e que existimos dentro de cada parte e aspecto da vida. Lá a morte não existe de fato – a menos que encaremos nossa estagnação no ego ou a fase de imersão de nossa jornada de consciência como uma espécie de morte.

Muitas pessoas tiveram experiências de quase morte ou exploraram estados pós-morte em meditação profunda. Elas relatam que há uma progressão de experiência nos reinos não físicos, e muitos dos estágios iniciais têm a ver com a remoção de fixações, bloqueios e obstáculos. Os próximos estágios se destinam a classificar e compreender o que foi aprendido durante a vida através de um filtro de compaixão. Depois disso, nós nos lembramos de como funciona viver nas dimensões não físicas e continuamos a aprender e a criar no reino imaginário.

Aprender a fazer essas coisas conscientemente enquanto ainda se está no mundo físico pode tornar a experiência real de "transição" fácil e alegre. Eu chamo esta prática de "fingir que está morrendo" – fazer *agora*, na sua imaginação, o trabalho que você normalmente faria durante e logo após a morte. Também é útil desenvolver habilidades com o conhecimento direto, a telepatia, a compaixão e a imaginação, agora em preparação para a vida não física. À medida que a Era da Intuição vai avançando, talvez não precisemos morrer e nascer para vivenciar os aspectos não físico e físico de nós mesmos, podendo descer e subir entre eles.

Considerações finais

*Devemos caminhar conscientemente só em parte em direção a nosso objetivo,
e então saltar no escuro para nosso sucesso.*
Henry David Thoreau

Como eu disse no começo deste livro, estou passando junto com você por esta aceleração de percepção-e-energia, com sua aceleração simultânea de tempo. À medida que me sintonizo com o momento presente, que sinto a vida e que me associo ao Fluxo, recebo vislumbres do que podemos nos tornar à medida que migrarmos para nosso estado transformado de "novos seres humanos" – e de como a realidade pode ser na Era da Intuição. Estou passando adiante o que sei até agora, embora tenha certeza de que a visão continuará a se expandir. Você pode ver por si mesmo também, neste exato momento – e para isso precisa ter todos os conceitos orientadores e habilidades de navegação necessários para fazer exatamente isso. Estou convencida de que, embora existam fases problemáticas, coisas difíceis de enfrentar e hábitos profundamente arraigados a serem rompidos, ascenderemos à vida de alta frequência como um feliz balão de hélio.

Ainda assim, ajuda possuir um mapa aproximado para ter uma noção de aonde a estrada vai dar. E onde o mapa tiver espaços em branco, você pode apelar para sua intuição e seu Observador Interior confiável. Saiba que existe sanidade nesta evolução que está se desenrolando, mesmo que o hemisfério esquerdo do cérebro não a entenda. Há um processo de transformação em andamento que está ajudando, e não destruindo você. Está ajudando você a compreender, de maneira gradual e compassiva, o que está por vir e o que precisa fazer para atravessar os estreitos e sair com segurança do outro lado. *Apenas ouça*. Deixe-se impressionar com os novos padrões. Confie em que seu corpo sabe como se adaptar a níveis mais elevados de energia e começar a funcionar de uma nova maneira. Escolha e aja de acordo com o que você ama. Seja generoso e nunca sacrifique a si mesmo. Na verdade, você sabe o que fazer quando deixa de ouvir o hemisfério esquerdo do cérebro dominante.

É reconfortante lembrar que o futuro não está mais "lá fora". Está dentro de sua esfera de percepção-e-energia, numa frequência um pouco mais alta do que a do momento que você está criando agora. Você pode elevar sua vibração e estar presente, e de repente todas as ideias futurísticas que descrevi parecerão normais! A minha é definitivamente uma mensagem de esperança: tenho uma visão positiva e emocionante e sempre a tive. E, afinal de contas, não é mais produtivo alimentar uma visão positiva com sua atenção do que adicionar energia à realidade do medo, da dor, do sofrimento e do Armagedom?

Levante os braços!

Você nunca sabe o que vai capturar toda a sua atenção. Para mim, recentemente, isto ocorreu quando vi uma menina encantada com um cachorro amigável do lado de fora de nossa cafeteria local. Ela gritou e levantou os braços acima da cabeça num gesto de alegria absoluta. Lembrei-me de quantas vezes vi crianças fazendo a mesma coisa na praia, de frente para o mar, enquanto as ondas faziam cócegas em seus pés. Talvez seja o simples estímulo de algo tão grande, tão avassalador, o que faz que a criança inocente queira se conectar com aquilo – abraçá-lo com todo o seu corpinho. Quando foi que perdemos a vontade de fazer esse gesto?

Não consigo me lembrar da última vez que vi um adulto levantar os braços de alegria – exceto quando um ocasional jogador de futebol americano faz um *touchdown*.* Será que ficamos tão opressos pela gravidade ou sobrecarregados por carregar malas pesadas que não conseguimos mais mover os braços para cima? Só podemos levantar as sobrancelhas? Os braços das crianças se levantam por vontade própria, sem necessidade de esforço. Tente isto! Quando você levantar os braços e abrir os dedos dessa forma inconsciente, algo acontecerá ao seu coração: ele se alargará e se abrirá, e os pulmões inspirarão o ar num hausto grande e entusiástico. É uma sensação muito boa.

> Eu gostaria de sair de meu coração
> e pôr-me a caminhar sob o céu enorme.
> **Rainer Maria Rilke**

Por que penso nisso agora, no final deste livro? Talvez porque o título do livro contém a palavra "salto", e quero que nos lembremos de que, embora a transformação tenha passagens difíceis, de maneira geral estamos num processo de alegre retorno. *Salto!* A palavra definitivamente precisa de um ponto de exclamação depois dela. E *você* precisa de um ponto de exclamação depois de sua alma! O mundo não físico, o reino de sua alma e de seu espírito, está chegando, aparecendo, revelando-se abertamente – dentro, por toda parte e ao redor de sua realidade física. Você está recuperando a memória de coisas surpreendentemente boas, e há muito mais para lembrar que irá iluminar você!

A pureza com a qual a consciência e a energia funcionam está bem debaixo de seu nariz; está no ar como o cheiro de pão recém-assado,

---

* *Touchdown* (TD) é uma pontuação do futebol americano que vale 6 pontos e é alcançada com a bola cruzando a linha de gol (entrando na *end zone*, ou zona final), estando em posse de um jogador do time do ataque. (N. do T.)

atraindo você para a frente. Você não perderá a pureza de maneira alguma. A Era da Intuição está transformando você profundamente e, ao mesmo tempo, está transformando a ciência, a Psicologia, a Medicina, os negócios, o governo e até mesmo a história. As áreas de estudo não podem ser separadas por muito mais tempo, pois todas estão se amalgamando, afetando-se mutuamente. Os segredos estão sendo revelados, o oculto está vindo à tona e o surgimento da sabedoria e da verdade está acontecendo em todos os lugares, através de cada partícula de luz no planeta.

Você pode ter esperado que a ciência lhe provasse coisas novas. Porém, na Era da Intuição, a fonte da verdade está dentro de você e de todas as outras pessoas – *todos* nós temos acesso direto aos princípios universais e à sabedoria, e sabemos à nossa maneira. Agora você pode descobrir coisas ao mesmo tempo que a ciência as descobre. E contribuir com sua perspectiva para o mundo é vital para todos nós.

Check-in de "escritores no céu"

Quando pergunto aos "escritores no céu", aos seres não físicos que imagino estarem escrevendo comigo: "O que vocês gostariam de dizer agora, no final?", o que eles respondem é o seguinte:

> *Este não é um fim, mas o início de uma experiência do eu que é infinita. E a infinitude está longe de ser assustadora; depois de deixar o hemisfério esquerdo do cérebro, você passa a adorar o espaço, a liberdade e o ilimitado, e o medo se dissolve totalmente. Passamos muito tempo explicando os estágios de transformação da percepção antiga para a nova consciência da Era da Intuição e, embora possa parecer que levaremos anos, isto pode ocorrer de fato num instante.*
>
> *Há todos os motivos para abandonar a negatividade e abraçar a visão positiva. Quando você consegue ver através da ilusão de seu mundo sólido, experimenta a quantidade surpreendente*

de ajuda de que dispõe para transformar sua realidade. Existem bilhões de seres não físicos e aspectos não físicos de cada ser físico, e permanecemos em tempo integral na verdade, que é o modo como o reino espiritual funciona. O impacto coletivo de nossa sabedoria profunda consegue dissipar qualquer mentira, qualquer mal-entendido, qualquer superstição que possa atormentar você. Somos sua verdadeira família, sempre dispostos a ajudar.

Os passos para alcançar a transparência e viver na luz diamantina não são nada difíceis, especialmente se você não os acha difíceis. Sua transformação não está no futuro, pois não existe mais futuro. Você já se transformou. Tudo o que lhe resta é praticar a experiência de seu eu transformado no reino imaginário, até que ele se torne uma segunda natureza e domine a realidade física. Então, como gostamos de dizer: "É assim e pronto".

> Ah, eles só zombam de nós com uma mentira vazia,
> eles que fazem desta terra formosa um vale de lágrimas;
> pois se a alma tem imortalidade,
> este é o alvorecer de anos imortais.

> E se vivermos como Deus nos deu poder,
> o céu teve início: nenhuma fatalidade cega
> pode afastar a alma viva de seu alto dote
> de moldar fatalmente um destino glorioso!
> **Alice Cary**

Agradecimentos

Embora um autor goste de pensar: "Fui eu que escrevi este livro", o livro acaba sendo na verdade uma criação coletiva – e o produto final fica ainda melhor por causa disso. Quero agradecer a Martha Beck por sua atitude generosa, bem-humorada, irreverentemente reverente e por criar um tempo em sua agenda lotada para escrever um ótimo prefácio para mim. A altamente profissional – e prestativa – equipe da Beyonud Words e da Simon & Schuster acudiu novamente neste meu terceiro livro com eles. Obrigada especialmente a Cynthia Black, Ruth Hook, Anna Noak, Lindsay Brown, Sheila Ashdown, Jennifer Weaver-Neist e Devon Smith. Há muito mais pessoas nos bastidores trabalhando com entusiasmo na promoção e nas vendas. Susie Surtees, na Austrália, com seu bom ouvido e sua mente brilhante, foi uma santa por ler pacientemente cada pedacinho do primeiro rascunho. Sou grata a Rod McDaniel pela contribuição de sua prodigiosa biblioteca de citações, e a Brad Bunnin por sua gentileza e diplomacia. Devo também agradecer a minha mãe, Skip, por seu apoio infalivelmente positivo. Minha irmã Paula, meu cunhado Allan e as sobrinhas Valerie e Julia também estiveram a meu lado desde o início. E obrigada a Anne, John Lewis e Karen Harvey pela ajuda local quando ela foi necessária, e a Pam Sabatiuk e Steve Steinberg por seu apoio moral.

Notas

Capítulo 1

1. Barbara Hand Clow. *Awakening the Planetary Mind: Beyond the Trauma of the Past to a New Era of Creativity*. Rochester, VT: Bear & Company, 2011, p. 38.

Capítulo 3

1. C. G. Jung. *The Structure and Dynamics of the Psyche*, trad. Gerard Adler e R. F. C. Hull, 2ª ed., vol. 8. The Collected Works of C. G. Jung. Princeton: Princeton University Press, 1969, p. 158.

2. James H. Austin. *Zen and the Brain: Toward an Understanding of Meditation and Consciousness*, 2ª ed. Cambridge, MA: MIT Press, 1999, p. 40.

3. Rick Hanson. *Buddha's Brain: The Practical Neuroscience of Happiness, Love, and Wisdom*. Oakland, CA: New Harbinger Publications, 2009, p. 5.

Capítulo 5

1. Jill Bolte Taylor. *My Stroke of Insight: A Brain Scientist's Personal Journey*. Nova York: Pluma, 2009, p. 140.

2. *Ibid.*, p. 141.

Capítulo 7

1. Satprem. *The Mind of the Cells or Willed Mutation of Our Species*, trad. Francine Mahak e Luc Venet. Paris: Institut de Recherches Évolutives [Instituto de Pesquisas Evolucionárias], 1982, p. 13.

Capítulo 8

1. Neville Goddard. "No One to Change but Self", série de lições (palestras) de 1948, incluindo as perguntas e respostas, nº 4: http://freeneville.com/ free-neville-goddard-lectures-1948-4-no-one-to-change-but-self/ (acessado em 4 de novembro de 2012).

2. Michael Talbot. *The Holographic Universe: The Revolutionary Theory of Reality*. Nova York: Harper Perene, 1992, p. 50.

Capítulo 9

1. Jon Kabat-Zinn. *Wherever You Go, There You Are*. Nova York: Hyperion, 1994, pp. 4-5.

2. Cathy N. Davidson. *Now You See It: How Technology and Brain Science Will Transform Schools and Business for the 21st Century*. Nova York: Penguin, 2012, p. 6.

3. *Ibid.*, p. 56.

4. Charles A. Lindbergh. *The Spirit of St. Louis*. Nova York: Simon & Schuster, 2003, p. 387.

5. *Ibid.*, p. 386.

6. Ralph Waldo Emerson. *Ralph Waldo Emerson: Selected Essays*. Nova York: Penguin, 1982, p. 39.

7. Gaston Bachelard. *The Poetics of Space*. Boston: Beacon Press, 1994, p. 195.

8. James H. Austin. *Zen and the Brain: Toward an Understanding of Meditation and Consciousness*. Cambridge, MA: The MIT Press, 1999, p. 549.

Capítulo 10

1. David Bohm. *Wholeness and the Implicate Order*. Nova York: Psychology Press, 2002, p. 188. [*A Totalidade e a Ordem Implicada*. São Paulo: Cultrix, 1992 (fora de catálogo).

2. Cathy N. Davidson. *Now You See It: How Technology and Brain Science Will Transform Schools and Business for the 21st Century*. Nova York: Penguin, 2012, pp. 55-6.

Capítulo 11

1. Norman Friedman. *Bridging Science and Spirit: Common Elements in David Bohm's Physics, the Perennial Philosophy and Seth*. St. Louis, MO: Living Lake Books, 1990, p. 235.

Capítulo 12

1. Cathy N. Davidson. *Now You See It: How Technology and Brain Science Will Transform Schools and Business for the 21st Century*. Nova York: Penguin, 2012, p. 229.

2. *Ibid.*, p. 230.

3. Lynne McTaggart. *The Field: The Quest for the Secret Force of the Universe*, ed. rev. Nova York: Harper Perennial, 2008, p. 11.

Capítulo 13

1. Joan Borysenko, Ph.D. *Fire in the Soul: A New Psychology of Spiritual Optimism*. Nova York: Grand Central Publishing, 1994, p. 128.

Capítulo 15

1. Esse relato da experiência de quase morte de Peter Sellers foi publicado no livro *Out on a Limb* de Shirley MacLaine. Nova York: Bantam, 1986, p. 172.

2. Ernest Hemingway. *A Farewell to Arms*. The Hemingway Library ed. Nova York: Scribner, 2012, p. 47.

Glossário

Absoluto, o: Ver *Estado de Alerta*.

agressão passiva: Tipo de comportamento caracterizado pela resistência indireta aos desejos dos outros e pela ocultação do confronto direto; agir de maneira sutilmente hostil, mantendo o disfarce de cooperação ou apoio amigável como forma de exercer controle sobre a própria vida.

alma: A experiência do Divino expressa como individualidade; a essência ou força espiritual da vida, própria de um determinadoser vivo, que tem consciência de si mesma e de todos os atos. A consciência interior de uma pessoa, que existe antes do nascimento e continua a viver após a morte do corpo físico. (Ver também *frequência original*.)

alma gêmea: Pessoa de um grupo de almas que se torna companheira ou amiga para toda a vida, agindo de modo a ajudar a materializar seu destino.

aporte: Uma capacidade humana expandida de mover e materializar objetos com a mente.

ascenso: Capacidade de elevar a frequência do corpo, das emoções e da mente além da vibração do mundo físico, de modo que o corpo desapareça numa dimensão superior sem morte física. (Ver também *descenso.*)

atenção: O ato de perceber tipos específicos de consciência e de coisas; a lente ajustável da percepção que revela quantidades variadas de realidade.

aura: Ver *campo pessoal.*

bilocação: A capacidade de focar a consciência em dois lugares ao mesmo tempo, às vezes com o aparecimento simultâneo do corpo de energia ou do corpo físico em dois lugares.

campo mórfico: Termo criado pelo biólogo Rupert Sheldrake para descrever um campo de percepção-e-energia em torno de uma unidade mórfica (forma física) que organiza o caráter, a estrutura e o padrão de atividade. (Ver também *ressonância mórfica.*)

campo pessoal: A energia sutil que cerca e permeia o corpo físico, a qual abarca o padrão de percepção-e-energia etérica, emocional, mental e espiritual de um indivíduo; às vezes visto de maneira clarividente como colorido e capaz de ser fotografado por câmeras especiais; também conhecido como aura.

campo unificado: Um mar universal de percepção-e-energia que subjaz e preexiste à matéria física; um estado, força ou "base do existência" que é a constante absoluta do Universo e liga tudo em uma experiência singular e unificada. Os campos gravitacionais e eletromagnéticos, as forças atômicas fortes e fracas e todas as demais forças da natureza, inclusive o tempo e o espaço –, são condições desse estado.

campo: Uma região em que prevalece uma condição particular, especialmente aquela em que uma força ou influência é eficaz. (Ver também *campo morfológico*, *campo pessoal* e *campo unificado.*)

centralidade múltipla: A capacidade, com percepção esférica-holográfica, de ocupar muitos pontos centrais simultaneamente e conhecer o todo a partir de qualquer ponto do campo unificado. (Ver também *centralidade* e *ponto central.*)

centralidade: A experiência de residir no ponto central de qualquer campo de consciência, seja um corpo físico, órgão ou célula, ou um foco não físico, como a experiência da família, do destino ou de uma vida passada. (Ver também *centralidade múltipla.*)

cérebro reptiliano: A primeira e mais antiga parte do cérebro humano trino, localizada no topo da coluna vertebral, no tronco cerebral; ligada ao instinto, à emoção, à motivação e ao comportamento de sobrevivência de lutar ou fugir.

cérebro-mente: O tipo de consciência, ou mente, focada através do cérebro físico para produzir a experiência do eu pessoal ou personalidade. (Ver também *mente universal.*)

chakra: Concentração de energia sutil que gira como um vórtice, situada principalmente ao longo da coluna vertebral; um dos sete principais centros de força espiritual do corpo etérico.

clariaudiência: O sentido interno da audição; a capacidade de ouvir vozes, música e sons sem a ajuda dos ouvidos físicos.

clarissenciência: O sentido interno do tato; a capacidade de sentir ou perceber campos de não físicos de energia, entidades desencarnadas ou padrões de conhecimento sem usar o corpo físico. (Ver também *psicocinese.*)

clarividência: O sentido interno da visão; capacidade de ter visões e ver fatos, do passados ou do futuro, ou informações que não podem discernir naturalmente por meios dos físicos.

compaixão: Uma compreensão abrangente que reconhece o amor como a essência de cada ser e situação. Virtude que dá origem ao desejo de aliviar o sofrimento do outro.

comunhão consciente: Ato de fundir-se com algo ou alguém, compartilhando de uma experiência comum e vivenciando comunhão ou relacionamento íntimo. (Ver também *empatia*.)

conhecimento direto: A capacidade de compreender algo no momento presente sem lógica e sem provas; compreensão instantânea por comunhão consciente ou "sentimento". (Ver também *intuição*.)

consciência: O sentido fundamental de presença; uma sensação de ser, de existir; a experiência do "eu sou". (Ver também *presença*.)

consciência celular: A frequência vibratória da coletividade de todas as células do corpo que produz um tipo específico de consciência; o "cérebro" não localizado do próprio corpo como um todo.

consciência coletiva: Um campo de consciência formado por muitas almas vibrando na mesma frequência, experimentando conhecimento compartilhado e criatividade mutuamente inclusiva. (Ver também *grupo de almas*.)

consciência contraída: Percepção que é afetada pelo medo, que reduz ou bloqueia o fluxo de energia e a experiência da alma. (Ver também *consciência expandida*.)

consciência expandida: Percepção gerada pelo amor, que aumenta o fluxo de energia e revela a alma. (Ver também *consciência contraída*.)

Convocação, a: Um fenômeno que ocorre quando as pessoas alcançam e mantêm níveis de frequência correspondentes e surgem espontaneamente nos campos ou vidas pessoais umas das outras.

corpo caloso: Uma larga faixa de fibras nervosas que une os dois hemisférios do cérebro.

corpo de energia: Ver *corpo etérico*.

corpo de luz: Ver *corpo etérico*.

corpo etérico: O corpo de energia de frequência mais elevada, ou corpo sutil, que catalisa o corpo físico, muitas vezes visto de maneira clarividente como luz; materialmente, é paralelo à sua forma física correspondente. (Ver também *modelo interno*.)

correspondência de frequência: O processo de sintonizar a vibração pessoal de alguém, seja consciente ou inconscientemente, com a vibração de outra pessoa ou lugar.

Criação: A criação do Universo ou campo unificado; o processo de materialização de uma realidade imaginada por um indivíduo. (Ver também *Palavra, a.*)

descenso: O processo de abandonar a frequência da consciência dos reinos espirituais não físicos até que o corpo apareça enquanto forma sem nascimento físico. (Ver também *ascenso.*)

desmaterialização: O processo de dissolução de uma forma física de volta ao campo unificado. (Ver também *materialização.*)

destino: Vida depois que a alma se integra plena e conscientemente no corpo, nas emoções e na mente; a vida de frequência mais alta de uma pessoa.

dimensões: Níveis, domínios, mundos, reinos, planos ou frequências de percepção-e-energia que avançam do físico para o etérico, para o emocional, para o mental, para o causal, e daí para os níveis da dimensão divina. À medida que a percepção-e-energia se expandem pelas dimensões, registra-se um aumento da frequência e uma maior unidade.

dissonância: Quando vibrações de diferentes comprimentos de onda se encontram, elas criam instabilidade e caos e exigem resolução. (Ver também *ressonância.*)

Divino, o: Um modo não religioso de se referir à Divindade ou Criador; uma experiência de força, verdade e amor perfeitos e transcendentes – ou unidade – com o Universo.

ego: A noção de individualidade que se baseia no medo, na autopreservação e na separação do todo.

emergência espiritual: Ver *psicose da* kundalini.

empatia: Capacidade de usar a sensibilidade para sentir-se "dentro", "com" ou "como" outra pessoa, grupo ou objeto que promove uma compreensão mais compassiva.

energia etérica: A frequência de vibração que está um nível acima da matéria; uma forma maleável de "energia sutil" que atua como uma espécie de "massinha de modelar" ou modelo energético para o mundo físico. (Ver também *modelo interno* e *campo pessoal.*)

energia sutil: Ver energia etérica.

Era da Intuição: Período que sucede à Era da Informação, durante o qual a percepção se acelera e a intuição e a ultrassensibilidade têm precedência sobre a lógica e a força de vontade; tempo na Terra em que a percepção da alma satura a mente, transformando a natureza da realidade.

espírito: A parte não física do eu e da realidade; uma alta frequência de consciência que revela o campo unificado e a mente universal.

Estado de Alerta: O estado de ser original, imóvel e não dual, para além da consciência, para além do campo unificado; consciência inconsciente de si mesma.

estar com: Trazer presença e foco totalmente no momento; incluir e apreciar a vida como ela é. (Ver também *Mindfulness – atenção plena.*)

evolução: Fase de crescimento em que a consciência ascende em frequência do finito ao infinito, do físico ao não físico, levando a formas de vida mais avançadas. (Ver também *imersão* e *involução.*)

experiência direta: Uma conexão viva com o mundo, na qual as situações são vividas imediatamente, sem parar para análise nem comparação; envolvimento total com cada ato a cada momento. (Ver também *comunhão consciente.*)

família /amigos / grupos de almas: Um coletivo de pessoas ou seres com experiências paralelas e frequências correspondentes que são intimamente simpáticos e se alimentam mutuamente, com muitos interesses e sonhos sobrepostos. (Ver também *consciência coletiva.*)

fazer soar seu diapasão: O ato de imaginar que o corpo e o campo de energia são compostos pela frequência da alma e, em seguida, acionar essa ressonância e imaginar que, como um diapasão, o corpo irradiará a vibração em tudo o que tocar.

fluxo ascendente da percepção: O processo de se tornar consciente de algo – de aprender – à medida que a consciência e a energia sobem pela espinha dorsal e se movem sequencialmente através do cérebro reptiliano, do mesencéfalo e do neocórtex. (Ver também *fluxo descendente da percepção.*)

fluxo descendente da percepção: O processo de materializar ou criar algo enquanto percepção-e-energia cai sequencialmente através do neocórtex, do mesencéfalo, do cérebro reptiliano até chegar à forma física. (Ver também *fluxo ascendente de percepção.*)

Fluxo, o: O movimento natural, contínuo, fluido, ondulatório e oscilante da vida e de qualquer processo; um estado em que se está totalmente imerso no que está fazendo, caracterizado por uma sensação de concentração energizada, pleno envolvimento e prazer.

força de vontade: Controle exercido deliberadamente para fazer algo; desejo ou intenção deliberada ou fixa focada com certo grau de força.

frequência: O número de ondas que passa por um determinado ponto num certo período de tempo; a taxa de ocorrência de alguma coisa.

frequência original: A vibração da alma quando expressa por meio do corpo, das emoções e da mente; uma frequência de percepção-e-energia que propicia a experiência mais precisa possível do céu na terra. (Ver também *alma.*)

"ganha-ganha-ganha": Solução ou situação em que todas as partes, tanto físicas como não físicas, humanas e não humanas, se beneficiam.

geometria da percepção: Um modelo interno ou padrão geométrico e subjacente de consciência que governa o modo com que a percepção funciona.

glândula pineal: Uma pequena glândula endócrina de formato cônico localizada perto do centro do cérebro, entre os dois hemisférios, e considerada por alguns como um ponto de conexão entre o intelecto e o corpo, e um centro de força da alma no corpo. (Ver também *terceiro olho*.)

harmonia: A combinação agradável de elementos num padrão que enfatiza as semelhanças e a unidade de todas as partes.

holograma: Uma explicação da realidade dada pela mecânica quântica que sugere que o universo físico é gigantesco um holograma do espaço-tempo cuja totalidade se encontra em cada uma de suas facetas, o que leva ao conceito de que todos os momentos – passado, presente e possível – existem simultaneamente. Da mesmo modo, existem simultaneamente. Além disso, uma imagem tridimensional (originalmente gerada por raios *laser*).

iluminação: A conquista da clareza total sobre a verdadeira natureza das coisas e um estado superior e permanente de sabedoria, iluminação ou realização pessoal; o despertar da personalidade para sua identidade divina; a conquista final no caminho espiritual quando a noção limitada do "eu" se funde no Absoluto.

imersão: Fase de crescimento pessoal entre a involução e a evolução, em que a consciência fica presa na realidade física tridimensional, muitas vezes acompanhada de sofrimento. (Ver também *evolução* e *involução*.)

inconsciente coletivo: A vasta consciência contida no campo unificado que ainda não se tornou pessoalmente consciente num indivíduo.

informação energética: Dados transportados diretamente pelo registro vibratório no corpo e no campo pessoal, sem intervenção da linguagem.

iniciação: Um rito de passagem; uma transformação na qual o iniciado "renasce" para uma nova função ou nível de conhecimento.

integração bilateral do cérebro: O uso igual dos hemisférios direito e esquerdo do neocórtex, criando uma sensação de percepção equilibrada. (Ver também *integração vertical do cérebro*.)

integração horizontal do cérebro: Ver *integração bilateral do cérebro*.

integração vertical do cérebro: O uso igual dos três níveis do cérebro (cérebro reptiliano, mesencéfalo e neocórtex), tanto nos fluxos ascendentes quanto descendentes de percepção, para que não haja lacunas na consciência que interrompam a percepção da unidade. (Ver também *integração bilateral do cérebro*.)

intuição: Conhecimento imediato do que é real e apropriado, em qualquer situação, sem necessidade de comprovação; percepção que ocorre quando corpo, emoções, mente e espírito estão simultaneamente ativos e integrados enquanto concentrados no momento presente; estado de vivacidade perceptiva em que a pessoa se sente intimamente ligada a todas as coisas vivas e experimenta a natureza cooperativa da vida.

involução: Uma fase de crescimento na qual a consciência desce em frequência do infinito para o finito, do mundo não físico para o mundo físico. (Ver também *evolução* e *imersão*.)

karma: Uma teoria de que as energias negativas ou positivas que alguém envia voltam para o remetente da mesma forma, nesta vida ou em outra vida; a ideia de que a alma corrige experiências de ignorância reencenando situações semelhantes com o propósito de aprender.

kundalini: Termo yogue que descreve a força vital do corpo como "enrolada" na base da coluna vertebral e capaz de subir pela coluna (como uma cobra) quando ativada, trazendo avanços na consciência.

lado direto do cérebro / hemisfério direito: O lado direito do neocórtex, que rege o reconhecimento de padrões, a experiência direta, a intuição, a criatividade e a experiência espiritual. (Ver também *lado esquerdo do cérebro / hemisfério esquerdo.*)

lado esquerdo do cérebro / hemisfério esquerdo: O lado esquerdo do neocórtex que governa o pensamento racional, lógico e analítico, a compartimentalização, a linguagem e a definição de significado. (Ver também *lado direito do cérebro / hemisfério direito.*)

luz diamantina: Uma forma de imaginar a substância da alma; as qualidades da luz diamantina transmitem as experiências de pureza, clareza, incorruptibilidade e iluminação.

materialização: Processo de levar uma ideia à manifestação física. (Ver também *desmaterialização.*)

mecânica quântica: Ramo da física teórica que explica o comportamento da matéria e da energia nos níveis atômico e subatômico.

"mente de macaco": Um termo, principalmente do budismo, que descreve um estado mental de inquietação, distração e hiperatividade.

mente subconsciente: Atividade mental que funciona logo abaixo do limiar da consciência; o local onde todas as experiências são armazenadas como dados sensoriais; a parte da consciência onde as memórias baseadas no medo são armazenadas ou reprimidas.

mente universal: Consciência focada no nível ou frequência do campo unificado, resultando na experiência do eu como uma consciência coletiva; a experiência unificada e a sabedoria de todos os seres sencientes em todos os tempos e espaços. (Ver também *campo unificado.*)

mesencéfalo: Nível intermediário das três divisões primárias do cérebro humano (entre o neocórtex e o cérebro reptiliano), que auxilia no processamento dos cinco sentidos, das percepções de semelhança e conexão e o afeto. (Ver também *neocórtex* e *cérebro reptiliano*.)

mielina: Uma bainha isolante e esbranquiçada que envolve muitas fibras nervosas, aumentando a velocidade com que os impulsos são conduzidos.

***mindfulness* (atenção plena):** O ato de prestar atenção cuidadosa e amorosa ao que está no momento presente. (Ver também *comunhão consciente*.)

modelo interno: O padrão subjacente e evolutivo do propósito de vida de uma pessoa; inclui uma mistura de amor e medo, sabedoria e ignorância, e pode ser purificado para aumentar a frequência pessoal; o padrão de energia etérica ou sutil não física que dá origem a uma forma ou processo físico. (Ver também *energia etérica* e *campo pessoal*.)

morte do ego: A experiência de mudar de definições fixas e limitadas de eu e de vida do cérebro esquerdo para um sentido aberto, fluido e expansivo de eu e de vida gerado pelo cérebro direito.

Mudança, a: Transformação da consciência humana; uma mudança de consciência da percepção linear para a percepção esférico-holográfica. (Ver também *Era da Intuição* e *transformação*.)

mudança de forma: A capacidade de fazer mudanças físicas em si mesmo, como alterações de idade, sexo, raça ou aparência geral; ou mudanças entre a forma humana e a de um animal, planta ou objeto inanimado.

narcisismo: Foco excessivo em si mesmo, muitas vezes marcado por um sentimento de grandiosidade, um desejo de admiração e a necessidade de que os outros confirmem a visão de mundo de alguém.

neocórtex: O nível mais elevado e evoluído do cérebro humano trino. Dividido em hemisférios esquerdo e direito, ele está envolvido em funções superiores, como raciocínio espacial, pensamento consciente, reconhecimento de padrões e linguagem.

neurogênese: O processo de geração de novos neurônios, algo que não se pensava ser possível até a pesquisa de Fernando Nottebohm com pássaros canoros na década de 1960.

neuroplasticidade: Uma nova visão da ciência do cérebro que sustenta que pode haver mudanças nas vias neurais e nas sinapses devido a mudanças no comportamento, no ambiente e nos processos neurais.

novas habilidades de atenção: Maneiras de usar a percepção para revelar e manter a experiência da realidade transformada, ou Era da Intuição.

Observador Interior: A sabedoria da alma dentro de uma pessoa, às vezes conhecida como Anunciador ou voz interior, que direciona a atenção da pessoa para que perceba coisas que ajudem a aprender suas lições de vida e expressar-se com autencidade.

ordem explicada (desdobrada): Termo cunhado pelo físico David Bohm para qualquer realidade física precipitada a partir de uma realidade não física. (Ver também *ordem implicada [dobrada].*)

ordem implicada (dobrada): Termo cunhado pelo físico David Bohm para a realidade não física, que contém todas as realidades físicas possíveis. (Ver também ordem explicada [desdobrada].)

origens fetais: O estudo dos efeitos das condições encontradas no útero e de como os nove meses de gestação preparam o cérebro para a sobrevivência.

Palavra, a: Um modo de se referir ao poder original que criou o Universo; a força que colocou a oscilação da vida – a vibração original – em movimento.

percepção: O ato de tornar-se consciente de algo.

percepção-e-energia: A substância básica do campo unificado; dois aspectos da mesma coisa que se afetam em igual medida.

percepção esférica: Uma geometria de percepção na qual a pessoa experimenta o eu como o centro de um campo esférico de energia – seu campo pessoal; a esfera que se expande ou se contrai para incluir tanta percepção-e-energia quanto for necessária em qualquer momento. Com esta visão, não há nada fora do eu ou da esfera, o que produz uma experiência de unidade. (Ver também *percepção holográfica* e *percepção linear*.)

percepção esférico-holográfica: Uma nova geometria de percepção que eclipsa a percepção linear na Era da Intuição; nela, estamos sempre no centro de um campo esférico de percepção-e-energia e também somos capazes de ressoar em qualquer outro ponto central do campo unificado, conhecendo a totalidade a partir de qualquer ponto.

percepção hábil: Termo budista que descreve uma maneira de perceber a si mesmo e à sua realidade, onde se cura o sofrimento e não se acrescenta mais sofrimento ao mundo.

percepção holográfica: Uma geometria subjacente de percepção que permite a percepção de múltiplos pontos de vista, cada centro contendo a totalidade de todos os outros centros, em que o resultado final é uma experiência de inseparabilidade e unidade. (Ver também *percepção linear* e *percepção esférica*.)

percepção linear: Uma geometria da percepção caracterizada pela lógica de causa e efeito, a análise das etapas necessárias para atingir um objetivo e o pensamento ao longo de linhas no tempo e no espaço; percepção que causa a ilusão de separação e dá origem ao medo. (Ver também *percepção holográfica* e *percepção esférica*.)

período de atenção: O período de tempo que alguém pode concentrar ou manter um foco de consciência.

personalidade: A expressão individual, ou realidade pessoal, de uma alma em qualquer vida; a combinação de características que formam a natureza distintiva de uma pessoa.

presença: A experiência da alma no corpo no momento presente; a experiência da alma em qualquer forma física. (Ver também *alma* e *consciência*.)

projeção: Direcionar o pensamentos para o passado, o futuro, realidades fictícias, outros lugares ou realidades de outras pessoas; culpar os outros pelo que não queremos reconhecer sobre nós mesmos, ou ver características nos outros que não podemos ver em nós mesmos.

psicocinese: Obtenção de informações tocando objetos. (Ver também *clarissenciência*.)

psicose da *kundalini*: Uma síndrome que ocorre quando a kundalini é "despertada", especialmente de forma repentina ou dramática, causando desestabilização ou profunda transformação psicológica no que é chamado de "emergência espiritual". (Ver também emergência espiritual.)

reencarnação: Ver *vidas paralelas e passadas*.

Registros Akáshicos: A biblioteca ou banco de memória do planeta composto de tudo o que todo indivíduo ou espécie experimentaram. (Ver também *reino causal*.)

reino astral (dimensão/plano): Um segmento do reino emocional; uma frequência ou nível de consciência contendo percepções baseadas no medo; uma frequência de consciência conectada à energia etérica. (Ver também *reino emocional* e *energia etérica*).

reino causal (dimensão/plano): Uma frequência de consciência e um reino de experiência contendo o plano evolutivo e o propósito interno de cada indivíduo e grupo; a casa dos Registros Akáshicos. (Ver também *Registros Akáshicos*.)

reino emocional (dimensão/plano): Uma frequência, nível ou domínio de consciência gerados pela emoção e contendo estados de sentimento relacionados ao medo e ao amor/alegria. (Ver também *reino astral*.)

reino físico (dimensão/mundo): A realidade ou experiência da percepção-e-
-energia vibrando numa frequência mais baixa do que o mundo espiritual e
não físico; a experiência tridimensional da realidade baseada no tempo, no
espaço e na matéria. (Ver também *ordem explicada [desdobrada]*.)

reino imaginário: Uma frequência de consciência que contém todas as criações e mundos como realidades potenciais; aqui, "imaginário" não significa
aquilo que é irreal ou baseado em fantasia. (Ver também *ordem implicada
[dobrada]* e *teoria dos muito mundos*.)

reino mental (dimensão/plano): Uma frequência, nível ou domínio de consciência gerado pelo pensamento, contendo crenças fixas e inspiração.

reino não físico (dimensão/mundo): A realidade ou experiência de percepção-e-
-energia vibrando numa frequência mais elevada do que o mundo físico, contendo pensamento e sentimento. (Ver também *ordem impicada [dobrada]*.)

ressonância: Vibração produzida num objeto devido à vibração de um objeto
próximo; a vibração regular de um objeto quando ele reage a uma força externa da mesma frequência. As ondas que vibram com o mesmo comprimento
criam ressonância. (Ver também *dissonância*.)

ressonância mórfica: Termo criado pelo biólogo Rupert Sheldrake para descrever o mecanismo de *feedback* entre um campo mórfico e suas formas correspondentes de unidades mórficas. Quanto maior o grau de semelhança, maior a
ressonância, levando à habituação ou persistência de formas particulares.

Ressonância Schumann: Uma ressonância eletromagnética global de baixa
frequência (medida pela primeira vez por Nicola Tesla) que pode ser usada
para monitorar a temperatura global; alguns chamam isso de "diapasão da
vida", agindo como uma frequência de fundo que influencia os osciladores
biológicos no cérebro.

sensação autêntica: Impressões ou experiência direta de uma pessoa, objeto
ou campo de energia registradas no corpo e na mente por meio da sensibilidade consciente.

"sentir para dentro de": A capacidade de penetrar com a atenção em uma pessoa, num objeto ou num campo de energia para fundir-se com ele e tornar-se aquilo brevemente; permitir que informações sutis sejam registradas no corpo por meio da sensibilidade consciente, como se alguém fosse o objeto de observação. (Ver também *empatia*.)

sinais de verdade e ansiedade: Gerados pelo cérebro reptiliano, as reações sutis e instintivas de expansão ou contração das emoções e do corpo que indicam segurança e verdade ou perigo e ação imprópria.

sintonia: Ajuste da vibração do corpo, das emoções e da mente para esta corresponda a uma determinada frequência, geralmente de vibração mais alta.

sobreposições: Crenças inconscientes e limitantes que uma pessoa herda na primeira infância, dos pais e de outras pessoas influentes, que enfatizam comportamentos específicos.

telepatia: Transferência de pensamentos, sentimentos ou imagens diretamente de um corpo e mente para outro, sem a utilização dos sentidos físicos.

teletransporte: Movimento de objetos de um lugar para outro sem viajar no tempo e no espaço.

teoria dos muitos mundos, ou multiverso: A ideia da física de que, no nível quântico, o mundo é dividido em um número ilimitado de mundos reais, desconhecidos entre si, nos quais uma onda, em vez de colapsar ou condensar-se numa determinada forma, evolui abrangendo todas as possibilidades que tem em si; a ideia de que todas as realidades e desfechos existem simultaneamente, mas não interferem uns com os outros.

terceiro olho: Um "olho" interior e não físico que proporciona percepção além da visão comum; acredita-se que esteja conectado à abertura da glândula pineal e se expresse através da testa; um portal que leva aos reinos interiores e à consciência superior. (Ver também *glândula pineal*.)

transformação: Mudança completa de uma forma física ou substância em algo totalmente diferente; mudança total na consciência que altera o modo como a realidade funciona.

transparência: Estado de lucidez e abertura que se caracteriza pela confiança, espontaneidade e pleno envolvimento com o Fluxo em qualquer momento dado; percepção iluminada. (Ver também *campo pessoal.*)

ultrassensibilidade: Uma condição de crescente alerta e receptividade a "informações energéticas" não físicas, transmitidas diretamente por vibração ao corpo e ao campo pessoal; causada pela aceleração da energia no campo terrestre.

unidade: O estado de ser unificado ou completo, embora composto de duas ou mais partes como a unidade da dimensão Divina.

Um, o. Ver Divino, o.

Vazio, o: O desconhecido ou inconsciente coletivo.

vibração pessoal: Vibração geral que emana de uma pessoa em qualquer momento dado; frequência flutuante que é uma mescla de diversos estados contraídos ou expandidos de seu corpo, suas emoções, seus pensamentos e da alma.

vidas paralelas e vidas passadas: Ideia segundo a qual as almas compõem-se de milhares de aspectos que encarnam no mundo físico para ter vidas individuais. As inúmeras vidas de uma alma podem separar-se uma das outras ao longo do tempo (vidas passadas), dando a impressão de ocorrência sequencial, ou várias vidas podem existir ao mesmo tempo (vidas paralelas), mas separadas por localização.